W0272314

Ils ont vécu l'Occupation

Quelques ouvrages du même auteur
Chez jean-Cyrille Godefroy

Les Gagne-misère
Nos racines retrouvées
Petits métiers oubliés
La boite à lumière
Le geste et la parole
Baguenaudes
Aux beaux jours d'hier
La bonne franquette
Les compagnons du savoir-faire
Ils étaient de leur village
Ils sont partis en chantant
Ils ont vêcu l'Occupation
La belle ouvrage
Les forestiers
Mémoires de femmes
Nos grands-mères aux fourneaux
Saisons paysannes
Pierres qui roulent
Du puits à la rivière
La claie d'infamie

GÉRARD BOUTET

Ils ont vécu l'Occupation

Ils étaient de leur village... /3

Un livre écrit
avec la complicité de
Sarah Simon (89 ans), Luce Gréjon (87 ans),
Athos Siguret (86 ans), Paul Boucher (83 ans),
Robert Hiault (83 ans), Danton David (83 ans)
et Henri Guenordeau (77 ans).

Jean-Cyrille Godefroy

ISBN 2-86-553108-2

Le désir des justes, c'est seulement le bien ;
L'attente des méchants, c'est la fureur.

PROVERBES (Chap. 11, *23*)

A la mémoire de Josette,
née dans cette tourmente.

Le premier rendez-vous
(du film. Répertoire de Danièle Darrieux, 1941)

Auxile est parti en tête, et cela peut paraître logique puisqu'il était le plus âgé d'entre nous. Quand on est presque centenaire et qu'on a profité de chaque instant d'une longue vie, je crois qu'on peut dételer sans trop de regrets.

Sitôt son sac vidé de ses malicieuses histoires, Henri nous a fait faux bond à son tour ; là, c'était beaucoup moins logique à ce qu'il m'a semblé. Puis ce fut Robert qui nous laissa en plan, et Paul l'a suivi de près. Les autres — Sarah, Luce, Athos et Danton — sont restés en ce bas monde mais ça ne va pas toujours très fort. C'est selon le temps, comme on dit. Heureusement que les beaux jours sont revenus pour leur remettre un peu de baume au cœur...

Quoi qu'il en soit, notre aventure continue. Ensemble, ancêtres et gadouillot, nous avons ressuscité la Belle Époque de leur jeunesse et les années folles de leur adolescence. Une Belle Époque pas forcément belle, loin s'en fallait, mais des années en revanche complètement folles. Aujourd'hui, en cet avant-propos de la troisième série, nous voici arrivés à l'été 1939. Pour ne pas changer hélas, une nouvelle guerre menace d'éclater entre l'Allemagne et la France. Une guerre qui ne ressemblera pas à celle des poilus, encore moins à celle des moblots. Seul l'ennemi est commun. Non, cette guerre-ci ne ressemblera à aucune autre ; elle restera pourtant une saleté, toujours, malgré les anecdotes drolatiques qui en masqueront parfois la tragédie.

Pour notre part, nous demeurerons sagement, durant toute cette période difficile, dans la petite commune rurale de Josnes. Terrés là-bas entre Beauce et Sologne, nous assisterons à la mobilisation, à ce qu'on a nommé la « drôle de guerre », à l'exode, à l'occupation, à la libération enfin. Pour les paysans de l'endroit, l'Histoire se déroulera en rase-mottes, au niveau des bleuets, des marguerites et des coquelicots.

Josnes, vous le savez déjà, est mon village natal. Voilà pourquoi j'aime à vous y promener, parce que je le connais bien, jusque dans ses plus étroites venelles, jusque dans les manies de ses habitants. Mais aussi parce que ce sacré village a comme particularité de n'en point posséder. Oui, autant le dire : le village de Josnes ne possède aucune particularité. Pas de haut fait dont on puisse s'enorgueillir, point d'illustre personnage à vénérer. Rien. Et c'est une bonne chose puisqu'ainsi tous les villages de France et de Navarre peuvent s'identifier à lui, en dépit des différences de paysages ou de climat. Il en serait certes autrement si les condottieri d'une grande bataille s'étaient rencontrés en ses plaines pour en découdre ou si Monsieur de Machin-Truc avait consenti à y couler quelques années de son auguste vie.

Ainsi donc nous sommes à la fin d'août 1939. Comme à leur accoutumée, mes sept complices n'ont pas été avares de paroles, et leurs récits en susciteront encore davantage de la part des lecteurs de *La République du Centre*[1]. Des souvenirs qui, en annexe, confirmeront ou infirmeront les dires de mes bonhomiots. Car un même événement est souvent ressenti de mille façons divergentes.

Cette fois encore, mon but n'est ni de phraser, ni d'épiloguer à plaisir (dans ce cas, il me serait plus honnête d'écrire un roman). Mon seul souhait est de permettre aux petites gens de se raconter, sans envolées littéraires, sans artifices de style. Dans ces pages, l'élégance de la forme doit savoir s'effacer devant celle de la sincérité. Quant à votre serviteur, il se contentera de glaner et d'engranger une belle bottelée de témoignages après l'avoir ficelée de son mieux possible. Transmettre fidèlement ce qu'on a bien voulu me confier, sera mon unique tâche. Je ne revendique aucune voix au chapitre. D'ailleurs, comment pourrais-je décrire des péripéties que je n'ai pas vécues à certains lecteurs qui, eux, en sont sortis profondément marqués ?

Mais avant d'entreprendre ce nouveau volet de la collection *Ils étaient de leur village*, j'ai tenu à relire les lettres qui m'avaient été adressées lors de nos précédentes évocations[2]. Cela donnait une correspondance impressionnante, émouvante, poignante. Je les ai toutes relues, ces lettres, une à une, et c'était comme si je les décachetais pour la première fois. Telle dame me disait son désespoir à l'annonce de l'assassinat de Jean Jaurès ; tel grand-père me griffonnait sur un bout de papier minuscule, une sorte de brouillon à cacher, le couplet interdit que ses camarades sacrifiés chantaient à Craonne. Conformément au vœu exprimé par plusieurs informateurs, j'ai craqué une allumette et j'ai brûlé leurs envois. Toutes ces enveloppes, tous ces feuillets ont flambé lentement, calmement, et la flamme s'est élevée à la manière de celle

1 et 2. Tous les volumes de cette collection *Ils étaient de leur village* ont d'abord été publiés en rubrique quotidienne dans les colonnes du journal orléanais *La République du Centre*.

qui s'effiloche sur un certain tombeau. C'était d'ailleurs bien de soldats inconnus qu'il s'agissait...

Le premier rendez-vous de ce dernier tome *Ils étaient de leur village* vient de sonner. Et puisqu'il est de tradition, chez nous, que tout finisse par des chansons, nous choisirons nos titres de chapitres parmi les succès des artistes de l'époque. Néanmoins, les chansons citées ne correspondront pas toujours précisément avec l'année des événements relatés, dont elles sont pourtant le reflet. Les rengaines d'autrefois en effet n'étaient pas comme celles de maintenant : on les fredonnait pendant plus longtemps. La vogue d'un refrain s'étalait généralement sur quatre ou cinq ans, parfois plus.

Le temps de l'occupation ne va plus tarder. Pour parodier Jean-Louis Bory, nous aurions pu intituler cette série *Mon village à l'heure allemande.*

Évoquer la Seconde Guerre mondiale, c'est trop souvent rendre compte des diverses opérations militaires, faits de résistance compris, ou verser dans le folklore équivoque du marché noir et de la débrouillardise. Nos dégourdis de la 7e compagnie y perdent joyeusement la guerre tandis que les soldats allemands, lourdauds comme il n'est pas permis, se font blouser de façon rigolarde par des petits bidasses en grande vadrouille. A croire qu'on mourait bien sûr, mais de rire.

Ce ne sera ni le sujet ni le ton de cet ouvrage. Point de cocoricos, point de système D. Seulement la vie quotidienne dans un village comme tant d'autres, avec ses heurts et ses malheurs. D'héroïsme peu et de forfanterie guère. On essayait surtout de tirer son épingle sans trop se piquer, dans cette période difficile à vivre, difficile à survivre. Ballotté de droite à gauche, pétainiste d'abord et gaulliste ensuite, pareil à une girouette affolée par des vents contraires, on ne savait plus très bien à la santé de qui trinquer, ni de quel bord se ranger. Les événements commandaient pour soi ; il n'y avait qu'à plier et attendre. Et l'on essayait de s'accommoder de cet état de choses contre lequel on croyait ne pouvoir pratiquement rien.

Ce livre n'a d'ambition que celle de refléter ces incertitudes, ces errances, ces anxiétés journalières, ces timides espérances vite évanouies. Il ne s'agit pas d'un livre de guerre écrit par ceux qui l'ont faite, mais plutôt d'un livre sur la guerre par ceux qui l'ont subie. Par ceux qui se trouvaient embringués là-dedans, faute de n'avoir pu faire autrement. Il n'y a aucune gloire dans cela, uniquement le profond désir, comme le claironnait une chanson de l'époque, qu'on nous fiche une bonne fois la paix.

Dessin paru dans Le Miroir *du 15 octobre 1939.*

Le crépuscule

Ça fait boum !
(Répertoire de Mireille Ponsard, 1939)

Au village, personne ne s'attendait vraiment à cela.

On savait évidemment que les coups de semonce, ces semaines dernières, n'avaient rien de réjouissant, oui on le savait, mais de là à penser que ce serait la guerre déclarée, il y avait un pas que personne ne voulait faire. Pourquoi se tracasser inutilement ?

Et pourtant. Tout se dégradait depuis quelque temps. Le martèlement des bottes et le claquement des oriflammes frappées de la croix gammée, résonnaient partout, au loin comme auprès. En février de cette année 1939, on avait vu arriver les réfugiés espagnols, miséreux et désespérés, et chacun avait compris que ce malheur n'augurait pas des lendemains enchanteurs. C'était pitié de les voir avec leur maigre balluchon et leur mine effarée. Depuis, tant bien que mal, ils s'étaient installés au village ; ils avaient trouvé embauche ici ou là, au petit bonheur la chance. On ne faisait plus guère attention à eux. On s'était habitué. Tout juste remarquait-on leur charabia quand on essayait de lier conversation de façon à mieux se connaître. Dame, s'ils devaient rester chez nous, autant savoir tout de suite à qui on avait affaire ! Ils étaient certainement honnêtes, travailleurs, et surtout bien ennuyés. La guerre civile, là-bas, les avait cruellement meurtris. Avec Franco-la-Muerte, c'était le fascisme qui s'exerçait en de grandes manœuvres...

Vraiment, on ne s'attendait pas à cela. Bien qu'ayant vu la nuée s'amonceler à l'horizon, on s'accordait tous à croire que l'orage allait dériver sans péter. Les relations internationales se détérioraient de jour en jour, bien sûr, mais ça ne prouvait tout de même pas que la France se jetterait encore une fois dans un conflit contre l'Allemagne. Après l'entrevue de Munich, nos paysans n'avaient demandé qu'à gober les belles promesses des uns et des autres. Et puis quoi, les médiateurs américains ne restaient sûrement pas les bras croisés, dans les coulisses ! Le monde entier en était persuadé. La presse locale s'en faisait d'ailleurs largement l'écho depuis plusieurs mois.

Le lundi 17 avril, *Le Républicain orléanais et du Centre*, dont le numéro coûtait 50 centimes, étalait en première page : *Une sensationnelle démarche de M. Roosevelt. Le président américain a demandé à Hitler et à Mussolini de s'engager à respecter pour dix ans l'indépendance territoriale des nations européennes. En contrepartie, les États-Unis s'efforceraient de faciliter pour l'Allemagne et l'Italie une coopération économique avec tous les États et s'emploieraient à leur procurer les matières premières qui leur sont nécessaires. Les gouvernements français et anglais font connaître immédiatement leur adhésion complète et sans réserve aux propositions de M. Roosevelt.*

Le surlendemain, on lisait dans le même quotidien : *La réponse allemande au message du président Roosevelt ne fermerait pas la porte à d'ultérieures conversations. Celle de l'Italie sera négative.* Du moment que c'était écrit dans le journal, c'était forcément vrai. Cet espoir de tractations entre diplomates allemands et américains durera pendant toute la drôle de guerre...

La guerre précisément, on en avait trop entendu parler pour en accepter une nouvelle éventualité. Il suffisait d'écouter ceux de la génération d'avant, les anciens combattants de Verdun et du Chemin des Dames, pour deviner à quel point c'était moche. Ils avaient assez rabâché, les pères et les oncles, que « leur » guerre serait la dernière — même s'ils n'y croyaient plus tout à fait maintenant — pour qu'on repique au carnage vingt-trois ans plus tard ! Et en cette fin de l'été 39, la T.S.F. programmera souvent *La der des ders*, une chanson de Fréhel. Mais il ne sera question que de java, pas de conflagration mondiale.

L'optimisme s'était néanmoins mis à fondre huit jours avant la mobilisation générale, quand les « numéros 6 » furent rappelés sous les drapeaux. Le chiffre fatidique, énorme, oblitérait le fascicule militaire. Le sort désigna mon père, qui dut gagner la caserne Coligny à Orléans.

Rien n'était prêt pour accueillir les arrivants. Un désordre inimaginable. Les lits manquaient dans les chambrées et le barda, pour le moins fantaisiste, variait d'une recrue à l'autre. Bref, c'était à ne pas croire qu'une guerre nous pendait au nez alors que notre armée s'avérait tant désorganisée. On n'y crut donc pas. L'année d'avant, en septembre 38, la mobilisation partielle — dite de défense passive — n'avait point entraîné l'irréparable, bien au contraire, et les gars étaient revenus au pays peu de temps après. Le même fourbi recommencerait cette fois-ci, à n'en pas douter.

Les « numéros 6 » trouvèrent la semaine suivante bougrement longue. Ils attendaient sans trop savoir pour quelle raison on les retenait si longtemps, puisque tout finirait probablement par s'arranger. Ils baguenaudaient en ville, de café en café, histoire de se changer les idées ; ils déambulaient en exhibant leur tenue kaki et leurs bandes molletières qui dataient de l'autre guerre. En un mot, ils essayaient de tuer le temps le plus agréablement possible. Au pays, la moisson était presque terminée et cet intermède guerrier, sans réjouir les jeunes paysans pour autant, pouvait fort bien faire office de congés...

Mais tout s'envenima brusquement le 1er septembre, qui était un vendredi. Ce soir-là, les permissions de nuit furent supprimées et les grilles de la caserne restèrent fermées. Interdiction formelle de sortir. Les troupiers, qui ne goûtaient guère cette farce saumâtre, se mirent à rouspéter dans la cour pendant une bonne demi-heure. Ce fut la sirène qui les fit taire. Chacun comprit ce que ça signifiait. La mobilisation générale venait d'être décrétée. Les choses se gâtaient singulièrement tout à coup. L'envie n'était plus à la rigolade en ville. Un lieutenant réserviste, marchand de peaux de lapin dans le civil, entreprit de haranguer les soldats quelque peu déconfits. Mais il prêcha dans le désert. Les gars, trop consternés pour vibrer à ses exhortations patriotardes, demeuraient plantés là, hébétés.

Tout s'écroulait autour d'eux. Ils se sentaient maintenant pris au piège entre les murs austères de la caserne.

Le lendemain, c'était la déclaration de guerre.

Le garde champêtre du village, René Bourreau, se mit à battre sa caisse par les hameaux de la commune, comme son prédécesseur « Titi » Blanchard l'avait fait dans la nuit du samedi 1er au dimanche 2 août 1914. Et c'était encore un samedi qu'il allait, tambour roulant, d'écart en écart, pour aviser les paisibles populations que l'état de siège venait d'être établi en France et dans les colonies d'Afrique du Nord.

Témoignages

LA LIBÉRATRICE ET LE PRÉSIDENT

8 mai 1939 : Albert Lebrun défilait en Orléans. Il était le quatrième président qui assistait aux fêtes de Jeanne d'Arc après le maréchal-duc de Mac-Mahon (1876), Sadi Carnot (1891) et Gaston Doumergue (1929).

« M. Albert Lebrun, dont on ignorait qu'il allait être le dernier président de la IIIe République, se devait, en cette période d'angoisse, de représenter symboliquement, par sa présence, la France entière unie face à la menace hitlérienne, sous les couleurs nationales et johanniques pour la circonstance réunies.

« Pour raviver la flamme patriotique, on avait même sorti des Invalides — et cela pour la première fois — les drapeaux des régiments dissous, qui furent exposés à la ferveur publique à Saint-Pierre-du-Martroi, avant de défiler à travers la ville, portés par des officiers de réserve. L'hommage militaire rassembla toutes les unités de la Ve Région.

« Conquise, la foule applaudit au passage de nos drapeaux et à celui de M. Albert Lebrun, qu'accompagnait M. Jean Zay, ministre de l'Éducation nationale. Arrivé le matin par la route, le président de la République avait été accueilli par MM. Claude Lewy, maire d'Orléans, et Lemoine, préfet du Loiret.

« Les cérémonies religieuses furent présidées par le nonce, Mgr Valério Valéri. » (Extrait d'un article de M. François Decaris, *La République du Centre.*) A noter que Jean Zay était orléanais.

ON N'A PAS TOUS LES JOURS 20 ANS

« Inquiets depuis des années, angoissés depuis des mois, terrifiés en ces jours d'été où la nature pourtant chantait et embaumait, nous attendions... Le cœur dans un étau, les jambes tremblantes, paralysés d'épouvante, chacun cherchait un détail réconfortant dans les informations si alarmantes et chacun gardait, au profond de son être, le secret et fol espoir d'une issue miraculeuse, un peu comme au chevet d'un mourant dont chaque respiration, si pénible soit-elle, redonne courage...

« Quand, dans la soirée de ce 3 septembre, les sirènes d'Orléans mugirent, couvrant le sinistre roulement des convois militaires sur la ligne de Montargis toute proche, nous avons enfin compris que l'irrémédiable était arrivé. Ce hurlement atroce avait tué notre dernière lueur d'espoir comme un coup de vent éteint la flamme d'une bougie.

« Nous avons regagné la rue, comme beaucoup de voisins. "Ça y est !" ces trois seuls mots étouffés résumaient le désespoir intense et général. Les enfants sidérés regardaient les larmes couler silencieusement sur le visage défait de leur maman : quand on est gosse, on ne croit pas qu'un adulte puisse pleurer.

« Combien dérisoires alors paraissaient les soucis, les ennuis de la vie quotidienne ! J'avais souvent entendu dire autour de moi : "C'est beau d'avoir 20 ans". Hélas ! encore eût-il fallu les avoir au bon moment ! » (Lettre d'une correspondante anonyme.)

LES CANONS DE LA MOBILISATION

« J'ai été mobilisé le 24 août 1939, au 51e régiment régional à Orléans, comme cadre mobilisateur. Nous étions à la salle Arago qui appartenait à l'évêché et qui était occupée précédemment par une société sportive. J'ai été affecté comme adjoint au commandant Bouron, ancien colonial, très droit.

« J'accueillais les mobilisés à la porte du cantonnement. J'ai été très surpris de voir un grand nombre des arrivants en état d'ébriété. J'ai pensé tout d'abord que cette situation était due à la région d'Orléans renommée à l'époque par sa polyculture, comprenant notamment beaucoup de petits vignerons. Je me suis rendu compte par la suite que c'était la grande décadence de la morale qui commençait à se manifester. Il n'y avait plus du tout l'esprit d'autrefois dans tous les domaines, et même parmi certains officiers. » (Extrait des mémoires de M. Raoul Lempereur, d'Amilly.)

COMME AU CIRQUE

« Les éléments du 51e stationnés à Orléans étaient cantonnés dans un patronage de la rue Arago. La salle de spectacle servait de dortoir. Le soir, l'atmosphère y tenait, quant à l'odeur, beaucoup plus de la fauverie que de la chambrée.

« Mais le plus spectaculaire restait les feuillées. L'emplacement se trouvait dans un terrain découvert derrière les bâtiments, au vu de tous les habitants et habitantes du quartier ! Heureusement, le bataillon fut ensuite transféré à la caserne Saint-Charles. » (Lettre de M. André Bazantay, d'Orléans.)

L'AVIS DE BOHÈME

« Je fus incorporé au 66e régiment d'artillerie d'Afrique. La batterie était commandée par un capitaine venant de l'infanterie, qui nous avouait ne rien connaître à l'équipement ni à la tactique. Un de ses lieutenants, ancien cuirassier en temps de paix, ne s'intéressait qu'aux chevaux. De lui, je n'ai retenu que son monocle et sa morgue. Son nom : Darquier de Pellepoix. Je crois qu'il est inutile de le présenter.

« Il résultait de cela une pagaille qui ne se démentira pas durant mon séjour dans ce régiment. Je crois même que nos chefs en étaient parfaitement conscients puisque l'un d'eux aurait dit que nous n'étions qu'une bande de romanichels sans discipline ! » (Lettre de M. Aristide Dion, de Chanteau.)

Ça fait d'excellents Français
(Répertoire de Maurice Chevalier, 1939)

Il faisait certes moins chaud, moins accablant, qu'à la mobilisation d'août 14. On endurait son tricot, surtout le matin à la fraîche*. Cela me rappelle l'étrange anecdote que me racontait l'autre jour une brave dame, postière au début de la Grande Guerre. Au moment précis où elle sortait de son bureau avec le télégramme de déclaration de guerre en main, une bourrasque avait balayé la rue et failli lui arracher son petit-bleu. Un symbole troublant, n'est-ce pas ?

Mais pour l'heure, en ce samedi 2 septembre 1939, aucune tempête ne se déchaîna sur le village, sinon celle de l'affliction. Les ordres d'appel sous les drapeaux furent distribués par le facteur le jour même, ou par les gendarmes de Marchenoir. Les destinataires devaient rejoindre « immédiatement et sans délai » leur centre de mobilisation. Chaque ordre donnait droit, pour son titulaire, au transport gratuit sur les chemins de fer, à partir des gares de Mer ou de Beaugency.

Notre vétéran de Verdun, Athos, fut rappelé, de même que Robert qui, après quatre mois de tranchée, en avait tiré six autres dans les troupes d'occupation de la Ruhr, au lendemain de la Victoire. Tout cela n'avait servi à rien. Avec eux partit Henri, âgé de 34 ans. Danton fut affecté dans les territoriaux en raison de son invalidité ; on le versa dans la garde des voies ferrées. Il est bien entendu superflu de préciser qu'aucun de nos bonshommes ne s'amusait de la tournure des événements. La magnifique union sacrée d'autrefois n'était plus qu'un vague souvenir qu'on traînait comme une honte en pensant à ce qu'il en était advenu dans les bourbiers sanglants de l'Est.

* Relire notre ouvrage précédent *Ils sont partis en chantant,* chapitre : « La der des ders ».

Cette boucherie les avait tous éclaboussés, les mobilisés d'aujourd'hui, soit directement sur les champs de bataille, soit par ricochet à travers les cruelles épreuves endurées par un père, un frère ou un copain. Plus jamais ça ! jurait-on, et voilà que la folie des hommes les poussait une nouvelle fois vers l'abattoir... Les femmes prièrent en silence pour que les hostilités coupent court ; elles se rassurèrent en répétant que les négociateurs américains agissaient dans l'ombre et qu'ils sauveraient sûrement la paix. On s'agrippe à n'importe quelle illusion quand l'angoisse tenaille les ventres.

En attendant, les mobilisés n'avaient pas d'autre chemin à suivre que celui qui menait aux casernes. Le moral était tombé au plus bas. « Qu'on nous fiche une bonne fois la paix ! » disait un couplet gouaillé par Maurice Chevalier. On sentait déjà comme des relents de défaitisme. « Si la guerre éclate réellement, craignait-on, les armes modernes ne permettront à personne d'en réchapper ! » Avec ses coucous et son artillerie désormais surannée, l'affrontement de 14-18 avait déjà provoqué une épouvantable hécatombe. Que penser alors des formidables moyens de destruction dont s'étaient dotés les pays antagonistes depuis ces dernières décennies ? Au bout de cette course aux armements, de cette surenchère belliqueuse, on n'avait rien à espérer mais tout à redouter. C'était ce qu'appréhendaient les appelés du village, et c'est ce que j'appréhende toujours actuellement. Il suffit d'un fou, d'un seul, pour qu'une arme dite de dissuasion se transforme brusquement en instrument d'apocalypse.

Beaucoup de gens prirent peur. Pourvu que la guerre ne s'éternise pas comme l'autre ! Combien de jours, combien de semaines, combien de mois les combats vont-ils durer ? Combien d'êtres chers ne reviendront jamais des champs de bataille ? Combien de noms devra-t-on graver sur les monuments aux Morts de demain ? Le couvent des Ursulines à Beaugency deviendra-t-il un dépotoir de corps sanglants pour la troisième fois, comme en 70, comme en 14-18 ?...

Certes, l'armement s'était dangereusement perfectionné depuis l'armistice, mais cela ne signifiait nullement que le commun de nos troufions, souvent soumis aux ordres et aux contrordres affolés d'officiers incompétents, représentait pour autant un terrifiant adversaire. Henri nous en donna la navrante démonstration. Encaserné à Blois, il avait touché son paquetage à Villebarou ; son régiment s'était ensuite entassé dans des wagons à bestiaux aiguillés en direction de la ligne Maginot. Là encore, même pagaille que dans les centres de mobilisation.

Le convoi filait vers l'Alsace menacée lorsque soudain, dans des hurlements de ferraille, il dut stopper en pleine nuit. Un ordre impératif retentit : « Descendez ! Vite ! Le train est à quai ! » On glissa les portes des wagons. Il faisait un noir d'encre au-dehors ; on ne distinguait goutte. Les soldats, confiants, sautèrent à l'aveuglette. Mais de quai, point. Tout le régiment atterrit sur le ballast ou déboula au creux d'un saut-de-mouton, clampins et fourniments sens dessus dessous !

Dans sa chute, Henri se fractura une guibolle. Il dut rester pendant trois semaines à l'hôpital. Sans jouer spécialement au tire-au-flanc, notre dégourdi comptait bien que sa blessure quasi providentielle lui vaudrait la réforme, pour le moins. Il connaissait déjà tant d'embusqués qu'il se disait qu'un de plus ou un de moins ne modifierait guère le cours de l'Histoire. Mais je t'en fiche ! il dut rejoindre dare-dare son régiment dès qu'il put marcher à nouveau. C'est alors seulement qu'il s'aperçut qu'on avait refilé son fusil à quelqu'un d'autre ! Il ne lui restait plus qu'à se battre à mains nues.

Témoignages

FAUT PAS DE FAUX PAS !

« J'étais alors une jeune institutrice mariée depuis le 8 août 1939. Mon époux, encore militaire-appelé au 30e d'artillerie d'Orléans, partit seul en "voyage de noces", dans l'Est, avant même la mobilisation.

« A La Ferté-Saint-Aubin, mon village natal, existaient alors de nombreuses et vastes pépinières. Elles sont remplacées aujourd'hui par des lotissements et des quartiers neufs. Pour travailler dans ces exploitations, on faisait appel non seulement à la main-d'œuvre régionale mais aussi à des étrangers, dont quelques Allemands. Depuis les événements de l'été et le bruit des bottes qu'on essayait de ne pas entendre, on chuchotait qu'ils étaient là pour espionner : "C'est la cinquième colonne !" N'y avait-il pas ici l'usine d'armement de Chevaux ? Et un pipe-line en construction vers la route de Ligny ?

« Fin août, les esprits s'échauffèrent. On discutait en remuant la terre des pépinières ; souvent les "Boches" étaient pris à partie par les Fertésiens. Un jour, quelques canons de rouge ayant donné de la vigueur à la discussion, un Solognot pur sang, facilement bagarreur, eut une violente rixe avec un des "espions". Cela se termina par des coups de poing, des coups de pied et l'arrivée des gendarmes. Notre Solognot, bien connu des représentants de l'ordre, fut considéré comme responsable (pas d'histoires avec ces dangereux étrangers, surtout) et embarqué à la salle de police locale.

« Puis tout se précipita. Les Allemands pépiniéristes disparurent ; les gendarmes, qui avaient autre chose à faire qu'à s'occuper de leur prisonnier, lui rendirent la liberté. Il arriva chez lui pour apprendre qu'il était mobilisé. Avant de partir, sa dernière visite au pays fut pour le bistrot que tenait sa mère. Tout en profitant de son ultime chopine avec les copains, il nous racontait sa mésaventure : "Alors, quoué, vous z'y comprenez quèque chouse ? I m'ont mis en taule pasque j'avais foutu sur la gueule à un Boche et v'là maintenant qu'i m' relâchent pour que j'aille en tuer !" »

Et notre correspondante d'ajouter en nota : « Ne croyez surtout pas que l'allusion au pipe-line soit fantaisiste. Il existe encore sur la route de La Ferté-Saint-Aubin à Ligny-le-Ribault, à l'entrée d'un sentier qui descend vers le Cosson, une porte grillagée surmontée de lettres métalliques : "Pipe-line". Les travaux de "cette pipline", comme on disait alors, ont été interrompus à la guerre. J'ignore quels en auraient été l'usage, les points de départ et d'arrivée. » (Lettre d'une lectrice désirant rester anonyme.)

55e Année

Direction Rédaction : 68, rue Royale, ORLEANS

Le Républicain

ORLEANAIS ET DU CENTRE

50 Centimes

D[re] Edition

N° 20.413

DIMANCHE 3 Septembre 1939

La Publicité est reçue à Orléans, au Bureau du Journal, 68, rue Royale, à l'Agence Havas, 21, rue de la République. — A Paris, à l'Agence Havas, 62, rue de Richelieu et dans ses succursales

Les Polonais résistent à l'armée allemande

Plusieurs avions du Reich ont été abattus au cours de raids sur des villes ouvertes de la Pologne

Les ambassadeurs de France et d'Angleterre ont remis à Berlin une note exigeant la cessation de l'agression

« J'ai tout fait pour éviter le pire. Le monde est témoin qu'il s'est produit contre la volonté de la France. » a déclaré M. DALADIER

« LA PIPLINE »

« En 1939, j'avais 7 ans et j'accompagnais parfois un oncle chargé de transporter, depuis la gare de La Ferté-Saint-Aubin, des matériaux sur le chantier du pipe-line, route de Ligny. J'ai toujours entendu dire que ce long tube venait de la côte atlantique et devait se poursuivre vers l'Est afin de fournir l'armée française en carburant. » (Lettre de M. Roger Jolly, d'Orléans.)

AVEC OU SANS ?

Un correspondant anonyme nous a envoyé la contestation suivante :

« Il n'y avait plus d'ouvriers allemands travaillant dans les pépinières de La Ferté-Saint-Aubin en 1939. Le dernier à être employé comme tant d'autres avant lui, selon un contrat de travail émanant du ministère de l'Agriculture (service de la main-d'œuvre et de l'immigration agricole), a quitté son ouvrage le 15 décembre 1936. »

Vous oubliez votre cheval
(Répertoire de Charles Trenet, 1938)

L'armée ne s'intéressait pas uniquement aux mobilisables : elle réquisitionnait simultanément les chevaux et les véhicules motorisés selon un scénario immuable en pareilles circonstances. Les hommes de peine à la caserne, les bêtes de somme à la fourrière*. Mais là encore, on peut soutenir que les opérations ne se déroulaient pas dans la discipline et la pondération.

Les camions du village appartenaient aux commerçants. Quant aux automobiles, on n'en possédait guère. Ces engins pétaradants durent être regroupés à Mer, la ville qui se tient à une douzaine de kilomètres du bourg. Là, ils furent évalués et payés. Celui qui livrait une camionnette se voyait immédiatement enrôlé avec la qualification de conducteur, à la condition toutefois d'être mobilisable. C'est ce qui arriva à mon grand-oncle Pierre. En revanche, il fut porté déserteur dans le régiment où il était vraiment affecté ! De toute façon, dès le lendemain, Pierre ne pilotait déjà plus sa mécanique puisque dans la nuit, un malin la lui avait barbotée. On le consola en lui confiant le volant d'un trois tonnes.

Pour les chevaux, ça ne se passait guère mieux. N'étaient requis que les juments et les mâles castrés, en pleine force et sans défaut. Jusqu'alors, le recensement hippique donnait lieu à des contrôles réguliers. Ainsi une fois l'an, des officiers tenaient le haut du pavé, sur la place de la mairie, et procédaient à la révision du cheptel communal. A la réquisition, les cultivateurs durent mener leurs bêtes à Morée, entre Beauce et Perche.

* Relire notre ouvrage précédent *Ils sont partis en chantant,* chapitre : « Les trains de plaisir ».

Paul accomplit son devoir en renaudant, comme tant d'autres paysans. Parvenu à destination, il remarqua dans l'escadron de réquisition un soldat équipé d'une musette et d'un bidon ; son visage ne lui paraissait pas étranger. Après s'être approché, il reconnut sous l'uniforme un des gars Grillon.

« Ben, dis donc, l'interrogea-t-il, qu'est-ce que tu maquignonnes dans cet accoutrement ?

— Tu le vois, lui répondit l'autre d'un ton piteux. Je fais la réquisition des chevaux.

— La réquisition des chevaux ? Mais tu devrais être démobilisé à l'âge que tu as : tu es de dix ans mon aîné et moi, je ne suis pas parti !

— Eh, oui ! Je le sais bien mais que veux-tu, personne ne m'a autorisé à rentrer à la maison... »

Du coup, Paul ne put s'empêcher d'en informer l'officier. Ce n'était pas un blanc-bec de gradé qui effarouchait un ancien combattant de la trempe de notre Paul, sapristi. Les poilus de l'autre guerre méritaient quelque déférence, non mais !

Ledit officier dut bien admettre cette criante anomalie. Il délia donc séance tenante le vieux réquisitionnaire de ses obligations militaires. L'autre était si content de l'aubaine que pour fêter sa réinsertion dans la vie civile, il vida son bidon en trinquant avec son libérateur. Dans l'affaire, Paul avait peut-être perdu un cheval mais il ramenait en échange l'amitié d'un bon gars et une cuite carabinée.

Le plus souvent hélas, la réquisition des chevaux ne se concluait pas de manière aussi joyeuse. Un bon canasson, robuste et parfaitement dressé à la voix de son maître, valait pour ce dernier le meilleur atout de travail. On ne regrettait jamais — ou très rarement — une carne qui n'entendait ni à huhau ni à dia, mais on pleurait toujours un brave bourrin auquel on s'était habitué. Ensemble, le paysan et son cheval, ils avaient trimé dur, par tous les temps, à ouvrir la terre, à emblaver les guérets, à faucher et à engranger les moissons, à livrer les voitures de grain au silo de la coopérative à Beaugency, au négociant de Cravant ou aux meuniers de Meung. Et voilà que maintenant, après avoir tant sué dans les mêmes efforts, ils devaient se séparer parce qu'on venait de pondre en haut lieu un ordre de réquisition. Les chevaux étaient comme les humains : sacrifiés à cette saloperie de guerre. Demain, il faudrait s'arranger avec ce que l'armée avait bien voulu laisser dans les écuries, et racheter des poulains pour ceux qui en possédaient les sous.

Les vieux paysans exemptés emmenaient ainsi leur cheval en baissant le nez pour se cacher de chialer. Avec un cœur gros comme ça qui leur tambourinait dans la poitrine. Les modestes exploitants du val n'étaient souvent riches que de cette bête-là ; la réquisition équivalait pour eux à la ruine.

Quelques chanceux (on pouvait les compter sur les doigts d'une main) ramenèrent leur Bijou parce que celui-ci dépassait la limite d'âge, comme son maître. Les autres s'en revinrent d'un pas traînant, sans courage ni vaillance, seuls sur la route pierreuse. Les licous et les brides qu'ils s'étaient jetés sur l'épaule, leur fouettaient les fesses à chaque enjambée, comme pour les punir d'avoir si facilement abandonné leur compagnon de labeur. Un bout de papier avait suffi à les rendre dociles. Ils ne causaient plus. Il n'y avait pas à discuter. Plusieurs d'entre eux trouveraient dorénavant une écurie vide, sans animal de trait, dedans, à entendre racler ses bat-flanc...

Croyez-moi : une écurie silencieuse paraît sinistre à n'importe quel laboureur car cela présage la mort de sa maison.

Témoignage

BEN, MON COLON !

« En 39, mon père, à 70 ans passés, gardait encore quelques champs, un cheval et deux vaches pour assurer sa subsistance et celle de ma mère. Il n'y avait pas de rente pour les vieillards à l'époque.

« Ce vieux cheval tout blond, qu'on appelait précisément "le Jaune", fut réquisitionné par l'Armée française. Cela causa bien du tort à mon père, qui n'avait pas les moyens d'en acheter un autre. On n'en trouvait d'ailleurs plus à ce moment-là.

« Quelques semaines plus tard, environ deux mois, mon père curait ses vaches lorsqu'il vit passer, en bout de sa cour, des fantassins français qui s'entraînaient avant d'aller se faire tuer à la guerre. Derrière eux, la moustache blanche en croc, un colonel fort âgé montait un cheval, et quel cheval ? Notre vieux Jaune, bien sûr !

« En passant devant son ancienne écurie, l'animal entra tout tranquillement dans la cour et vint droit à mon père, éberlué mais heureux, qui le prit par la bride. Il l'aurait bien gardé mais le colon, pas de cet avis, fouetta de sa cravache le pauvre Jaune, qui dut repartir... A-t-il fini en viande de boucherie ? Peut-être. C'était encore un sort meilleur que celui de périr sous les bombardements. Cette guerre-là n'était plus pour les chevaux. » (Lettre de Mme Alice Tourne, de Bricy.)

Nous irons pendre notre linge sur la ligne Siegfried

(Répertoire de Ray Ventura et ses collégiens, 1939)

La fameuse guerre-éclair promise par Hitler, la « Blitzkrieg », ne semblait pourtant pas devoir se déclencher contre nos frontières. Après avoir remporté de fulgurantes victoires en Pologne, les tanks allemands écrasant une cavalerie démodée sans coup férir, le dictateur du IIIe Reich hésitait-il à se frotter aux ergots acérés du vaillant coq gaulois ? Prenait-il enfin conscience de sa folie ? Les Américains avaient-ils réussi à tempérer ses appétits d'ogre sanguinaire ? L'entente cordiale entre l'Angleterre (dont on se méfiait néanmoins) et la France invincible le portait-elle soudain à une prudente réflexion ?

Au pays de la douce Marianne, chacun se reprit à espérer que ce cauchemar ne fût vraiment qu'un mauvais rêve. Puis peu à peu, les semaines s'écoulant sans trop de heurts, on se ragaillardit et on finit par se persuader qu'effectivement, « le temps travaillait pour nous ». Le président du conseil Paul

Reynaud avait certainement raison lorsqu'il déclarait sur des accents péremptoires : « Nous vaincrons parce que nous sommes les plus forts ! » On ignorait évidemment qu'outre-Rhin, le chef de la propagande Joseph Goebbels galvanisait ses troupes en leur tenant de semblables slogans — au profit du régime nazi, cela va de soi. Et personne ne se douta que les projets d'Hitler n'avaient été contrariés que par les pluies d'automne et les rigueurs de l'hiver, tout simplement. Cette « drôle de guerre », que l'on pourra croire fausse un instant, ne sera pourtant que le prélude à la vraie...

Dès lors, l'inévitable bourrage de crâne s'intensifia et la radiodiffusion contribua grandement à reforger l'assurance cocardière. Le monde de la chanson se mit aussitôt au diapason. La T.S.F. redonna la vogue à l'inusable *Le rêve passe* (il devait effectivement passer quelques mois plus tard) tandis que les succès du jour devinrent *C'est la java du poilu* par Colette Betty, *La fille à Madelon* par Bordas, *C'est Victoire !* par Reda Caire, *Je demande une permission* par Adrienne Gallon la bien-nommée, *Le général Pinard* par Viviane Gosset et *Ma belle Marseillaise* par Alibert. On fredonnait encore *Tu ne m'as pas quitté*, *Nuits sans toi*, et *Nuit de garde sur le Rhin*. Rina Ketty, Jean Sablon et André Claveau juraient de concert leur vibrant *J'attendrai* à grand renfort de trémolos... Petite note discordante : Le soldat Contandin, plus connu dans le civil sous le nom de Fernandel, chantait *Je me mens*. La chanson répercutait fidèlement les éclats d'une actualité explosive.

En entendant de telles promesses, les soldats pouvaient s'éloigner sans appréhension et ne plus croire aux boniments diffusés par les radios étrangères. On captait ainsi les éditoriaux démoralisateurs de Ferdonnet, le « traître de Stuttgart », qui se vantait de dénoncer les intrigues, les combines et les perfidies britanniques. « Les Anglais donnent leurs machines, clamait-il, mais les Français donnent leur poitrine. » Et il enchaînait ses virulentes diatribes en sous-entendant que les tommies s'offraient du bon temps à l'arrière, en compagnie des jeunes femmes dont le mari ou le fiancé combattait courageusement au front. A ces basses sornettes, le Poste parisien répliquait en programmant la chanson de Fernandel *Francine*, qui recommandait « de ne pas se laisser embobiner par les bobards ».

A dire vrai, l'intoxication psychologique pointait sous les joutes verbales des ondes. Le village en fut également contagionné, bien entendu. Dès le 10 septembre 39, le préfet du Loiret indiquait aux maires du département *que des émissions en langue française, faites par des postes étrangers, et ayant de réelles apparences de sincérité, n'avaient en réalité d'autre but que de jeter le trouble dans l'esprit de la population, par la propagande de nouvelles inexactes.* En conséquence, il demandait aux maires *de mettre discrètement* (mot souligné) *leurs administrés en garde contre ces émissions dont ils auraient intérêt à vérifier soigneusement l'origine avant de leur accorder le moindre crédit.* Il est vrai qu'à cette époque, tout le monde écoutait la radio, étrangère ou pas ; les certitudes qu'on en concluait ne dépendaient que d'un parti depuis longtemps pris. Ce qui ne valait pas tripette pour l'un, était parole d'Évangile pour l'autre.

Il est évident que durant cette longue période d'incertitude, nos vedettes de music-hall jouèrent un rôle primordial pour ranimer et soutenir l'enthousiasme national, lequel enthousiasme en avait sérieusement besoin. Maurice Chevalier, Jean Sablon et Fernandel assurèrent le succès incontesté du théâtre aux armées. Notre Momo-de-Ménilmuche, qui ne reculait devant aucun sacrifice pour fortifier sa popularité, ira jusqu'à se débarrasser de sa Proserpine, sa limousine préférée, afin que les casseurs la refondent en « acier victorieux ». Bien entendu, publicité obligeant, les cinéastes du « Pathé-Journal » filmèrent cette déchirante séparation. Aucun détail n'échappa ainsi au bon peuple des salles obscures, surtout pas celui de la traditionnelle larme perlant sous le légendaire canotier. Cette louable immolation de Proserpine sur l'autel de la patrie en danger ne décida pourtant point les familles du village à recéder leurs vieilles machines. Les charrues de rebut, on préférait les ranger sous quelque remise, au cas où il faudrait bricoler et réparer les neuves.

La « drôle de guerre » s'installa au fur et à mesure que le bellicisme s'amenuisait dans l'opinion publique. On déplorait certes plusieurs victimes lors d'accrochages frontaliers mais le drame n'apparaissait plus inéluctable. On continuait à croire fermement que les émissaires américains et allemands menaient de secrètes tractations. Et surtout, on conservait une confiance inébranlable en notre imprenable ligne Maginot.

Ce dispositif de protection territoriale avait été construit à grands frais en 1927. Il se composait d'un chapelet de casemates et de plots antichars reliés par des fortifications souterraines. Une version améliorée des tranchées d'autrefois, en quelque sorte. Il ne faisait aucun doute qu'à elle seule, cette fameuse ligne Maginot suffirait à contrer toute tentative d'invasion germanique ; c'est ce qui nous avait manqué en 14. Le maréchal Pétain, un de ses ardents promoteurs, en était convaincu et il savait de quoi il parlait.

En face, l'Allemagne s'était, elle aussi, retranchée derrière les identiques défenses de la ligne Siegfried. Mais, diable ! ce rempart ridicule des Boches ne résisterait pas à l'impétuosité de nos assauts, au moment décisif de l'offensive française ! Après quatre mois de « drôle de guerre », Ray Ventura et ses collégiens claironnaient que nos bandes molletières et nos caleçons sécheraient avant longtemps sur les positions ennemies, tels des étendards. Belle insouciance en vérité. Ou pieux mensonges. La fatalité exige sans doute que nous restions toujours en retard d'un conflit : un chroniqueur de radio affirmait récemment que les blockhaus de la Seconde Guerre mondiale pouvaient fort bien servir d'abris antiatomiques, à la condition toutefois qu'ils soient aménagés !

Témoignages

IMPATIENCE

« Mon régiment comprenait un escadron de spahis de Tlemcen qui était commandé par le lieutenant Giraud, un des trois fils du général. Nous passâmes tout l'hiver dans le Nord. Les pauvres gars n'étaient pas habitués à un froid pareil. Il arriva qu'un jour, l'un d'eux tue le cheval de son officier d'un coup d'étrivière à la tempe. Il fut puni de 30 jours de prison et enfermé sous un toit à porc balayé par les courants d'air. Sans l'intervention du toubib qui l'en fit sortir, le malheureux y serait mort.

« Je parlais souvent avec eux car venant de servir pendant dix-huit mois au 2e chasseurs d'Afrique, j'avais fini par apprendre leur langue. Ils étaient contents et ils demandaient souvent : "Quand est-ce qu'on va à la riflette ?" Ils n'étaient pas venus pour jouer au ballon, eux ! » (Lettre de M. Adolphe Lorgeou, de Tavers.)

UN BEAU DESSEIN

« Concernant le pont George-V à Orléans, l'état-major du "Fromage blanc", rue Fernand-Rabier, avait conçu un plan de défense pour le moins saugrenu, qu'on m'avait commandé d'illustrer. Ce plan consistait en ceci :

« Le pont étant en dos d'âne, on plaçait en son milieu, sur chaque trottoir, deux réservoirs de 200 litres d'essence en bascule. Lorsque les chars ennemis arriveraient à l'entrée du pont, les préposés à la garde placeraient rapidement des chevaux de frise en travers de la chaussée, sous l'œil amusé des Allemands sans doute, déséquilibreraient les réservoirs d'essence et y jetteraient des grenades incendiaires. Les chars prendraient feu immédiatement, comme il se doit... Pour que ce soit encore plus beau, j'avais fait mon dessin en couleurs !

« Suite à l'exécution de cette œuvre d'art, le colonel me convoqua dans son bureau et me déclara : "Votre tableau est très bien, Bazantay, mais vous avez oublié quelque chose ! — Quoi donc, mon colonel ? — Eh bien, vous avez oublié le commandant à cheval, au milieu du pont, en train de contempler les dégâts !"

« Inutile de préciser que le projet fut abandonné. De toute manière, nous vaincrions parce que nous étions les plus forts et que la route du fer était coupée. Aussi, nous n'avions que faire de tels extravagants projets. » (Lettre de M. André Bazantay, d'Orléans.)

Le temps presse

Soldats français!

Votre gouvernement vous trompe honteusement

Lors de la mobilisation générale, il vous a dit qu'il fallait défendre la France contre l'attaque-éclair que l'Allemagne ne manquerait pas de lancer contre vous.

L'attaque-éclair n'est pas venue.

Ensuite, après la campagne de Pologne, on vous a annoncé, à plusieurs reprises, que l'attaque allemande serait imminente.

C'était pour vous tenir en haleine.

L'attaque allemande n'est toujours pas venue. Alors, maintenant, on vous dit, que c'est parce que les Allemands n'osent pas attaquer.

On se moque de vous!

A qui veut-on faire croire, que les Allemands n'auraient pas pu vous attaquer après avoir vaincu la Pologne en trois semaines?

Soldats français! Méfiez-vous des bobards de ceux qui prennent cette guerre à la légère.

On vous dit que la victoire vous est assurée.

Encore une fois, méfiez-vous de ces héros du bourrage de crâne, qui, en cas de danger, seraient les premiers à se dégonfler.

Ne vous a-t-on pas promis aussi que la Pologne, pays de 34 millions d'habitants, résisterait victorieusement?

Or, le résultat de la campagne de Pologne, vous le connaissez.

Pourquoi alors, l'Allemagne ne vous a-t-elle pas encore attaqués?

C'est uniquement parce qu'elle pense qu'un **nouveau carnage** n'avancerait en rien les problèmes qui se posent entre nos deux pays.

Êtes-vous vraiment d'un avis contraire? Voulez-vus vraiment attirer des obus et des bombes sur vos campagnes et vos villes? N'avez-vous pas eu assez de zônes dévastées dans la dernière guerre?

Pourquoi faites-vous la guerre?

Pour ajouter de nouveaux cimétières à ceux de la dernière?

Réfléchissez-y vous-même sans accepter aveuglement ce que l'on vous raconte.

Vous pouvez encore éviter le pire.

Mais le temps presse.

Propagande séditieuse

C'était trop beau
(Répertoire de Léo Marjane, 1940)

Entre-temps, les troufions du front se tournaient les pouces et patientaient en s'occupant à des travaux de terrassement, aux maniements d'armes et aux corvées habituelles de pluches. Ennui et routine. Au bel été succédait un automne pourri. L'hiver serait rigoureux. Les foyers de soldats ne désemplissaient pas ; on y tapait la belote par désœuvrement et on levait le coude en sirotant un pinard plus ou moins bromuré.

Au village, les femmes, les vieillards et les enfants achevaient tant bien que mal les travaux des champs. A la fin de septembre, les vignerons du val reçurent l'aide des pensionnaires des auberges de jeunesse d'Orléans. Les combats tardant, de nombreux appelés bénéficièrent de permissions agricoles pour prêter la poigne à l'arrachage des betteraves et des pommes de terre. D'autres participèrent à la saison des battages. Ils se sentaient mieux à la ferme qu'à la caserne, bien sûr, mais plusieurs d'entre eux constatèrent avec effroi qu'au moment de se coucher, leur envie pour la bagatelle avait sensiblement décru. On en revint à maudire ce fichu bromure versé dans le vin par les cuistots de l'ordinaire...

Tous les paysans mobilisés n'eurent cependant pas la chance d'obtenir des permissions agricoles. Ainsi à Châteauroux, le capitaine ne voulait pas en accorder. Mon père, qui y avait droit, envoya une réclamation écrite au député-maire de Blois, Émile Laurens. Ce dernier lui répondit aussitôt qu'il réglerait promptement cette affaire. La débâcle l'en empêcha : il mourut sous le bombardement de sa ville en 40.

A l'arrière, cependant, une étrange maladie commençait à gangrener les esprits : l'obsession de la « cinquième colonne ». Cette suspicion était provoquée, on le sait, par l'entreprise de « désorganisation organisée » que tentaient les services allemands à l'intérieur du pays. L'expression venait du siège de Madrid en novembre 36, quand le général franquiste Mola avait annoncé que ses quatre colonnes attaquantes seraient appuyées par une cinquième, formée de militants fascistes dans le centre même de la capitale. Cette « cinquième colonne » était comme le ver qui gâte la pomme du dedans. Les infiltrations ennemies s'employaient maintenant à saper la détermination des populations au cœur même de la France ! Il convenait d'ouvrir l'œil et d'y mettre le hola.

Le village n'échappa point à l'épidémie. Les gens finirent par se monter le bourrichon avec ce qui n'était souvent que niaiseries. On se reluquait désormais du coin de l'œil et on lorgnait les vagabonds qui trimardaient sur les chemins. Les espions se mussaient partout : dans les champs, derrière les meules, parmi les gars de la batteuse ou les saisonniers. Un matin, un de nos paysans faillit estourbir son voisin à coups de fourche : celui-ci ayant la veille changé de chapeau, notre excité n'avait pas reconnu sa silhouette ! Dans cette ambiance trouble, le premier épouvantail prenait soudain des allures de dangereux individu. Par miracle, malgré la méfiance des gens énervés, aucun accident fâcheux ne survint vraiment dans les alentours...

La « drôle de guerre » n'en poursuivait pas moins sa trêve trompeuse. On se mit pourtant à douter de l'heureuse issue de l'engagement en avril, quand l'expédition des forces alliées, malgré les vantardises officielles, ne parvint pas à couper la « route du fer » norvégienne, à Narvik. L'Allemagne se révélait plus coriace que prévu. Les Français ne s'estimèrent que timidement épaulés par les Anglais, à qui ils adressèrent de vifs reproches. L'entente cordiale battait de l'aile. Le printemps s'annonçait mal. C'étaient déjà les prémices de la défaite.

Le 9 mai, le président du Conseil Paul Reynaud réclama la démission du commandant en chef, l'inapte général Gamelin. Le ministre de la Guerre Daladier refusa net et le gouvernement fut dissous. Quelques jours plus tard, les sections hitlériennes fondaient sur la Hollande et sur la Belgique. Rotterdam était en feu. On apprit avec stupéfaction que les Allemands venaient de contourner notre ligne Maginot et de réussir une percée à Sedan. On avait pensé à tout, sauf à ça ! Les Stukas pilonnaient la ville et la panique s'emparait de nos lignes. Le 13 au soir, avant même que ne fussent donnés les ordres de dispersion, les régiments français se débandaient dans la cohue. Le 19, le gouvernement au complet se rendit à Notre-Dame de Paris et y pria pour la France. Il ne restait qu'une intervention divine pour nous épargner l'anéantissement.

La « drôle de guerre » n'avait brusquement plus rien de drôle.

Les attaques aériennes se déchaînèrent du 10 au 12 mai, en appui des divisions blindées. Leurs objectifs prioritaires étaient évidemment les camps d'aviation dont la destruction assurerait la maîtrise des airs aux pilotes allemands. Les quadrimoteurs et les hangars d'Avord, près de Bourges, furent bombardés pendant deux heures. Il n'y eut aucune victime. Le camp de Châteauroux ne fut survolé que pendant quelques minutes mais on dénombra soixante-dix morts. Personne ne soupçonnait la nature de l'essaim qui bourdonnait au loin. Un groupe de permissionnaires rentrait à découvert lorsque les bombes se mirent à siffler : ils furent déchiquetés jusqu'au dernier.

Un unique pilote se trouvait au camp de Bricy quand fondirent les Junkers ; selon certaines rumeurs, ses camarades faisaient la nouba en ville. Cet aviateur fut donc le seul à pouvoir donner la chasse.

A Châteauroux, ce furent deux mécanos des usines Bloch qui poursuivirent les Stukas. Quand la D.C.A. aboya enfin, leurs avions capotèrent en flammes !

Henri profitait d'une permission agricole lorsque la foudre s'abattit sur le pays. Ce coup de tonnerre le fit sursauter car rien ne devait troubler ce bleu d'azur. Il quitta sa besogne au moment où les avions allemands déchiraient le ciel. « Bon d' là ! grogna-t-il en se grattant la joue, ça sent le vilain ! » Son régiment le rappela illico. Il sauta dans le train aux Aubrais, pour gagner du temps. La gare n'avait pas été touchée. En revanche, ce fut son train qui essuya une avalanche de bombes avant de parvenir au front !

Persistant à ignorer la reddition du roi Léopold III de Belgique, le 28 mai, certains fanfarons du village s'obstinaient toujours dans les hâbleries. « Rien n'est joué, affirmaient-ils à la cantonade. On peut encore résister, sacrebleu ! » Deux semaines plus tard, personne n'osait plus tenir ce fier langage. Le désastre de Dunkerque allait sonner le glas des folles espérances.

Témoignages

DU GARDE CHAMPÊTRE AU MOBLOT DE 70

Un brin d'imagination suffisait à n'importe qui pour relever n'importe où des traces supposées de la « cinquième colonne ». Trois pierres négligemment posées par un laboureur en bordure de son champ, les unes sur les autres, devenaient alors un indéniable signe de piste. Or à propos de ces marques, M. Roger Rabier, de Fontaines-en-Sologne, nous remet en mémoire une coutume beauceronne aujourd'hui oubliée :

Pendant la saison du pacage, dès la moisson achevée, une grosse ferme de Morée envoyait son troupeau de moutons paître sur tous les chaumes. Certains paysans voyaient cela d'un mauvais œil et interdisaient leur lopin. Ces parcelles non pâturables étaient signalées par un « garde champêtre » ; il s'agissait tout bonnement d'un petit tas de mottes ou de pierres placé à une extrémité du champ défendu.

Et notre informateur d'ajouter : « Mon arrière-grand-père, né en 1800 à Lorges, possédait dans les 80 hectares à Morée. A sa mort, la propriété a été partagée entre ses quatre enfants, chaque champ étant divisé en quatre portions égales. De telle sorte, chacun héritait de pièces de terre relativement étroites, ce qui ne serait plus admissible de nos jours avec la mécanisation agricole... Mon grand-père, mobilisé dans un corps de mobiles en 1870, fut élu sous-lieutenant. J'ai encore sa photographie. Les bandes du col et du pantalon de son uniforme ont été coloriées en rouge par le photographe. Son sabre était d'ailleurs resté chez ma grand-mère. Le bonhomme est décédé en 1911 au cours d'une épidémie de typhoïde qui fit trois morts en quinze jours dans la famille : sa sœur, sa nièce et lui. »

À UN CONTRE VINGT

M. Maurice Garsault, de Binas, est un fana de l'aéronautique. Il nous communique les précisions suivantes :

« La "drôle de guerre" s'était terminée le 10 mai par l'entrée des troupes allemandes en Hollande et en Belgique ; ce jour-là (Pentecôte), l'aviation ennemie s'en prenait aux aérodromes de l'arrière. C'est ainsi que notre région fut survolée par plusieurs escadrilles de bimoteurs Heinkel 111. Je me trouvais à Ablainville, commune de Binas, et j'ai vu une vingtaine de ces avions se diriger vers Châteaudun. Bien que volant au moins à 2 000 mètres et de couleur gris-bleu se détachant mal dans le ciel bleu, ils étaient facilement identifiables. Alors que nous entendions des détonations et que plusieurs colonnes de fumée s'élevaient en direction de Châteaudun, le monoplace de chasse Bloch 152 du capitaine Nollet nous survola en rase-mottes mais ne participa pas au combat car il était démuni de tout armement. Au même moment, un deuxième avion français tombait à Ouzouer-le-Marché dans le pré de M. Bellanger. Nous avons pensé qu'il s'agissait d'un zinc ennemi, mais nous avons appris peu après qu'il s'agissait d'un appareil français et que son pilote, le lieutenant Bau, avait été tué.

« Le lendemain un morceau d'avion d'environ 80 cm portant la plaquette d'identification "MB 152", vraisemblablement un tab de gouverne détaché du Bloch du lieutenant Bau lors du combat en altitude, fut retrouvé à 7 km du point de chute de l'avion, dans le jardin de Mme Rachel Barrault, épicière à Vallières.

« Dans la revue *Le Fanatique de l'Aviation* de mai 1970, le colonel Nollet, capitaine en 1940, relate : *Dès septembre 1939, je fus détaché à l'entrepôt de Châteaudun pour y diriger le montage de l'armement sur les avions neufs en provenance de l'usine de Châteauroux. Avant livraison aux unités, les avions devaient être essayés en tir en vol. C'est ainsi que j'ai piloté les Bloch 152 avec lesquels, dès mars 1940, fut constituée une patrouille de défense du terrain de Châteaudun. Quatre appareils y furent affectés. Lors de la première rencontre avec les Heinkel 111 et Messerschmitt 110, le 12 mai 1940, un Heinkel fut abattu mais mon second, le lieutenant Bau, s'écrasa à Ouzouer-le-Marché.*

« J'ignorais à l'époque qu'un avion allemand était tombé à cette occasion mais les archives de l'armée de l'air concernant les escadrilles légères de défense mentionnent bien ce Heinkel abattu le 12 mai 1940 par le lieutenant Bau de l'E.L.D./ Châteaudun, pilotant le MB-152 numéro 265 (le lieu de la chute du He 111 n'est pas indiqué). »

PREMIÈRES BOMBES

« Ma femme vaquait à ses occupations, dans notre cour de ferme à Fay-aux-Loges, lorsqu'elle leva les yeux, surprise d'entendre un avion passer à basse altitude au-dessus d'elle, avec une croix gammée sous les ailes.

« Avant qu'il ne disparût derrière la maison, elle remarqua que quelque chose de noir se détachait de l'appareil. Presque aussitôt retentit une forte explosion, suivie de plusieurs autres plus éloignées. C'étaient bien des bombes que lâchait cet avion !

« La première était tombée près de chez nous, sur la maison du père Domain qui fut tué sous les décombres. Les suivantes s'espacèrent de loin en loin dans les champs et sur la forêt. On suppose qu'à un retour de mission au centre de la France, ce bombardier n'avait pu atteindre son objectif désigné et s'était débarrassé au hasard de son chargement. » (Lettre de M. Albert Trembleau, de Vienne-en-Val.)

LA LEÇON DU MASQUE A GAZ

« Écolière de 10 ans à l'époque, je me souviens de cette triste année scolaire 39-40. La maîtresse parlait de la guerre tous les jours. Notre classe était marraine d'un soldat mobilisé au front. Nous lui écrivions, nous lui envoyions des colis. Quand il nous répondait, la maîtresse lisait la lettre de ce filleul qui nous racontait sa vie dans les tranchées.

« Plusieurs élèves étaient des réfugiées de l'Est de la France ; elles nous décrivaient leur départ de la petite ville de Saulnes occupée par les armées. Nous vivions dans la hantise des bombardements aériens.

« Les avions ennemis vinrent effectivement jeter leurs bombes à quelques kilomètres de là, sur Orléans. On nous apprit, en classe, à nous protéger de ces bombardements. Il fallait se diriger dans des abris, dans des caves ; on nous montra aussi à nous servir d'un masque qui devait nous garantir des gaz asphyxiants. J'assistais à la leçon, absolument terrifiée, mais j'essayais de retenir les explications données par un militaire.

« Cette année scolaire fut écourtée puisque l'école ferma le 15 juin, quand nous partîmes en exode. Orléans brûlait. » (Lettre de Mme Muguette Rigaud, de Saint-Denis-en-Val.)

LE CHANT DES SIRÈNES

« Le bombardement de Bricy jeta la panique par sa soudaineté. On ne s'attendait plus à cela. Ce dimanche 10 mai, tous les militaires regagnent d'urgence leurs casernes. Dans la cour de Saint-Charles, c'est la veillée d'armes, les hommes en tenue de campagne, casque sur la tête, fusil Lebel chargé jusqu'à la gueule. Distribution de paquets de cartouches... et de pansements. L'armement est hélas périmé (il date de 14-18). Certains reçoivent des fusils Gras, avec des balles en plomb et une baïonnette coupe-choux, dite Série Z, qui équipait déjà les sergents de ville en 1890 !

« On parle d'éléments du 51e en contact avec des parachutistes allemands à Saran. Un bobard, bien entendu, puis les sirènes d'alerte. Serait-ce vraiment la guerre ?

« Tous les soirs, des patrouilles partaient aux alentours immédiats d'Orléans pour sévir contre le camouflage insuffisant des lumières et les signaux de la "cinquième colonne". Il y en eut effectivement. Étant de patrouille une nuit à l'Ile-Arrault avec un camarade, j'en ai été le témoin. Un civil et un officier se trouvaient déjà sur les lieux. Nous leur fîmes remarquer ce qui se passait et ils nous répondirent que c'était sans importance, que nous ne devions pas nous en occuper. En rentrant à Saint-Charles, nous fîmes notre rapport au chef de poste et le lendemain matin, le commandant Bouron nous engueula de n'avoir pas ramené ces deux suspects avec la baïonnette dans les reins ! » (Lettre de M. André Bazantay, d'Orléans.)

LES PETITS SOLDATS

« Je me trouvais alors, en mai 40, en soins à l'hôpital

Saint-Jean-de-Briare. Nous fûmes soudain étonnés de percevoir un mouvement inhabituel d'avions dans la région, jusqu'ici très paisible. Un matin, à l'heure de la visite, ce ne fut pas le docteur et ses infirmiers qui passèrent, mais Mme Hivert, la propriétaire des locaux, et ses employés. Ils allaient de lit en lit en prenant des notes. Arrivée vers moi, Mme Hivert pleurait. Elle m'apprit que le général Weygand prenait le commandement des armées et qu'il venait installer son état-major à Briare et dans les environs. "J'ai reçu l'ordre d'évacuer l'hôpital, ajouta-t-elle. Il faut que vous soyez tous partis à 10 heures. Des officiers prendront certainement votre place, mais moi j'aurais préféré garder mes petits soldats !"

« A 9 heures et demie, un car et plusieurs ambulances arrivèrent. Ceux qui étaient valides prirent le car, les autres les ambulances. Mme Hivert nous fit ses adieux ; elle nous embrassa tous les uns après les autres et nous souhaita bonne chance. Puis nous avons traversé la Sologne et nous fûmes répartis dans les hôpitaux complémentaires de Blois. On me plaça au grand séminaire. Une période de dix jours me fut accordée pour convalescence ; je dus rejoindre ensuite mon unité. C'était déjà l'exode. » (Lettre de M. Albert Trembleau, de Vienne-en-Val.)

VACHERIES ET COCHONNERIES

« J'étais le lieutenant du troupeau de bétail à la station-magasin de Montereau. Nous recevions des trains de bêtes provenant des commissions de réquisition en province ; nous les entretenions dans une grande forme et nous les réexpédiions sur les armées, durant la "drôle de guerre". A un moment, nous avons dû nourrir de belles vaches hollandaises dont certaines étaient en lactation. Nous en eûmes des veaux qui allèrent à l'abattoir pour l'ordinaire de la troupe, non sans difficultés administratives d'ailleurs, puisque ce cas n'était pas prévu dans le règlement militaire.

« Un jour, je reçus l'ordre de nourrir un train de porcs devant faire escale en gare de Nangis. Ce n'était pas une mince affaire. Il y avait heureusement une usine qui fabriquait des auges et une laiterie qui pouvait me fournir du petit-lait. Quand tout fut prêt, le contrordre arriva : le train, lui, n'arriverait jamais.

« En juin 40, ordre de se replier au sud de la Seine. Le bétail fut dirigé sur Mignères-Bondreville. Heureusement, l'effectif était alors réduit, car nous avions eu jusqu'à 800 têtes en garde. Quelques jours après, il fallait passer la Loire. Le personnel du T.B. (troupeau de bétail) formait une caravane de dix à douze véhicules : nos propres autos ! Nous fîmes halte chez mes parents à Marcilly-en-Villette, aux Tourelles. C'est là que nous entendîmes l'appel de Paul Reynaud. » (Lettre de M. André Ratié, d'Orléans.)

Prends la route

(du film. Répertoire de Pills et Tabet, 1936)

En dépit des orages politiques qui perturbaient ce printemps 40, un soleil radieux brillait sur la campagne. On en appréciait d'autant chaque rayon que l'hiver passé avait été des plus incléments. Vraiment, ce temps superbe donnait bien du plaisir à la nature qui se réveillait de la mauvaise saison...

Les hommes se réveillaient hélas eux aussi et leur guerre mêmement. Ce grand méchant loup d'Hitler avait déclaré qu'il ne s'en prenait ni aux femmes ni aux enfants, mais on avait rapidement compris que ses nobles intentions ne concordaient guère avec la réalité. A la mi-mai étaient d'abord passées les rutilantes torpédos des riches industriels de Belgique. Derrière cette première vague de nantis déferla un mascaret de réfugiés nettement moins privilégiés. Les provinces des Flandres, d'Artois et de Picardie se vidaient dans un désarroi qui faisait peine à voir. La région parisienne suivit en marée. Des grappes de gens affamés, terrifiés, exténués par une course à laquelle ils n'étaient pas préparés, envahissaient maintenant nos environs. Ils avaient entassé à la va-vite leurs chétives bricoles sur tout ce qui pouvait rouler et cette grotesque cavalcade n'était pas sans rappeler aux anciens le pitoyable défilé des émigrés du

Nord, en octobre 1915. Décidément, l'Histoire se répétait selon un implacable déroulement.

Dès le début des hostilités, le préfet du Loiret s'inquiéta auprès des commandants de gendarmerie. Sa circulaire du 13 septembre attirait les attentions en ces termes : « De nombreuses femmes, vraisemblablement des professionnelles réfugiées, se livreraient déjà à la prostitution dans certaines communes du département. » En ce chaud printemps suivant, il ne s'agissait plus du racolage de quelques filles aguichantes mais de la fuite éperdue de tout un peuple, garces et bourgeoises confondues.

Cette lamentable procession dura des jours et des jours sans jamais s'interrompre. Les gosses criaient famine aux parents assourdis de fatigue. C'était la quête pour un bol de lait, pour un verre d'eau, pour un quignon de pain rassis, pour un bidon d'essence ou pour une poignée d'avoine. Lorsqu'un paysan se montrait dur de l'entendement, certains hargneux n'hésitaient pas à le menacer ou à chaparder dans ses bâtiments. On finit par se claquemurer dans les maisons, par peur du pillage.

Dans le hameau de Messilly vivotait un estropié inoffensif. Une scie lui ayant jadis tranché une main, le pauvre ne possédait en sa huche rien de trop pour subsister. Un soir, des réfugiés toquèrent à sa porte et lui réclamèrent quelque chose à grignoter. Devant son refus, l'un des quémandeurs prit la mouche et lui crachota méchamment sous le menton : « Dis donc, toi l'infirme, tu dois pourtant toucher une bonne rente avec ton moignon. Tu vas nous en faire profiter ou sinon, gare ! » Le manchot fit mine de céder. Il rentra dans sa tannière et n'en ressortit qu'en pointant son fusil de chasse. « Tiens, ma rente, la voilà ! » beugla-t-il en couchant les indésirables en joue. Les malfaiteurs déguerpirent sans demander leur reste.

Le misérable cortège s'étirait toujours sur nos routes en un tohu-bohu inénarrable. Aucun véhicule ne roulait à la même vitesse, ce qui ajoutait encore à la pagaille. Des automobiles hoquetaient sur l'accotement, le capot relevé et le moteur fumant de tous ses pistons surchauffés. Ou ne bougeaient pas car leur réservoir ne contenait plus une larme de carburant. On les poussait dans un champ afin qu'elles ne gênent point une circulation déjà trop entravée. Leurs passagers arrachaient de l'empilage hétéroclite du toit les objets indispensables à la poursuite de l'aventure — un matelas qui devait protéger des mitraillages ou une malle d'osier bourrée de vêtements bouchonnés — puis ils repartaient vaille que vaille vers un refuge illusoire, au milieu des charrettes à bras enfaîtées d'un bric-à-brac digne de la brocante, au milieu des voitures à cheval surchargées, bondées, des poussettes bourrées comme des diables de déménageurs, des vélos dont le porte-bagages ployait sous un pesant échafaudage de valises ventrues en carton bouilli, des balluchons gonflés à craquer d'un ramassis dérisoire. On s'agrippait à son barda comme un naufragé à sa bouée...

L'afflux incessant des réfugiés causa maintes inquiétudes au village. L'affolement devenait communicatif. Devait-on emboîter le pas à ces malheureux ? Devait-on partir à son tour ? Devait-on déserter la commune à l'approche des féroces ennemis qui talonnaient certainement les retardataires ? Oui, dirent d'aucuns, et ne lambinons plus. Tout le monde, ou presque, se rallia aussitôt à cette prudente décision. Le départ fut fixé au lendemain samedi 15 juin.

Un avis placardé sur la porte de la mairie acheva de convaincre les hésitants. Y était inscrite la liste des hommes valides désignés comme gardes nationaux. La consigne ordonnait à ceux-là d'attendre les envahisseurs de pied ferme, de placer des ballots de paille en chicanes à l'entrée du bourg, de les imbiber d'essence et de les enflammer au passage des tanks allemands ! D'autres guetteurs devaient grimper dans les greniers stratégiques et balancer des bouteilles de pétrole sur les tourelles des « Panzer ». Cette mission ne ravit personne et les gardes nationaux s'empressèrent de se joindre au flot des réfugiés sans tergiverser plus longuement.

En pleine nuit, alors qu'on ficelait ses derniers paquets, un tambourinement se fit entendre au-dehors. Ordre était donné à la population de se replier sur Romorantin où tous les hommes restants de 18 à 60 ans étaient convoqués dès les lueurs aurorales du lendemain. On ne sut jamais qui avait roulé le ban en ce minuit-là. Certainement pas notre garde champêtre puisqu'on ne reconnut pas sa voix. Peut-être un type de la « cinquième colonne ». Toujours est-il que plusieurs citoyens moutonniers se rendirent docilement à la préfecture indiquée, au petit jour, comme ils purent, la plupart à vélo. Pour des clopinettes, bien entendu. Personne ne les y attendait. Ils se dépêchèrent alors, en pestant contre cette farce douteuse, de retrouver leur nichée sur la route. Il est flagrant que l'on cogitait dans les officines sur le meilleur moyen de semer la zizanie dans le pays aux fins de gêner ainsi tout déplacement ou résistance militaires...

Entre-temps, le village s'activait dans l'effervescence du sauve-qui-peut général. Les Allemands, prétendait-on, se tenaient maintenant à un jet de fronde. Les maisonnées se serrèrent dans les voitures en toute hâte : elles devaient absolument mettre la Loire entre les hordes et elles. On ne savait pas pourquoi, mais il fallait s'en aller au plus vite. On détacha les bestiaux qui se dispersèrent dans les moissons blondissantes, puis on empocha ses clés sans toutefois boucler sa maison — cela pour éviter que les pillards n'en défoncent les portes.

Le bouif s'éloigna du bourg dans les derniers ; vu son manque d'allant, les autres ne l'avaient pas attendu. Il parcourut une demi-lieue à pied sous un soleil accablant mais son courage fondit dans la sueur. Alors il regagna tranquillement sa boutique. « Après tout, ronchonna-t-il, les Boches ne vont pas me manger. » Il rencontra sur la place un de ces conscrits, un soiffard de son acabit, bon bonhomme aussi, qui comme lui s'était engagé un soir de cuite dans la défense passive, en 38. Ç'avait été une beuverie mémorable, crénom ! Et les deux compères de se bidonner en repensant à ce bon vieux temps qui ne remontait pourtant qu'à deux ans. Soudain, dans une ruelle, ils butèrent contre le cadavre d'un vagabond ou d'un réfugié. Ils entreprirent aussitôt de l'enterrer dans le cimetière car cela paraît toujours négligé de laisser traîner ses défunts. Des macchabées, on en relèverait suffisamment dans les jours à venir pour se désintéresser déjà de ceux des jours passés. En route donc vers le « champ de naviots ». Et pour se donner du cœur à l'ouvrage, ils tirèrent une de leurs bonnes cruchées de derrière les fagots...

Finalement, les Allemands devaient découvrir une étrange tombe inachevée dans notre cimetière. Le trou contenait trois corps. Celui du mort, ce qui est normal, mais encore ceux de ses fossoyeurs (ivres morts seulement). Ce fut là leur unique comité d'accueil.

Témoignages

LE ROSE ET LE NOIR

« En juin 40, mon école était soudain envahie par un groupe d'évacués de la région parisienne appartenant à l'administration des P.T.T. Un accueil bienveillant lui a été réservé dans la commune.

« Mais bien vite, la compassion des habitants a fait place à l'étonnement. Revenant de faire leurs provisions dans les fermes (il leur fallait bien manger), les nouveaux venus se sont mis allégrement au plumage de leurs poulets, à l'épluchage de leurs légumes, des tas d'asperges surtout, tout cela en riant, blaguant, chantant sous les tilleuls de la cour. Jamais le fourneau de la cantine n'avait été si copieusement garni ! Et plusieurs repas ont été pris ainsi, à l'ombre des grands arbres, dans une atmosphère de fête champêtre. Insouciance ou simplement réaction passagère d'un groupe échappé à l'enfer redouté, et se retrouvant comme au paradis dans cette campagne calme encore et ensoleillée ?

« En tout cas, ce voile rose flottant sur un horizon si noir nous a paru insolite : c'était si loin de tout ce qu'on nous avait raconté sur les réfugiés de 14-19 ! Et, quelques jours plus tard, cela parut si loin du lamentable défilé de nos routes ! » (Lettre de Mme M.-R. Auger, de Chatenoy.)

LA BOITE-SURPRISE

« On m'a raconté dans un stalag une histoire d'exode qui est tellement drôle que je l'ai alors considérée comme un "bouteillon" — c'est ainsi que nous définissions les bobards.

« Sur la rive droite de la Loire, dans un petit bois d'acacias sis à proximité du pont franchissant le fleuve pour aboutir à un chef-lieu de canton du Loiret, de nombreux réfugiés s'étaient abrités. Parmi eux, deux jeunes gens avaient calé leur grand-mère au milieu des malles et des valises accumulées au fond de leur voiture. Mais à l'approche du soir, la pauvre vieille trépassa. Bien embêtés, nos deux automobilistes se concertèrent et, l'âme en peine, décidèrent de vider la plus grande malle de son contenu en le dispersant dans le bois ; ils y placèrent la défunte à la place.

« Leur manège avait cependant été observé de loin par des chenapans qui pensèrent que pour abandonner le beau linge que recelait la malle, il fallait avoir de bien plus précieuses marchandises à transporter. Au milieu de la nuit, ils dérobèrent donc la boîte. Et la grand-mère ! » (Lettre de M. Gaston Coutant, de Meung-sur-Loire.)

Tout fout l'camp
(Répertoire de Damia, 1939)

Entre l'avènement de la Madelon et celui de Lily Marlène, en l'espace d'une génération, les mentalités avaient radicalement changé. Les pères étaient partis défendre la patrie en chantant, la fleur piquée au canon du fusil, mais leurs rejetons montraient nettement moins de conviction nationaliste. A entendre les premiers ressasser leur calvaire dans la Tranchée des baïonnettes, les seconds avaient appris à se défier des enthousiasmes trop délirants, principalement lorsqu'il s'agissait de courir se faire trouer la peau. Avec l'offensive allemande de mai 40, toute ardeur combattante s'évanouissait dans les contingents. On oubliait déjà les belles tirades enflammées de la « drôle de guerre » pour ne se préoccuper que de son propre salut.

L'arrière, nous l'avons vu, ne tint pas davantage. Les neuvaines célébrées ici et là restaient sans effet et le « miracle du dernier quart d'heure » ne surviendrait plus. On avait beau supplier le Seigneur avec ferveur « pour la victoire et la paix », dire messe sur messe (l'une d'elles sera servie en la cathédrale Sainte-Croix d'Orléans) et se râper les genoux sur les prie-Dieu, rien ne freinait la progression des envahisseurs casqués. On parlait plus que jamais des méfaits de la « cinquième colonne » tandis que le flux des réfugiés inondait nos contrées ligériennes. Dans les villes se constituaient fébrilement des « milices civiles antiparachutistes » afin de neutraliser les espions ; chaque particulier prenait soin de bleuir ses éclairages, phares d'automobile comme fenêtres d'appartement, pour ne point permettre à l'aviation ennemie de se repérer nuitamment et bombarder les alentours.

Mais l'aviation ennemie n'eut pas besoin de nos lumières. Les villes se dépeuplaient en un pitoyable pêle-mêle lorsqu'on entendit ronronner les bombardiers. On savait certes qu'une attaque aérienne était imminente mais la billebaude qui régnait dans notre état-major annihilait l'application de toute défense appropriée. S'ensuivit, là encore, une cuisante déception.

Le 10 juin, l'Italie mussolinienne déclara la guerre à l'Angleterre et à la France. Un « coup de poignard dans le dos » assené sans crainte de rispote.

Le gouvernement désemparé se réfugia à Tours. Le lendemain 11 juin, Paul Reynaud, Winston Churchill, le maréchal Pétain, le général de Gaulle et le généralissime Weygand se rencontrèrent près de chez nous, à Briare-le-Canal. Ce conseil suprême eut lieu au château du Muguet, propriété du marquis de Cosnac, à Bréteau. Français et Anglais ne parvinrent pas à élaborer un plan tactique d'ensemble. La rupture entre les deux nations alliées parut inévitable. Interdiction absolue fut faite au commandement militaire de procéder à la destruction des ponts. Les magasins baissèrent leur rideau ; les banques ne répondirent plus de la sécurité de leurs coffres. Paris fut déclaré ville ouverte alors que les avant-gardes allemandes se préparaient à l'encercler. Nos soldats désertaient et s'habillaient en civil pour mieux fuir ; on assista à des scènes de pillage. L'exode commençait dans une débâcle monstre...

Le 14 juin, le gouvernement quittait Tours et se repliait sur

Bordeaux. L'armée française en déroute et les familles fugitives encombraient les chaussées. Le pays était définitivement vaincu. Les réfugiés croisaient des soldats égarés qui n'arrivaient plus à rejoindre leur bataillon. On disait que l'Angleterre ne résisterait pas quinze jours à l'offensive allemande. La renonciation générale. Et en dépit de cette confusion accablante, la presse continuait à crier victoire !

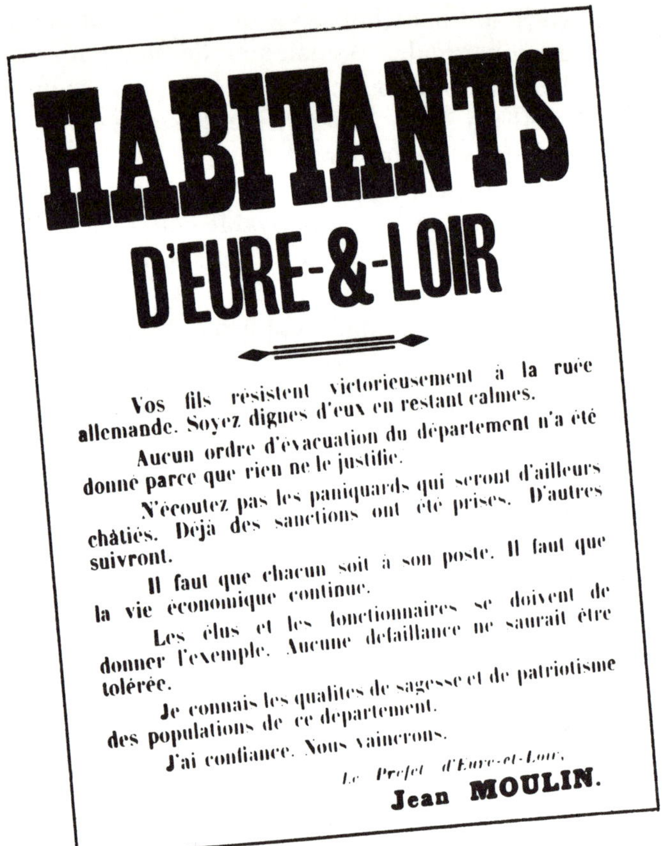

Édouard, mon père, était alors affecté à Châteauroux, au 17/103 de l'Air. Avec son copain Rousseau, il conduisait vers Orléans un camion-citerne destiné à transvider les soutes de l'aviation menacées par l'avance ennemie. Au soir du vendredi

14 juin, craignant un prochain coup de chien, il décida de s'octroyer une permission de nuit et de venir voir ce qui se passait chez lui, à une trentaine de kilomètres. Rousseau proposa de l'emmener sur sa moto. Ils arrivèrent au crépuscule, au moment où la famille rassemblait ses cliques et ses claques pour suivre l'exode. N'ayant rien remarqué d'anormal sur leur trajet, pas même la ruée des réfugiés attendue, ils passèrent sans appréhension la nuit à la maison.

Les gens du hameau attelèrent dès l'aube du lendemain. Édouard et son copain furent les derniers à partir. Ils franchirent le pont de Beaugency sans encombre mais à Lailly-en-Val, un pneu de la moto creva. « Sapristi ! jura Rousseau, nous voilà frais ! Quelle heure est-il ? — Zut, répondit Édouard, j'ai oublié ma montre à la maison ! — Faut pas la laisser aux Boches, s'écria Rousseau. On répare et on retourne la chercher ! »

La course vers le fleuve commençait. Le pont de Beaugency était encore praticable mais le hameau, abandonné par ses habitants, paraissait sinistre. Édouard ne put retenir ses larmes. Au retour, l'affluence des réfugiés interdisait tout passage sur la Loire. Nos motocyclistes durent regagner Orléans par la route de la rive droite, en roulant uniquement sur les accotements !

Les escadrilles allemandes se déployaient maintenant tout au long de la Loire. Orléans fut pilonné dans la nuit du 14 au 15 juin. Le samedi en fin de matinée, le centre de Vendôme et de Châteaudun n'étaient que décombres. A l'aube du dimanche, après une première alerte la nuit précédente, neuf avions présumés italiens déversèrent leur chiure de feu sur les rues embouteillées de Blois. Il fallait alors une demi-heure pour franchir le pont. Dans Meung-sur-Loire en ruine, une mère et ses sept enfants furent ensevelis sous leur cave-abri effondrée...

Il bruinait quand l'ordre de faire sauter les ponts parvint dans les préfectures, vers vingt heures. Des îlots de résistance s'échelonnaient sur la rive gauche du fleuve. Une quarantaine de tirailleurs sénégalais prit position au bout du pont de Beaugency et se fit massacrer sans battre en retraite. Un sacrifice inutile dont la revue nazie *Signal* rendra compte dans un article sarcastique. Un peu partout en effet, la propagande hitlérienne essayera d'attribuer aux « nègres » de l'Armée française les atrocités qui n'étaient imputables qu'à ses troupes. En Beauce, le cas se reproduira à Chartres et à Boisville-la-Saint-Père. La mise à sac de nombreuses boutiques fut en revanche commise par les réfugiés et les soldats en débâcle, hélas !

Les éléments isolés de résistance durent cependant décrocher : les troupes allemandes, qui venaient de passer la Loire sur le pont intact de Beaugency, s'apprêtaient déjà à les prendre à revers.

La plupart des ponts du fleuve avaient sauté. Les arches de Blois s'écroulèrent le mardi en mi-journée, au nez des avant-gardes ennemies. Les dernières piles à être dynamitées furent celles de Gien. A Orléans, les charges des ponts Royal et Joffre explosèrent dès le dimanche ; pendant ce temps-là, à l'opposé de la ville, les divisions de la Wehrmacht empruntaient le troisième pont, dit de Vierzon, sans anicroche !

Ces sapes provoquèrent souvent de criminelles catastrophes car la mise à feu se faisait alors que la file des réfugiés et des soldats se pressait encore contre les parapets. Les malheureux furent précipités par centaines dans les remous. C'était abominable. Le Génie décimait la population qu'il devait protéger. La défaite était consommée.

Au volant de leur camion-citerne rempli d'essence, Édouard et son copain se trouvaient coincés dans Châteauneuf quand les avions ennemis se mirent à mitrailler les réfugiés orléanais qui, sur cinq rangées de véhicules, tentaient de fuir leur ville. Ce n'était partout que morts ensanglantés et chevaux éventrés dans une nuée de mouches. « Si notre citerne explose, murmura Édouard, ça va être le bouquet. » Il avait une sacrée envie de tout plaquer et d'inviter les automobilistes à se servir.

Un général tentait de canaliser le flot désordonné. Dès qu'il aperçut le camion-citerne, il le fit stopper et lui commanda de retourner d'où il venait, à Orléans. « Pas question ! répliqua Édouard. Les Allemands y sont peut-être déjà ! » Le général dégaina alors son revolver et menaça de tirer si les conducteurs ne lui obéissaient pas. Il en fut heureusement empêché par la bousculade. Les deux camionneurs en profitèrent pour se frayer un passage à grands coups de klaxon. Les gens comprirent qu'ils devaient avant toute chose laisser filer cette bombe ambulante... C'est égal : un général qui jouait à l'agent de carrefour en pleine débâcle et qui renvoyait les citernes d'essence vers les Allemands, voilà de quoi intriguer. Ça sentait fort la « cinquième colonne », non ?

Les poches de résistance s'étant rapidement résorbées sur la Loire, les troupes assaillantes foncèrent à travers la Sologne. Elles atteignirent Romorantin le mardi, puis le Cher. Beaucoup de soldats se laissaient désarmer parce qu'en se rendant, ils espéraient être démobilisés plus tôt. A quoi bon se faire écharper pour une cause perdue d'avance ? Mais à l'inverse, un autre son de cloche aiguillonnait les bidasses : les Boches, disait-on, se plaisaient à mutiler les gamins (aux poignets, pour les empêcher d'être soldats plus tard) et à émasculer leurs prisonniers de guerre. On se doute qu'avec de telles bourdes en tête, certains benêts n'envisageaient plus de s'arrêter de cavaler avant longtemps. La poudre d'escampette était encore le meilleur remède pour conserver intacts certains de ses attributs !

Alors une figure prestigieuse se dressa au milieu du tumulte. C'était celle du maréchal Philippe Pétain, 84 ans, le dernier chef vivant de la Grande Guerre. Son regard était du même bleu que la ligne des Vosges et sa légende ressemblait à une image d'Épinal*.

Le héros chenu de Verdun jouissait d'une immense popularité. En sa qualité de vice-président du conseil, il préconisa l'armistice immédiat. Paul Reynaud, qui n'adhérait pas à ses vues, se retira le 14 juin et céda la place au maréchal encore tout auréolé de son ancienne gloire. Trois jours plus tard, Philippe Pétain présentait la composition du nouveau gouvernement au président Albert Lebrun ; Pierre Laval y occupait une fonction ministérielle. Le même jour, Pétain prononçait sa célèbre allocution radiodiffusée : « C'est le cœur brisé que je

* Relire notre ouvrage précédent *Ils sont partis en chantant,* chapitres : « Ceux de Verdun » et « Le général d'Herbilly ».

vous dis qu'il faut cesser le combat ! » Après seulement un mois de guerre véritable.

De Londres, le lendemain, un général de brigade à titre provisoire, un certain Charles de Gaulle, qui était sous-secrétaire d'État à la Défense nationale dans le gouvernement précédent, lançait son non moins célèbre appel.

La suite, on la connaît : le gouvernement s'éloignera de Bordeaux le 29 juin et, après un court séjour à Clermont-Ferrand, s'installera définitivement à Vichy. Le 10 juillet suivant, le maréchal Pétain convoquera l'Assemblée nationale et accaparera les pouvoirs constitutionnels à la satisfaction d'une écrasante majorité, tant à la Chambre que dans le pays bouleversé. Parmi les rares parlementaires à refuser ce véritable coup d'État : Paul Boncour, notre ancien sénateur de Loir-et-Cher.

La révision de la Constitution fut immédiatement votée. La IIIe République disparaissait devant l'État français. La devise nationale « Liberté, Égalité, Fraternité » se transformera en « Travail, Famille, Patrie ». La Révolution nationale débutait. Sans révolutionnaires ni nation.

La France écrasée était coupée en trois zones mais les Français respiraient. Ils se sentaient soulagés. Ils avaient, croyaient-ils, frôlé le pire.

Témoignages

UN HÉROS DE ROMAN

« Durant l'été 40, les unités ne firent pas toutes demi-tour sans affronter les redoutables Panzerdivisions. Heureusement pour la vérité historique, il y eut ici et là des pages comparables à celles de 14-18. Sur la Loire, les Cadets de Saumur en écrivirent une. Sur la Loire aussi, en juin, un de mes amis d'École normale trouva la mort en défendant, avec ses hommes, un pont à Nevers.

« Guy des Cars, pour son premier livre, *Officier sans nom*, a pris comme modèle l'un de mes camarades de chambrée (Saint-Maixent, 1927) qui continue, en Beauce chartraine, d'administrer une grosse commune en qualité d'adjoint, malgré son âge. » (Lettre de M. Jean Guégan, de Bonneval.)

LES ESPIONS SONT PARTOUT !

« Mai 40. Fernand rentre chez lui en voiture. Il s'apprête à quitter la grande route pour gagner le bourg quand, dans le faisceau de ses phares, il voit quelques-uns de ses concitoyens armés de fusils. Il stoppe. Les autres s'approchent, inquisiteurs, et le reconnaissent : "Ah ! c'est toi, Fernand !" Et lui de s'enquérir : "Qu'est-ce que vous faites là, les gars ?" La réponse : "On a vu deux parachutistes dans le ciel." Le lendemain matin, à une dizaine de kilomètres de là, les parachutistes étaient 200 et, à 30 kilomètres, 2 000. En fait, il s'agissait tout simplement de deux ballons-sondes lâchés par l'armée française !

« Juin 40. Un huissier de Pithiviers se retrouve mobilisé à Étampes, dans une unité de santé. Les Allemands sont là eux aussi, alors notre soldat "met les voiles" et rentre chez lui. Il pense qu'il lui faudrait un certificat de démobilisation et, encore en habit militaire, veut se rendre à la mairie. Il traverse la place du Martroi, quasi déserte, et entend qu'on l'interpelle. Il se retourne ; il n'y a là qu'un officier de la Wehrmacht. Et c'est lui qui l'a hélé ! L'officier s'approche : "Vous ne me reconnaissez pas ? J'étais avant la guerre venu aux Malteries franco-belges et j'avais eu un accident de voiture dont vous aviez fait le constat. Mais que faites-vous là, dans cette tenue ? — Je vais me faire démobiliser. — Rentrez chez vous et mettez-vous en civil parce que, sur la place de la Mairie, se tient la Kommandantur. Si l'on vous voit, vous serez fait prisonnier de guerre !"

« L'exode. Un civil se présente au début de la nuit à la gendarmerie de Pithiviers. "Je viens de Paris, dit-il, et j'ai vu à l'entrée de la ville un parachute sur le bas-côté de la route." Sceptique, le maréchal des logis-chef répond que depuis quelques jours, c'est la phobie des parachutistes. Tout le monde en voit partout. L'inconnu rétorque : "Je ne suis pas tout le monde ! Voici ma carte et je vous assure que je n'ai pas eu la berlue !" C'était un avocat parisien de renom. "Bon, on y va." Et les gendarmes trouvent, à l'angle des routes de Malesherbes et d'Étampes, plaquée sur le bord du fossé, une grande affiche retournée que le vent avait décollée des murs de la ferme de Saint-Éloi, proche de là. »

Notre informateur nous raconte aussi qu'un hôtelier de Pithiviers crut démasquer une dangereuse espionne en la personne d'une cliente quelque peu excentrique. Mais fausse alerte encore une fois : cette dame était en vérité une nièce de... Georges Clemenceau ! (Lettre de M. Maurice Lepage, de Cannes.)

UN CURÉ PAS CATHOLIQUE

« Lors d'un arrêt pour réparer notre voiture, en pleine nuit de ce fameux juin 40, nous vîmes approcher un grand bonhomme vêtu d'une soutane. Ses pas rendaient un son métallique et il tenait à la main un boîtier électrique qui pouvait tout aussi bien être un poste émetteur. Il se dirigeait vers Meung. Il s'agissait peut-être d'un espion de la "cinquième colonne" puisqu'on les disait parachutés dans des habits de prêtres ou de religieuses. » (Lettre de Mme Madeleine Gérôme-Boucher, de Saint-Pryvé-Saint-Mesmin.)

Toujours à propos de la « cinquième colonne », une correspondante nous assure que pendant l'exode, les espions à la solde de l'ennemi accrochaient la nuit un falot aux ridelles des voitures dont ils devaient éliminer les occupants.

UN VERRE ET CONTRE TOUS

« J'habite dans un village de cinq cents habitants, sur la rive gauche de la Loire, dans les environs de Châteauneuf. Alors que les unités françaises battaient en retraite, un civil inconnu jouait sans cesse à l'ivrogne avec un litre de vin dépassant de sa poche. Il se mêlait aux soldats et leur tirait les vers du nez. Après la destruction du pont, il ne resta plus que cinq hommes : le garde champêtre, le curé, un fermier du bourg, mon beau-père et moi-même. Nous nous réfugiâmes dans une cave solide mais les Allemands négligèrent notre pays pour poursuivre nos troupes en retraite sur les routes de Sologne.

« J'ai alors décidé de faire le tour du bourg. Tout avait été chamboulé par les pillards. J'aperçus notre ivrogne installé chez un voisin parti en exode. Je l'interpellai : "Alors, vieux, tu as bien dormi ?" Il me répondit aussitôt : "Tu es aussi de la 13e ?" Je lui ai dit que non mais j'avais compris. Il s'éclipsa dans la journée.

« Les nuits précédentes, on voyait des fusées de différentes couleurs éclater dans les parages. Les bureaux des compagnies nous disaient : "C'est cela depuis le début de la retraite ; on n'y fait même plus attention." C'était le travail de la "cinquième colonne". Aussitôt après la déclaration de guerre, nous avions également comme voisins un ménage d'étrangers. Ils sont repartis avec les occupants. Ils en étaient aussi et nous ne nous en doutions pas ! » (Lettre de M. Alphonse Marois, de Neuvy-en-Sullias.)

UN CLOCHARD QUI CLOCHE...

« Au mois de septembre 38, un curieux personnage, grand, mince, blond, portant lunettes, se présenta à la ferme vers 8 heures du soir. Il demanda à coucher. Je lui demandai ses papiers ; il me tendit un certificat de réforme émanant de la Légion étrangère avec, pour motif, insuffisance de vision. Dans un français pas très orthodoxe, il m'expliqua qu'il était allemand mais qu'il ne retournerait pas chez lui. Avant d'aller s'allonger dans le foin sous le hangar, il me remit ses lunettes, son couteau et son rasoir. Il garda ses papiers.

« Il quitta la ferme le lendemain matin, par le même chemin qu'il était venu. Il longea la forêt et se dirigea vers Rebréchien. Je me suis dis : "Drôle de gars. Quels méfaits a-t-il commis dans son pays ?"

« Au mois de juin 40, ma femme l'a reconnu sous l'uniforme vert-de-gris d'un officier allemand ! Il revenait à la ferme mais ce n'était plus pour y coucher dans le foin. Il se dirigea directement vers le toit à porc, qui était vide. Avisant alors un veau au pré, il s'en empara sans plus de manières ; il laissa en contrepartie un bon signé mais dépourvu de cachet. On eut beaucoup de peine à se faire rembourser par la suite ! » (Lettre de M. Aristide Dion, de Chanteau.)

CHEF DE FILE

« Le jeudi 13 juin, j'ai été cantonné comme chef de section à la caserne Saint-Charles, en partie transformée en hôpital. Nous assurions le service d'ordre (?), la reconnaissance au nord de la Loire et la défense des deux ponts Joffre et Royal. Notre équipement : un vieux canon de 90 avec frein à cordes et un fusil-mitrailleur par pont ; chaque homme tenait un fusil Gras. J'avais en plus un gros revolver à barillet.

« J'ai vu Orléans brûler. Le dimanche vers 14 heures, la première patrouille allemande franchit le pont Royal, qui sauta aussitôt, la défense en devenant impossible. Le pont Joffre s'écroula à la suite sous des centaines de réfugiés. Une seule arche devait être détruite mais les autres s'effondrèrent aussi car l'ouvrage n'était que d'un seul tenant ! Le pont dit de Vierzon ne sauta pas, le cordon de ses explosifs ayant été coupé à temps par l'avant-garde ennemie. Puis ce fut le sauve-qui-peut. J'enfourchai une moto qui me permit de filer vers le sud. » (Lettre de M. René Chauve, d'Orléans.)

ÇA S'EST PASSÉ UN DIMANCHE

« Le dimanche 16 juin, le flot des réfugiés s'amenuisait sur la route de Cléry à Orléans. Plusieurs cylindres à vapeur des Ponts et Chaussées traînaient lentement leur roulotte dans Mareau-aux-Prés.

« Arrivés vers 14 heures à l'extrémité Sud du pont Joffre, nous fûmes arrêtés par un militaire qui voulait nous faire faire demi-tour sous prétexte que le pont miné allait sauter d'une minute à l'autre. Mon père passa outre et franchit la Loire. Au loin, le pont Royal avait déjà une arche détruite et une épaisse fumée s'élevait du centre de la ville. A la hauteur des boulevards, quelques réfugiés retardataires convergeaient vers le quai Barentin. Nous atteignîmes quelques minutes plus tard un Fleury désert. Nous entendîmes alors une violente explosion derrière nous, qui nous fit supposer que le pont venait de sauter.

« De retour à Orléans une demi-heure après, nous trouvâmes la rue de la République jonchée de débris où seul, un mannequin de vitrine armé d'un fusil défendait le cœur de la cité. Pas âme qui vive. La place du Martroi restait vide, la rue des Carmes aussi, mais la rue de la Hallebarde était en flammes. J'aperçus d'étranges véhicules dans la cour de l'hôpital : j'ai su plus tard que c'étaient les premières voitures allemandes !

« Le pont Joffre était entièrement effondré. Nous n'aperçûmes que des décombres dérivant au fil du fleuve. Ayant été à bord d'une des dernières — sinon la dernière — voitures à traverser ce pont dans le sens Sud-Nord avant sa destruction, je suis amené à penser que quelques minutes avant le drame, les groupes de réfugiés étaient dessus clairsemés. Nous n'avions croisé que trois ou quatre automobiles. Alors, combien y a-t-il eu de victimes ? C'est impossible à chiffrer, mais ce qui est certain, c'est que le pont n'était pas noir de monde comme je l'ai entendu dire ou comme je l'ai lu par la suite. C'étaient les 14 et 15 juin que la foule s'y pressait, mais pas le dimanche 16. » (Lettre de M. Gérard Lhuisset, de Fleury-les-Aubrais.)

COUPURES

« Un détail peu connu : les cordons des charges explosives du pont de Vierzon furent coupés, sur injonction des Allemands, par un soldat français fait prisonnier à Orléans. Cet ancien artificier malgré lui habite maintenant à Marseille et revient quelquefois en Orléans.

« J'ai également rencontré, voici peu de temps, le responsable de la destruction des ponts orléanais. Quand je lui ai dit ce que je pensais de son "exploit" inutile qui fit tant de victimes, civiles et militaires, il me répondit seulement qu'il exécutait les ordres. » (Lettre de M. Roger Jolly, d'Orléans.)

UN GÉNIE PEU INGÉNIEUX

« Comme mes camarades qui avaient combattu en 14-18, j'avais cru que c'était la "der des ders" et que l'on ne reverrait plus jamais ça. Pourquoi a-t-il fallu qu'en septembre 39, je me retrouve à quarante ans avec en main un fascicule de mobilisation ?

« Affecté au Génie dans un dépôt de matériel et d'explosifs, je stockais et je distribuais aux armées ce dont elles avaient besoin. Pour nous ce fut, comme pour beaucoup d'autres, sans histoires jusqu'à la grande débandade. Et nous voilà sur les routes dans la cohue de l'armée en déroute et de la population en exode.

« Quand les Allemands nous ont rejoints, la moitié de ma compagnie avait été faite prisonnière. L'armistice nous a trouvés dans la région de Cahors, d'où nous avons été démobilisés. Je suis rentré chez moi et j'ai retrouvé les miens ; quel soulagement : il n'y avait pas de perte dans ma famille !

« Ma femme et mon fils avaient échappé de justesse à plusieurs bombardements et failli sauter avec le pont de Châteauneuf. Au même instant, un propriétaire de Fay-aux-Loges, sa femme et leur attelage sautaient avec celui de Jargeau et disparaissaient en Loire. Quel crève-cœur ce fut pour moi d'apprendre cela par ma femme ! C'était mon unité qui, avant de se replier, avait dans une dernière mission distribué les explosifs destinés à détruire tous les ponts de la Loire et de la Seine. » (Lettre de M. Albert Trembleau, de Vienne-en-Val.)

DANS LE JOURNAL

Lu dans les numéros du *Gâtinais* de juillet et août 1940 :

« ...Dès le mardi 12 juin, la ruée prit des proportions fantastiques. Ce fut le plus bel embouteillage qu'oncques ne vit. Les évacués remplissaient les routes ; l'embarras était tel qu'en certaines avenues de Montargis, que sa position sur la R.N. 74 désignait comme lieu de passage, on comptait les convois par épaisseur de quatre et cinq rangs et qu'il fallut parfois jusqu'à quatre ou cinq heures pour que s'opère la traversée de la ville. D'où venait cet émoi ? Des nouvelles absurdes répandues par tous. Les Allemands, disait-on, répétait-on à tous les carrefours, n'épargnaient rien. Vos biens, vos vies sont en danger.

« ...Mais il est douloureux, il restera pénible d'avoir eu à constater qu'en pleine guerre, il s'est trouvé des Français pour penser à s'enrichir des dépouilles des autres. On pilla sans mesure, bestialement, sauvagement ; on détruisit ce qu'on ne pouvait emporter ; partout, jusque dans nos petits villages, d'humbles ménages ont vu disparaître en quelques heures le fruit de longues années d'économies ; des denrées d'alimentation furent gâchées... Ceux qui partaient ne soupçonnaient point qu'un pareil délire pût s'emparer de leurs compatriotes...

« ...Lorsqu'il fut avéré que toute résistance était impossible, et surtout après le douloureux spectacle de nos troupes refluant, à la débandade, nous avons pensé que sage, humain, aurait été l'arrêt des hostilités. On ne pouvait plus penser à opposer une digue, fût-ce celle de la Loire, au flot qui nous submergeait. La prise de Paris attestait que nous n'étions pas les plus forts. Nous l'avons entendu dire par des milliers de bouches. L'armistice, signé le 15 juin, eût évité bien des désastres, bien des morts inutiles...

« ...Quand sauta le pont suspendu (de Sully) ? On nous a donné cette précision : dans la nuit de lundi à mardi, vers 3 heures du matin. Il y avait encore sur le pont, nous dit un témoin, de 150 à 200 automobiles quand éclatèrent les mines, celles qui ont fait près des premières assises ces trous énormes que les eaux de la Loire ont remplis. Le bruit fut épouvantable ; il couvrit les cris des victimes précipitées dans le fleuve. Les piliers de maçonnerie de l'entrée s'abattirent ; le tablier fut déchiqueté ; les chaînes verticales, les câbles tendus dans le sens longitudinal, rompus à leur sortie du bloc de maçonnerie, cédèrent brusquement ; le pont tout entier s'abîma dans le flot... La destruction du pont fut parfaitement inutile ; elle ne pouvait arrêter la marche des Allemands, dont il nous faut reconnaître la rapidité dans l'exécution... (A 4 km d'Ouzouer) des voitures ont été jetées au bas de la levée ; des tanks, des canons, des obus forment une ligne ininterrompue ; quelques véhicules disparaissent dans les eaux.

« ... Le magasin d'épicerie Collas, rue Amiral-Gourdon (à Pithiviers), est le premier pillé. Parmi les pirates, on remarque des officiers de pompiers d'un département voisin, des soldats français et même des habitants de la ville ; ce qui n'est pas emporté est brisé... Après, c'est le tour du magasin d'habillement Aussenard ; là aussi on y trouve des soldats français, des réfugiés, des gens de la ville. Une femme de mœurs plus que légères vint à plusieurs reprises avec une voiture à bras...

L'épicerie Paty a le même sort ; parmi les pillards, on y remarque des gens très bien.

« ...Dès le 9 juin, on rencontre sur la R.N. 51, dans sa traversée de la ville (Pithiviers), des soldats français isolés de toutes armes, crevant de faim, hâves, déguenillés, sans fusil pour la plupart, presque sans chaussures. On trouve parfois parmi eux des officiers dans le même état ; tous se plaignent du défaut de munitions, de l'absence de commandement.

« ...Vers midi trois quarts, M. Laure, grand blessé de la guerre de 1914, assis sur le parapet de la mare Marcereau, au bas du faubourg de Paris (à Pithiviers), vit déboucher les Allemands sur des engins blindés motorisés ; faisant le geste de se lever, les Allemands lui firent signe de rester assis, puis tirèrent à blanc une salve de mitrailleuse et traversèrent la ville à une allure vertigineuse, sans s'occuper des civils se trouvant sur les trottoirs, ni des soldats isolés qui se désarmèrent d'eux-mêmes... A noter qu'après l'arrivée des Allemands, le pillage cessa comme par enchantement... »

UNE BATAILLE DU RAIL

« Mardi 18 juin 1940.

« Nouvelle nuit sans sommeil. Le pillage commence. J'arrête un soldat belge, les poches pleines de bijoux, et le remets à la prévôté. Le canon tonne au loin. Saint-Denis-de-l'Hôtel, Châteauneuf, Sully, Gien, toutes les têtes de ponts sont bombardées. Un mécanicien du dépôt d'Orléans, évadé lundi, nous renseigne. Dimanche, entre notre départ et l'arrivée des Allemands, une nouvelle escadrille a attaqué le quartier avoisinant le pont de Vierzon. Les Allemands sont à Tigy, à une vingtaine de kilomètres de Lamotte. Plus aucune troupe entre eux et nous : situation anormale et dangereuse, puisque nous sommes un organisme non combattant d'arrière.

« Le commandant m'appelle :

"C'est votre tour pour une reconnaissance à La Ferté."

« N. nous avait rejoint à Lamotte, dimanche soir, après avoir atteint Cercottes sans incident. Une locomotive est préparée avec un wagon en bois : wagon à marchandises qu'elle pousse devant elle. J'y monte, armé d'un fusil et accompagné de M. L., nous démarrons à contre-voie.

« Sur la route, qu'on aperçoit à faible distance, les voitures, de plus en plus rares, roulent vers Lamotte ; puis plus de voitures mais des cyclistes. Arrêt à Vouzon. Au chef de gare, nerveux, et à sa femme, nous disons : "Préparez-vous, nous vous reprendrons au retour."

« Sur la voie paire, un train incendié, des cadavres carbonisés. Sur la route, des cyclistes et quelques piétons attardés. Un grand intervalle : je regarde une automitrailleuse allemande en stationnement. Nous continuons pour déboucher dans la plaine de Saint-Aubin. Un lièvre part, je le suis des yeux. En direction d'un troupeau de vaches, au pré-à-terre, couchés en tirailleurs, des Allemands. Au même instant, au passage à niveau de Chaumont, un Allemand, à plat ventre, fixe une bombe sur le rail. Je me précipite à la porte de gauche : trois side-cars sont sur la route de Chaumont, mitrailleuses en batterie. Il ne manque plus qu'une bombe derrière pour nous couper. J'ordonne de stopper et de renverser la vapeur. Les secondes sont longues, la locomotive s'arrête, puis repart lentement. Au même instant, en avant, en arrière, sur le côté, le tac-tac bien connu des mitrailleuses. Nous nous couchons sans illusion sur le plancher en bois, le wagon est perforé, les tôles de la locomotive vibrent sous les trous à l'emporte-pièce des balles, mais la vitesse augmente. Pas de bombe en retour, la voie est maintenant dissimulée, le feu cesse. A Vouzon, en embarquant le chef de gare et sa femme, nous constatons que nous sommes tous indemnes et que les dégâts ne sont que matériels. » (Récit pris sur le vif par M. Paul Le Barbier, ancien capitaine des chemins de fer en gare des Aubrais.)

HISTOIRE PIQUANTE DE CASQUES A POINTE

« Mon grand-père, à 86 ans révolus, ne voyait plus très bien et ne se tenait guère au courant des nouvelles. A la mi-juin, il aperçut un long convoi militaire, hippomobile probablement, qui passait au bout de sa rue. Comme ces soldats n'avaient pas de casques à pointe et qu'ils parlaient avec un accent étranger, il supposa qu'il s'agissait de Hollandais dont les régiments se repliaient après l'invasion de leur pays. Il s'approcha donc, se mit au garde-à-vous et les salua avec gentillesse. C'étaient bien entendu les Allemands qui arrivaient !

« La vision de ce bonhomme si poli et si sympathique attisa la joie de ces forts gaillards qui s'amusèrent à lui lancer des paquets de tabac et de cigarettes. Pour glaner cette provision, mon grand-père disposait heureusement d'un devantier qu'il ne quittait jamais. » (Lettre de M. Louis Tranchant, de Fleury-les-Aubrais.)

CALVAIRE

« Quand la guerre a éclaté, je servais sous les drapeaux depuis le 4 novembre 38. Après avoir été devant la ligne Maginot, mon régiment d'infanterie se reposa dans l'Aisne ; de là, je suis parti en permission pour quinze jours. La T.S.F. nous a rappelé vers le 10 mai car les Allemands attaquaient. Mon régiment est monté en Belgique. Nous autres, les permissionnaires, devions rester pour défendre Paris. Nous faisions de l'exercice. Notre sergent chef, un prêtre, nous menait la vie dure, à plat ventre dans la boue. Notre adjudant chef portait ses décorations de la Grande Guerre et nous disait au rapport : "Vous tremblez parce que vous entendez le canon au loin mais moi, en 14-18, j'ai su me conduire en soldat !"

« Un ordre arriva : Paris venait d'être déclarée ville ouverte. La cité s'enveloppa d'un brouillard gras et sombre. Nous avions la gueule toute noire ; certains disaient que c'était pour masquer l'évacuation des banques, d'autres prétendaient que des dépôts d'essence brûlaient. Alors, en route avec armes et bagages pour la résistance sur la Loire.

« Interdiction formelle d'engager une cartouche dans le fusil. Nous prenions les petites routes. On ne savait pas que sur les grands axes roulaient les blindés ennemis. A toutes les pauses le commandant exigeait un "présentez armes" impeccable. Il était environ 9 heures quand nous quittâmes la route. Nous atteignîmes un bois au nord de Pithiviers en suivant un petit chemin. Là, nous mîmes les fusils en faisceaux bien alignés. Nous ne devions repartir que le soir, vers 21 heures. Tous les soldats étaient très fatigués ; les uns se couchèrent dans l'herbe et les autres se dévêtirent complètement pour se laver et se raser. La faim nous tenaillait. A midi, nous mangeâmes deux moutons.

« Un avion d'observation ennemi rasait les sapins. Un gars voulait le tirer mais son supérieur l'en empêcha afin de ne pas essuyer un bombardement en retour.

« Je me trouvais au bout de la rangée de fusils. J'entendis des motos qui arrivaient. Je me suis dit en les voyant déboucher : "Tiens, ce doit être des collègues qui cherchent à se loger." La première moto possédait un side-car. Celui qui était dedans s'est mis debout, a hurlé un retentissant "raoust" et m'a envoyé une rafale de mitraillette qui, me frôlant, m'éclaboussa de mousse et de terre ; il a ensuite dirigé son feu sur nos fusils.

« Notre lieutenant chef a crié : "Tous aux armes !" en déchargeant sa mitrailleuse. Le deuxième motard a flambé avec son engin comme une torche. Notre adjudant chef a levé les bras, un Allemand s'est avancé pour lui retirer son revolver. Mon sergent, un ancien légionnaire, a tué l'Allemand à bout portant ; il fut aussitôt abattu...

« Le lendemain, quatre Feldgendarmes sont descendus d'une traction-avant française et m'ont fait prisonnier à Estouy. Ils nous ont enfermés à trente-cinq dans l'école et nous ont avertis que si un seul d'entre nous manquait le matin suivant, tous les autres seraient fusillés.

« Parqués au camp de Pithiviers, nous nous sommes regroupés par régiment pour obtenir la soupe. Le seul récipient dont disposait mon groupe était un vieux seau hygiénique. Nous étions peut-être dix mille prisonniers. L'eau et les latrines devinrent vite les deux questions problématiques. Il y avait un robinet qui coulait constamment. Avec un camarade, nous avions deux bouteilles de champagne que nous ne remplissions qu'après une couple d'heures d'attente. Pour le restant, nous nous soulagions dos à dos dans une grande tranchée.

« Avec mon camarade, je couchais dans la cour sous un gros papier huilé. Quand le papier s'est déchiré, nous sommes grimpés au grenier de la caserne et avec un grillage fixé entre les solives, nous avons fabriqué deux sommiers. Beaucoup dormaient dans les escaliers. Le temps était orageux. Ce n'était que le début, on ne voyait guère de soldats allemands dans le camp mais les issues étaient bien gardées. Il y avait une sorte de mirador sur la sucrerie d'à côté.

« Le jardin de la caserne donnait sur la route. On se serrait contre son grillage parce que des civils nous lançaient des vivres. Les bouts de pain se trouvaient souvent piétinés vu notre nombre et l'empressement que nous mettions à les saisir.

« Un matin est passé sur la route un grand soldat africain ; il portait une lourde croix de bois sur l'épaule. Derrière lui suivait un peloton de soldats allemands armés. Un prêtre fermait la marche. » (Lettre de M. Abel Sainsard, de Fleury-les-Aubrais.)

MES JEUNES ANNÉES

« Ce 18 juin 40 est le souvenir même de mon dixième anniversaire. Nous campions à l'étape de Dhuizon, dans le triangle des routes de Montrieux et de Vernou, en plein champ, sous l'orage, avec la faim au ventre. La nuit suivante, ce fut le sifflement des balles et l'appel des clairons qui nous effrayèrent. Étendu derrière les planches d'un bûcher, près du château de Villeneuve, à deux pas du Beuvron, j'ai vu mes parents et leurs amis ensevelir sous le talus huit braves soldats français. L'ennemi nous avait devancé depuis plusieurs heures. Nous ne sûmes jamais rien de leur mort mais nous devinâmes qu'elle avait dû être héroïque. » (Lettre de M. Claude Marié, de Champhol.)

Parti sans laisser d'adresse

(Répertoire de Lucienne Boyer, 1940)

Partis sans laisser d'adresse, les réfugiés l'étaient probablement. Quel malin pouvait alors prédire jusqu'où ils iraient ?..

Lorsque la bagnole archibondée de Paul franchit la Loire, les artificiers s'affairaient au minage du pont suspendu de Muides. La mère rouspétait parce qu'elle ne voulait pas partir avant d'avoir accolé sa vigne ; il avait quasiment fallu la monter de force, elle et ses guenilles.

Paul conduisit les siens jusque sur les rives du Cher. On dormit la première nuit à Bracieux puis on se dirigea sur Selles. De nombreux véhicules s'étaient abîmés dans la rivière.

On entendait au loin le dynamitage des ponts de la Loire et du Cher. Les retardataires qui arrivèrent ensuite à Muides — ce fut le cas de la famille de Robert — ne purent franchir le fleuve qu'à Chaumont, dont on ne coupa les arches que le lendemain. Il était inutile d'insister à Blois car au goulot du pont, la file s'allongeait sur plusieurs kilomètres. Pour ne rien arranger, des nouvelles alarmantes affolaient la foule. Les ponts, à ce qui se chuchotait, pouvaient sauter d'une minute à l'autre, avec ou sans réfugiés dessus. Nous avons vu que ce n'était pas faux hélas. La traversée se fera ensuite par barques à fond plat.

Mais il y avait encore pis : les routes étaient maintenant bombardées et mitraillées sans répit par les avions allemands. Au début, on avait confondu les chasseurs ennemis avec des avions français car ils arboraient une cocarde tricolore. Ce fut donc la panique totale lorsque les mitrailleuses crépitèrent et gravèrent leurs terribles pointillés sur la pierraille des chemins. Dès qu'on discernait un lointain vrombissement, on plongeait dans le fossé sans plus se soucier du cheval qui ruait dans ses brancards. Les aviateurs, mille fois maudits soient-ils, s'amusaient à raser les colonnes épouvantées qu'ils venaient de martyriser...

Au bout de trois jours, l'automobile de Paul arriva à Villentrois, près de Valençay. C'est là, le lundi, qu'on entendit au poste d'une ferme la déclaration du maréchal Pétain et, le lendemain, l'appel du général de Gaulle. L'une et l'autre allocutions furent clairement captées. On écouta le premier avec respect mais le second, qu'on ne connaissait que pour lui reprocher sa fuite à Londres, n'eut droit qu'à une oreille distraite. Beaucoup ne l'entendirent pas, ou ne prirent pas la peine de l'entendre. Puis on s'arrêta enfin parce qu'on se rendait compte que les troupes allemandes avaient réussi à doubler tout le monde. On avait tenté de leur échapper mais à cette heure, c'étaient elles qui nous attendaient sur le Cher. On avait soudain l'impression de jouer au jeu du chat et de la souris. Il ne restait donc plus qu'à regagner le village, bien penauds. « Si on était demeuré chez nous, conclut Robert, on les aurais vus plus tôt, mais on se serait donné moins de mal ! »

Pendant la course absurde de l'exode, Jean, le fils de Sarah, perdait son temps à poireauter dans une queue d'attente, devant la boulangerie de Courmemin, et tout cela pour ne rapporter qu'un méchant bout de pain. Un motocycliste allemand s'approcha ; il sortit un pocheton de bonbons et invita, par gestes, les gamins à y puiser. « N'en prenez pas, interdirent les mères, ce sont des bonbons empoisonnés ! » Le soldat se contenta de sourire et d'en sucer un, ostensiblement, comme un curé consomme l'hostie devant ses fidèles. Mis enfin en confiance, les gosses se laissèrent tenter. Mais le temps des sucreries n'allait pas tarder à s'effacer devant celui des aigreurs.

Avouons-le : tous les gens qui erraient sur les chemins, accueillirent l'annonce de l'armistice avec soulagement. L'épreuve ne pouvait plus durer davantage ; c'en était à devenir fou. Les jobards qui voulaient continuer le combat ne se rendaient pas compte de la misère qui s'étirait sur les routes. Se battre encore et toujours, c'était bien joli à clamer si l'on se tenait à l'abri, mais point quand on s'aplatissait dans la roselière d'un fossé fangeux, les oreilles crevées par les détonations du bombardement et les nerfs sciés par les pleurs d'enfant. Oui vraiment, on était soulagé, n'en déplaise à ceux qui ont voulu l'oublier depuis.

Après le flux, le reflux. Paul et ses compagnons d'infortune rebroussèrent sillage. Un bambin du pays, âgé de deux mois à peine, se mourait sur la banquette d'une auto. Sa mère n'avait plus de lait. Le père se résolut, la peur vrillée dans l'estomac, à demander quelque secours à un officier allemand. « Pourquoi êtes-vous partis ? le rabroua ce dernier. Ne saviez-vous pas que les Allemands étaient aussi des hommes ? » Le père baissa le nez. Un médecin militaire soigna le bébé et le guérit. On n'en revenait pas d'avoir été si aimablement dépanné par ces ogres sanguinaires et tous les préjugés, subitement, se muèrent en ahurissement. Comment avait-on pu nous berner de la sorte ? Il fallait se pincer pour y croire. Bien sûr les Allemands n'avaient rien à fabriquer par ici mais grâce au maréchal Pétain, vous verrez, tout allait vite rentrer dans le rang. C'était un grand soldat, lui.

Parfois cependant, les sourires d'espérance viraient à la grimace. Par exemple quand un officier remarquait un robuste cheval et qu'il le réquisitionnait sans autre forme de procès. Un gars de Charsonville s'en plaignit à la Kommandantur de Villentrois. Il reçut en échange un canasson couronné, c'est-à-dire une bête qui était tombée à genoux, donc mal en point. C'était mieux malgré tout que de s'atteler soi-même aux limons de la carriole !

Mais les chevaux ne suffisaient déjà plus. L'automobile de Paul fut détournée sur le chemin de la revenue et tous ses passagers, impotents comme alertes, durent débarquer sur le talus. Faute de pouvoir les traîner, on abandonna les bagages la mort dans l'âme ; c'était précisément ce qu'on avait voulu préserver du pillage, nom de nom !

Il fallait pourtant se nourrir. On parvint heureusement à traire une vache et une chèvre qui broutaient à proximité d'une métairie déserte. Un peu plus loin, Paul croisa une famille de ses relations. Pour elle aussi la situation devenait critique. Un de ses chevaux avait été étripé par un éclat de bombe et le second s'était cassé une patte en s'emballant. Il avait fallu l'abattre. Alors pour qu'il ne se perde point tout à fait, on le dépeça tous ensemble, on se le partagea et on le mangea sur le bord de la route, à la sauce des sauvages.

Ne médisons point : les soldats allemands s'efforcèrent de se montrer sous un beau jour. Hypocrisie ? Peut-être. On prétendait qu'ils avaient reçu des consignes pour amadouer les gens. Leur Génie jeta des ponts flottants et des passerelles afin de remplacer les ponts détruits. Le retour fut pénible mais on en vit quand même le bout.

Témoignages

A PIED, A CHEVAL ET EN VOITURE

« Nous étions loin de l'euphorie de 1914. Un certain fatalisme, la résignation, une grande réserve et une profonde appréhension marquèrent ces moments. Seul un de nos voisins fit le bravache en brandissant les brodequins qu'il rapportait de la cordonnerie : "Je les avais fait ressemeler pour la chasse ; tant pis, ils iront à la chasse aux Boches !" Nous les gamins, à l'écart des adultes, nous discutions sérieusement de l'intervention miraculeuse des Américains...

« Voici comment se passa l'exode dans mon coin de Beauce. Les fermiers partaient en automobile après avoir confié chevaux et charrettes à leurs ouvriers. On chargeait les voitures de ses biens les plus précieux, on juchait les gosses au sommet et en route ! au pas lent des braves chevaux percherons. Les autos fonçaient devant, loin devant, vers on ne sait quel havre espéré...

« Ce matin-là, mon grand-père nous demanda de nous tenir prêts car la ville voisine évacuait. Nous voilà donc grimpés sur une charrette qui, en temps normal, servait à rentrer la moisson. Et il y avait du monde sur notre voiture : ma grand-mère, une tante, une autre tante et ses deux fils, ma sœur et moi. Mon grand-père allait à pied pour guider le cheval. Ma mère, une troisième tante et un jeune oncle suivaient à bicyclette. Où partait-on ? Nul ne le savait. Il fallait passer la Loire car c'était sur ce fleuve que nos troupes devaient arrêter l'avance allemande. On empruntait les petites routes pour éviter les encombrements et les mitraillages.

« Nous arrivâmes à Beaugency. Vite, il fallait faire vite. On nous annonçait que le pont allait sauter d'un moment à l'autre. Un canon, une demi-douzaine de soldats, c'était tout ce qui s'opposerait au débordement nazi!

« Arrivés à Villeny, nous avons laissé souffler le cheval pendant deux jours. Le deuxième après-midi, vers 16 heures, un side-car est apparu sur la route. Il était allemand et portait un drapeau blanc. C'était fini. Motocyclistes et cavaliers ennemis ont rapidement suivi. Des soldats français sont sortis d'un peu partout et ont jeté leurs fusils aux Allemands qui les cassaient sur leurs genoux. Les fantassins vainqueurs sont venus vers notre convoi. Ils nous ont dit : "La guerre est finie !" puis ils ont raflé nos bicyclettes.

« Le lendemain matin, nous commençâmes la marche du retour. Deux flots se déplaçaient en sens inverse : l'un composé de l'armée allemande et l'autre, pitoyable, de réfugiés et de soldats désarmés... Un spectacle de désolation nous attendait dans notre maison retrouvée : robinets grands ouverts dans une cuisine transformée en pataugeoire, meubles béants, effets et vaisselle jetés dans l'eau, excréments, sans parler du pillage systématique. Ce tableau ne devait pratiquement rien aux Allemands ; c'était le travail d'autres évacués et, quelquefois, celui des personnes venues des villages voisins.

« Plus de boulanger, ni d'épicier, ni de boucher. Il fallait pourtant manger. On arracha des pommes de terre dans les champs environnants, on tira le lait des vaches abandonnées et on alla mendier de la tambouille à la roulante des Allemands. Le village se remplit peu à peu. Les derniers rentrés furent les fermiers qui avaient préféré l'auto au cheval. Partis au loin, paralysés par le manque d'essence, bloqués à la ligne de démarcation, ils ne revinrent que tardivement dans leurs maisons en aussi piteux état que celles des autres. » (Lettre d'un correspondant désirant garder l'anonymat.)

L'AFFREUX CHAT DE Mme GUÉRIN

« En juin 40, j'allais sur mes quatorze ans. Nous habitions Marcilly-en-Villette où ma mère était receveuse des postes. Mon père, mobilisé à la Télégraphie militaire, gardait une casemate de la ligne Maginot, près de Nancy. Orléans était déjà bombardé et les nouvelles les plus alarmantes sur la situation militaire allaient bon train. On racontait que des parachutistes allemands, déguisés en bonnes sœurs, se mêlaient au flot des réfugiés qui fuyaient vers la Beauce et la Sologne. C'était en effet depuis quelques semaines un bouchon de plus en plus dense de "Juva 4" et de "traction-avant" aux toitures remplies d'affaires précieuses à sauver de la tourmente, de voitures à chevaux ou simplement de bicyclettes traînant péniblement des paquets de hardes.

« La panique se répandait tant et si bien que ma mère décida de m'envoyer avec la famille d'un facteur, lui-même mobilisé. Maman partirait plus tard vers le sud avec ma jeune sœur. C'est ainsi qu'emportant le strict minimum pour la toilette et le linge de corps, je suis parti avec Mme Guérin et ses deux enfants. Nous étions tous les quatre à vélo (ma bicyclette m'avait été offerte deux ans plus tôt, pour mon certificat d'études). J'avais absolument tenu à emporter avec moi, dans une cage minuscule, le petit serin qui appartenait à ma grand-mère, décédée quelques mois auparavant.

« Nous avons traversé la Sologne par étapes de vingt à trente kilomètres car il faisait chaud sur les routes encombrées et nous étions chargés. Le soir, nous couchions dans la paille des granges avec d'autres évacués. Le lait et les œufs achetés dans les fermes composaient, avec quelques fruits, l'essentiel de nos repas. Certains Français, en proie à un insatiable esprit de lucre, profitaient de la situation en vendant de l'eau potable aux réfugiés.

« Le spectacle sur les routes était lamentable : autos en panne et chevaux crevés au ventre gonflé abandonnés dans les fossés, soldats en déroute fuyant sur des bicyclettes "récupérées" parmi le cortège des civils épuisés de fatigue. Des avions dont nous ignorions la nationalité, sillonnaient le ciel...

« Sans radio, nous n'avions aucun renseignement précis sur les événements récents mais le bruit se confirmait que le maréchal Pétain avait demandé l'armistice. De toute façon, on devinait la fin de cette débâcle qui ne pouvait plus s'éterniser. Les soldats français jetaient leurs armes et on voyait des fusils à la crosse brisée sur les bas-côtés. Nous étions arrivés dans la région de Mehun-sur-Yèvre. C'est dans ce coin du Berry que j'ai perdu toute illusion sur notre vaillante armée dont on nous avait tant rebattu les oreilles.

« Nous vîmes les premiers Allemands : éclaireurs casqués et fièrement cambrés sur leur moto à side-car, le fusil en bandoulière, bientôt suivis de véhicules blindés, mitrailleuse pointée en avant. Nous avons alors compris que la défaite était complète et qu'il était inutile de fuir plus loin. De cette époque, j'ai conservé le souvenir de fantassins allemands tuant les poissons d'une pièce d'eau à la grenade près des ruines du château de Mehun.

« Nous sommes rentrés, toujours à bicyclette, à Marcilly où la famille du facteur m'a hébergé, en attendant le retour de ma mère et de ma sœur dont j'étais sans nouvelles depuis deux ou trois semaines. Mais le lendemain, j'ai eu beaucoup de peine quand je me suis aperçu que le chat de la maison avait tué mon petit serin !

« Quelques jours plus tard, j'ai vu revenir avec grand plaisir ma mère et ma sœur qui étaient allées jusqu'à Châteauroux, lieu de repliement des postiers de la région ; elles descendirent d'une charrette de réfugiés qui rentraient également chez eux. » (Lettre de M. Jean Durand, d'Orléans.)

A LA DÉRIVE

« Juin 40, la grande horreur est là. Ce n'est plus seulement une rumeur venue du nord, mais le Nord lui-même qui descend jusqu'au cœur de la France. Hier, à sept cents mètres d'ici, sur la nationale qui va d'Orléans à Gien, les voitures des réfugiés belges s'écoulaient en flot continu. Aujourd'hui, ce sont les réfugiés du Pas-de-Calais avec des autos et des grandes charrettes fermières traînées par plusieurs chevaux. Où vont-ils ? On ne sait. Eux-mêmes l'ignorent sans doute.

« Le bourdonnement des autos se fait plus intense. On dit que la route de Briare est bouchée aux Bordes et qu'un triple fleuve automobile se presse au pont de Sully.

« Beaucoup de familles du village (Bray-en-Val) préparent leur exode, entraînées par la contagion. Les paysans se laissent gagner par cette panique ambulatoire et la peur générale devient si vive que les plus âpres en oublient leurs intérêts. Des gens accomplissent des tours de force pour transporter leurs affaires de l'autre côté du fleuve. Le nord de la Loire n'a plus qu'un but : passer dans le sud et mettre le fleuve derrière lui.

« Le vendredi 14 juin est la journée des fuyards. Mes parents délibèrent longuement avec leurs voisins ; ils tiennent pour articles de foi que la Loire deviendra une seconde bataille de la Marne et que les combats se déplaceront bientôt chez nous. Il n'en faut pas davantage pour déterminer les hésitants. Le pays se vide d'un seul coup.

« Au matin du samedi, la charrette chargée, nous partons avec plusieurs voisins. Une dizaine d'avions passe en direction d'Orléans. Une secousse ébranle la maison, puis une autre, une autre, encore une autre. La stupeur nous fige. Soudain, un grand geyser noir jaillit dans le ciel. Les bombes tombent sur Châteauneuf. Quand les avions reviennent, nous nous abritons à la hâte, les uns en se couchant sur le sol, les autres en se plaquant contre un mur. De nouvelles explosions retentissent vers Sully et Gien. Les Italiens bombardent à tout-va. Il faut nous dépêcher car les ponts vont bientôt sauter, si ce n'est déjà fait. Nous quittons la maison. Les fermes sont désertes et les portes des étables grandes ouvertes ; on voit les vaches, les cochons, les poules et les lapins qui s'éparpillent dans les champs.

« Nous rejoignons la longue file des voitures mécaniques ou hippomobiles qui s'écoule spasmodiquement sur la levée de la Loire, vers Sully. Tous les quarts d'heure, la colonne repart pour s'arrêter au bout de cinq minutes. Un énorme embouteillage transforme en fourmilière l'entrée nord du pont. De temps à autre, un ronflement d'avion vient rappeler le danger qui plane au-dessus de nos têtes.

« Après quatre heures d'attente, nous nous engageons enfin sur le pont. Parcourir ces trois cents mètres salutaires demande un siècle. Et nous voici sur l'autre rive. Les gens de Sully nous regardent défiler avec curiosité. Nul ne soupçonne que sous peu, leur ville ne sera que ruines. Son pont sautera dans la nuit du lundi au mardi alors qu'il s'y pressera encore plein de monde, des automobiles, des charrettes et des chevaux. Les corps entraînés par les eaux iront rejoindre ceux des noyés d'Orléans.

« Nous continuons notre route vers Isdes, parmi l'encombrement des réfugiés et des soldats désemparés. Les avions italiens mitraillent en enfilade. Nous ne savons plus très bien où nous allons. Le plus difficile est la traversée de la R.N. 20

à Salbris. Les mitraillages des Italiens sèment la terreur...

« Nous sommes à Genouilly-sur-Cher lorsque nous apprenons que l'Armistice vient d'être conclu dans la dignité et dans l'honneur. Une grande incertitude règne sur les routes mais la radio nous annonce de profonds espoirs. La ligne de démarcation est connue : notre village sera désormais en France allemande.

« Le seul passage de retour, sur le fleuve, est à Jargeau. Les Allemands y ont déjà rafistolé le pont coupé. Notre jument prend peur et manque d'écraser mon père tant la voie est étroite et peu solide.

« Au carrefour de Tournebride, il y a de nombreux cadavres dans les carcasses de charrettes et d'autos criblées par les mitraillages italiens. Le pont de Sully est disloqué et une dizaine de bagnoles sont restées suspendues dans le vide à des restes du tablier. Sur toutes les routes du Val de Loire, des familles ont été séparées ; des enfants se sont perdus. Les campagnes tremblent de peur mais on sent déjà que la vie reprend.

« Notre maison est encore debout. Nous entrons sur la pointe des pieds. L'intérieur est bouleversé. La pendule marque l'heure allemande... Les animaux rôdent un peu partout. Plusieurs vaches et des porcs ont été sacrifiés par l'armée. Mais il ne faut pas longtemps pour que la nature reprenne ses droits, et cela est vrai de la terre comme des hommes. » (Lettre de M. André Farnault, d'Orléans.)

AU PLUS PRESSÉ

Un correspondant de la Sologne du Loiret nous signale qu'au plus fort de l'exode, la carence du maire et du conseil municipal étant manifeste, quatre administrés et le garde champêtre se constituèrent en commission afin d'assurer le ravitaillement de la population restante ainsi que de régler toutes affaires concernant les besoins urgents de la commune. Nous ne citons ici, par discrétion, aucun nom de lieu ou de personne.

UNE FILLETTE ÉGARÉE EN ENFER

« J'avais dix ans à ce fameux exode. Alitée avec une double pleurésie, j'entendais à longueur de journée les réfugiés du Nord passer sur notre petite route départementale. Ces pauvres gens se dirigeaient vers Jargeau : ils avaient tout abandonné, maisons et bestiaux. Ils n'avaient pour toute fortune que leur voiture bourrée au maximum de lingerie, de quelques meubles démontés et de victuailles pour subvenir à cette vie de nomades improvisés. Loin de nous donner du courage, à nous qui étions bien en place dans nos habitations, ils nous révélaient les atrocités de ces Boches qui, petit à petit, grignotaient le sol français. Nos aïeux connaissaient cela et toute la population était prise de panique.

« Le 16 juin, ma mère décida de prendre la route à son tour, en emportant ce qui pouvait se déménager dans nos deux gerbières. Mon père était, lui, mobilisé au 131ᵉ d'Orléans. On m'installa dans la voiture. Ma mère, mon frère de quatorze ans et un ouvrier embarquèrent ensuite. La chaleur était suffocante, ma fièvre également.

« Je ne vis pas grand-chose du voyage effectué en direction de Châteauneuf-sur-Loire où, disait-on, le pont se franchirait mieux que ceux de Jargeau ou d'Orléans. Les files d'attente s'allongeaient sur plusieurs kilomètres. Le cheval n'allait pas vite. Notre première étape fut Vrigny, un pays voisin. Notre vache laitière, attachée à l'arrière de notre seconde voiture, ne pouvait plus avancer. Maman lui tira tout son lait afin que je puisse me nourrir quelque temps. Nous l'abandonnâmes dans un pré pour continuer notre route.

« Nous mîmes un temps considérable avant d'atteindre le pont des Beignets. Nous avancions de trois cents mètres puis nous attendions que la circulation se débloque plus loin pour avancer encore de quelques centaines de mètres. J'entendais tout autour de la voiture discuter des gens inconnus. La nuit tombée, nous avancions toujours par saccades. L'ouvrier conduisait les attelages pendant que nous essayions de dormir, puis ma mère et mon frère prenaient la relève. Le lendemain matin, nous n'étions que dans les environs de Seichebrières, à quinze kilomètres de chez nous. Nous faisions du surplace.

« Le lendemain 17, personne ne mangea (on nous avait volé notre morceau de pain dans la nuit). Il ne restait plus que les bouteilles de vin empilées dans la voiture avec les conserves de haricots verts et les bocaux de cerises. Tout était pillé dans les villages, boulangeries comme épiceries. Nous n'avions, sous le soleil cuisant, qu'une seule obsession : franchir la Loire. Sous ma bâche tendue entre les cornes de la gerbière, je frôlais les 40 degrés de température. La sueur mouillait mes draps et je tremblais comme une feuille. Le soir, j'eus droit au jus des bocaux de cerises comme nourriture et, par manque d'eau, à un cataplasme humecté de vin rouge. La deuxième nuit s'annonçait identique à la première. Nous avions franchi Vitry-aux-Loges mais Châteauneuf était encore loin !

« Maman entendit dans l'obscurité une conversation entre deux "cinquième colonne" tout près. L'un disait : "Personne ne passera au carrefour entre Bellegarde et Châteauneuf. Nous y avons poussé une batteuse en travers de la route pour bloquer la débâcle des soldats français." Sans un mot, maman courut rapporter ces propos à un de nos officiers, qui la traita de folle. Elle s'était adressée à un troisième membre de la "cinquième colonne" ! Elle trouva enfin un véritable officier. Il la remercia et envoya aussitôt une patrouille à cheval vers le carrefour. La circulation reprit. Lorsque nous abordâmes ce fameux croisement, des gens gesticulaient autour de la batteuse renversée dans le fossé par les soldats. Il y avait aussi des chariots de laine appartenant à des gens du Nord.

« Le surlendemain 18, nous n'étions toujours pas en vue de Châteauneuf. Les avions allemands rasaient les bois et mitraillaient les files de soldats jouxtant notre convoi. La peur nous envahit. A chaque passage d'avions, les gens se couchaient dans les fossés et les chevaux hennissaient de frayeur. Dans ma voiture, je m'enfilais sous les couvertures pour moins entendre les détonations des bombes et des obus. Je m'y croyais en sûreté. Nous arrivâmes enfin en vue de Châteauneuf ; nous nous crûmes sauvés. Nous allions pourtant y vivre les plus terribles heures de notre vie.

« Un régiment de chasseurs alpins nous dépassa, puis un autre de cavaliers, puis encore plusieurs automitrailleuses. Ce fut enfin une compagnie de tirailleurs sénégalais. Une voix cria : "Les Boches sont tout près d'ici. Dépêchez-vous de franchir la Loire !" Nous avions encore un kilomètre et demi pour arriver au pont, faible distance que nous ne couvrîmes jamais.

« Ce que je vis sur ce parcours me terrifia. Des chevaux éventrés dans leur attelage déboulaient au creux des fossés, des gens pleuraient, des enfants appelaient leur mère, des blessés suppliaient, des soldats saignaient de partout en se traînant péniblement. Un tirailleur noir avait une fesse déchiquetée par un éclat d'obus ; son sang coulait à flots et collait son pantalon à sa cuisse ; le malheureux marchait quand même. Il voulait comme nous franchir la Loire. Quelques minutes plus tard, les motos de l'avant-garde allemande firent leur apparition. Un motard descendit de son engin et d'un grand coup de botte dans la blessure, acheva le pauvre Noir sous nos yeux. J'ai hurlé moi aussi mais personne ne m'entendit dans ce vacarme. J'étais horrifiée.

« Les escadrilles allemandes faisaient toujours leurs prouesses en mitraillant l'armée française en déroute. De l'autre côté du fleuve, les balles de la D.C.A. traçaient des arcs de cercle dans le ciel. L'artillerie visait les troupes allemandes mais tapait souvent sur les civils.

« Maman monta dans la voiture pour me rassurer : "Ne bouge pas, me dit-elle, ils ne te feront rien à toi, tu es trop petite." Serrées l'une contre l'autre, nous tremblions de la même peur.

« Les bombardiers allemands s'attaquèrent au pont de Châteauneuf. Les bombes pleuvaient à un rythme infernal, faisant tout voler en éclats sous leurs explosifs incendiaires. La ville ne fut bientôt qu'un brasier. L'église sauta dans un fracas épouvantable qui me restera toujours en tête... L'orage se mit alors de la partie et il devint bien difficile de distinguer le tonnerre céleste de celui des canons. De grosses gouttes tombèrent sur les premiers chars, avec une violence inouïe, et limitèrent les incendies du bombardement. Pendant ce temps-là, les obus français nous pilonnaient sans cesse.

« Nous étions fous sous ce double déluge. Un tank allemand stationna un long moment auprès de notre voiture. Maman empoigna le fusil de chasse de papa et visa ses deux soldats, mais elle se retint de tirer, par crainte des représailles. Un obus français démantela la voiture qui nous suivait en faisant de nombreux blessés. Une jeune fille vint mourir sous la nôtre en poussant des cris déchirants. La peur au ventre, j'ai fait mes gros besoins dans les draps. Maman se coucha sur moi pour m'éviter d'être blessée. Elle ne pensait pas que j'aurais étouffé sous son cadavre en cas de malheur. Nous restâmes ainsi pendant plusieurs heures sans bouger, sans nous soucier des autres membres de notre famille. Je n'oublierai jamais.

« Nous fûmes parqués après la bataille dans un champ de luzerne, pour laisser la voie libre à l'ennemi. Nous fîmes demi-tour le lendemain. Notre maison était dévalisée. Nous n'avons récupéré que nos vaches et nos poules. Voilà ce que fut l'exode d'une gamine de dix ans souffrant d'une pleurésie. » (Lettre de Mme Lucette Pellerin, de Mareau-aux-Bois.)

DANS LES AIRS

M. Maurice Garsault, de Binas, affirme que l'aviation italienne ne participait pas au mitraillage des routes de l'exode. Voici ce qu'il nous écrit :

« Pourquoi cette légende de l'intervention italienne sur la Loire en juin 40 ? L'explication la plus courante est la suivante : les Français en voulaient particulièrement aux Italiens qui leur avaient déclaré la guerre quelques jours plus tôt, le 10, ces "salauds qui nous poignardaient dans le dos". De là à leur imputer bon nombre de bombardements et mitraillages qui firent tant de victimes parmi les civils, il n'y avait qu'un pas qui fut aussitôt franchi. Il est probable que les Allemands ont, à l'époque, laissé accréditer cette légende afin de ne pas porter l'entière responsabilité de certains massacres. Mais une chose est certaine et toutes les enquêtes effectuées depuis le prouvent : l'aviation italienne n'a jamais participé aux opérations sur la Loire en 1940. »

A LA SOUPE !

« Tout s'était bien passé pour ma mère puisqu'elle n'était pas sortie de sa maison, à l'inverse de ses voisins qui, redoutant une bataille sur la Loire, avaient pris l'exode. Le soir de l'invasion, à la tombée de la nuit, deux soldats allemands frappèrent à sa porte. Ma mère entrebâilla l'un des châssis vitrés. Celui qui paraissait être l'officier lui demanda, dans un français impeccable, pourquoi elle n'avait pas suivi les autres. Elle répondit que la mort ne l'effrayait guère et qu'ayant perdu son mari à la guerre, en 17, elle ne craignait plus rien. Alors le militaire lui dit : "C'est très bien de ne pas avoir peur des Allemands, qui sont très humains. Si vous n'avez pas de quoi manger, venez demain à notre cuisine ; nous remplirons votre casserole."

« C'est ce qu'elle fit et c'était très bon. A leur retour, les fermiers du voisinage se montrèrent beaucoup moins généreux.

« Par la suite, un jeune soldat allemand, cantonné avec son groupe dans une maison proche, lui recéda du lait dont la vente ne lui était jamais refusée (alors que le fermier ne voulait pas en fournir aux gens du pays). Ma mère, en récompense, lui entretenait ses vêtements. En parlant de lui et de moi, tous les deux du même âge, il répétait toujours : "La guerre grand malheur !" » (Lettre de M. Louis Tranchant, de Fleury-les-Aubrais.)

Mon village au clair de lune

(Répertoire de Jean Sablon, 1939)

Nos hameaux étaient bouleversés, méconnaissables. Les premiers revenus n'en revenaient justement pas. Les vaches traînassaient dans les blés saccagés, la panse ballonnée et le pis enflé de mammite purulente. Leurs meuglements plaintifs arrachaient les soupirs des plus endurcis. Les réfugiés en avaient trait quelques-unes, il n'y avait rien à redire, mais ils en avaient également abattu pour les dévorer. Un grand nombre de cochons fut pareillement saucissonné sans que les maîtres en goûtent un pouce de boudin.

Le chambardement à l'intérieur des maisons était plus grave encore. Les matelas et les couettes éventrés moisissaient dans les immondices. Un doigt malveillant avait dessiné des moustaches de fiente à la grand-mère, sur sa photo de mariage. Les buffets étaient renversés, brisés. On avait raflé les assiettes des dressoirs et le linge des armoires. Les femmes sanglotèrent et les hommes serrèrent les poings en constatant ces maraudes, puis ils tâchèrent de remettre les pièces en état.

Les rares voisins qui étaient demeurés au village, soi-disant pour veiller sur le bien d'autrui, avaient souvent été les premiers à farfouiller dans les maisons. Toutefois, les principaux fautifs de ces pillages restaient sans doute certains réfugiés venus d'ailleurs. Eux autres ne s'étaient guère privés dans ces contrées où ils ne connaissaient personne et où ils ne reviendraient jamais plus. Ces indélicatesses, nos paysans ne parvenaient pas à les pardonner. Bien sûr les gens du Nord avaient souffert, bien sûr ils avaient perdu gros, mais ce n'était pas une raison suffisante pour tout saccager sur leur passage. Les réfugiés du village, eux, n'avaient jamais abusé des circonstances lorsqu'ils baguenaudaient en Sologne. A part traire une vache oubliée, ils ne se seraient jamais autorisés la moindre infraction. Un malheur n'excuse pas les vilenies...

Ainsi le retour ne se déroulait-il pas sans grincements de dents. Encore fallait-il regagner son foyer. Ce n'était pas toujours aisé. Quand le père David arriva en vue de ses cheminées, au crépuscule, il fut arrêté à deux cents mètres du village par les sentinelles allemandes. Interdiction de passer après le couvre-feu. Il dut coucher cette nuit-là dans la friche du talus, à la belle étoile, comme un vulgaire trimardeur, alors qu'il se trouvait à cinq minutes de son logis ! La mésaventure recommença avec Robert, qui fut interrogé pendant une couple d'heures au bourg. Pendant ce temps, ses bonnes femmes se rongeaient les sangs à la porte de la Kommandantur. Mais ce qui vexera encore davantage notre Robert, ce sera de se souvenir que vingt ans auparavant, c'était lui qui prenait pension dans une localité d'Allemagne. Les Boches lui rendaient aujourd'hui la politesse de son séjour d'occupation.

Pendant les mois suivants, la T.S.F. diffusa des avis de recherche et les journaux publièrent les photos des enfants perdus dans le chaos de ce déplorable exode. Par bonheur, les réfugiés du village rentrèrent tous sains et saufs de leur dramatique escapade. Les familles qui s'étaient enfuies au diable vauvert mirent néanmoins plusieurs semaines avant de reparaître dans la commune où la vie, petit à petit, reprenait son cours paisible.

Témoignages

COMME PARTOUT

« La guerre s'est déroulée dans notre village comme partout ailleurs. Septembre 39 : la mobilisation, le difficile travail de la terre sans les hommes jeunes, l'arrachage des betteraves, les labours, les semailles... plusieurs réfugiés espagnols apportèrent un peu d'aide. Puis juin 40 : l'exode. Nous sommes tous partis. Ceux qui n'avaient que chevaux et voiture n'allèrent guère plus loin que Châtenoy. Quelques soldats du village revinrent, dix restèrent prisonniers.

« Ce qui nous surprit à Blandy, petit village de quelque 120 habitants, ce fut l'arrivée des soldats allemands le 15 juillet 40. Ils étaient une centaine et ils possédaient 80 chevaux. Ils occupèrent les logements vacants. Ceux qui n'étaient pas revenus de l'exode eurent la désagréable surprise, à leur retour, de trouver leur maison occupée ; ils durent s'installer tant bien que mal dans des locaux de fortune.

« Les Allemands établirent leur quartier général dans un café ; le drapeau à croix gammée flotta à une fenêtre. La nourriture de leurs chevaux était prélevée sur les tas de paille, de foin et d'avoine dans les fermes. Certains agriculteurs eurent des problèmes pour engranger leur fourrage : ils n'avaient plus de liure car les soldats occupants les avaient toutes raflées pour attacher leurs chevaux !

« Ils empruntaient aussi tous les vélos pour aller confisquer les postes de radio dans les villages avoisinants. Ils prirent encore les fusils de chasse déposés à la mairie, et avec ils chassèrent le gibier dans la plaine. Ils exposaient leur tableau de chasse dans la rue.

« Il ne faisait pas bon sortir le soir, après le couvre-feu. Certains en firent la triste expérience : ils furent enfermés toute la nuit au poste.

« Un capitaine, un jour de grande gaieté, fit monter son cheval par l'escalier d'une maison et arriva ainsi au premier étage, chez une femme seule et âgée qui en eut très peur.

« Ils partirent le 29 septembre 40, après deux mois et demi. Chacun de nous poussa un soupir de soulagement quoiqu'à ce moment-là, au sommet de leur gloire (ils venaient d'envahir la France), ils ne se montraient pas méchants.

« Après, eh bien ! on attendit cinq ans, avec de bien mauvais moments, comme partout, avant de voir la fin de la guerre et le retour des prisonniers. » (Lettre de Mme Pierre Citron, de Blandy.)

ONZE SEMAINES DE MALHEUR

Extrait du journal de Mme Germaine Sagot, 91 ans, transmis par M. Jean-Claude Durand, de Bailleau-l'Evêque :

« — Samedi 15 juin : réveil à 3 heures. On recharge nos voitures. Au départ, papa faillit se faire écraser par la petite voiture attelée à Taupin. Nous sommes partis vers 8 heures. Impossible de trouver un médecin. Jean, un de mes fils, a été à Brou par les bois de Montigny. Nous avons été à Carcahu, commune de Frazé, et nous avons couché dans la maillère (hangar) sur le foin, papa, Gombault (un voisin) et moi.

« — Dimanche 16 : grand orage et pluie abondante dans la journée. Mon fils Michel prisonnier ce jour.

« — Mardi 18 : vers midi, les Allemands nous rattrapent à Baillou, Loir-et-Cher, et nous arrêtent au moulin de Viljus.

« — Samedi 22 : départ de Viljus à 8 heures. Nous avons perdu notre chien Petit-Père.

« — Mardi 25 : nous rentrons à Levesville. Quel spectacle ! Tout sens dessus dessous. Georges, notre commis, arrive en même temps que nous. C'est l'armistice. Quatre-vingts poules manquent, ainsi qu'un porc de plus de 100 kilos. Les tiroirs, les armoires et les tables de nuit sont vides et brûlés à l'intérieur. Plus d'avoine ni de fourrage. Un pot à viande vide et cassé. Un tonneau de 400 litres de cidre, vide. Nous faisons du rangement.

« — Lundi 8 juillet : les Allemands ont quitté Bailleau-l'Evêque cette nuit et ce matin.

« — Mercredi 31 : début de la moisson.

« — Mercredi 14 août : notre fusil — acier supérieur de Saint-Étienne — remis à la mairie de Bailleau.

« — Dimanche 18 : fin de la moisson.

« — Mercredi 28 : bombes anglaises sur la préfecture de Chartres, dans la nuit.

« — Samedi 31 : mon fils Michel, prisonnier le 16 juin, est à la citadelle de Sedan. »

UNE NAISSANCE MOUVEMENTÉE

« Ma femme était enceinte durant l'exode. Nous dûmes bientôt rapatrier notre petit monde de Montmorillon car, au pays, il fallait malgré tout essayer de faire la moisson. Munis d'un laissez-passer avec nos deux voitures bondées, nous passâmes la ligne à Saint-Aignan-sur-Cher. Je me rappellerai toujours cette longue descente sur la ville, cette interminable file de voitures (on dirait aujourd'hui un bouchon) que j'entrepris de doubler. Arrivé au pont, j'ai dit aux gendarmes qui voulaient m'arrêter que ma femme était prête à accoucher, bien qu'elle conduisît toujours la seconde voiture. Ils nous ont laissés continuer.

« La ferme et la maison avaient été pillées. Deux jours plus tard, le 11 août, naissait notre cinquième enfant. Nous avons fait tant bien que mal la moisson et le reste, avec du personnel réduit et une équipe d'Arabes prisonniers des Allemands. Quand tout fut engrangé, je me rendis à Saint-Denis pour en ramener des fers à cheval délivrés par les Allemands. Mon hangar brûla avec toute notre récolte ce jour-là. On dit que c'était à la suite d'un coup de feu tiré par une sentinelle sur des Arabes qui travaillaient à proximité. Je dus intenter un procès à la compagnie d'assurance, car celle-ci faisait jouer le risque de guerre. Mais la Kommandantur affirma que ses soldats n'étaient pas dotés de balles incendiaires.

« Éprouvé par tous ces déboires, j'ai abandonné la culture et je ne me suis consacré par la suite qu'à notre vignoble de Marcilly. » (Lettre de M. André Ratié, d'Orléans.)

A LA BONNE HEURE

« Tout d'abord, les grandes folies : celle de partir, qui s'explique par les souvenirs des pays envahis en 14 ; celle de partir donc, quand on habitait un petit coin bien tranquille et qu'on avait un jardin pour assurer sa subsistance, partir sans réserves d'essence ni d'huile, dans une voiture surchargée des objets les plus divers et parfois les plus inutiles, sur des routes terriblement encombrées ; celle de passer une nuit, comme nous l'avons fait, dans un grenier surpeuplé, plein de foin, accessible par une unique échelle et surchauffé par une journée torride, dans une ferme située à l'entrée d'un village où se déroulait un feu nourri entre quelques chars français et l'armée allemande...

« Puis les petites folies. Rentrant miraculeusement vivants mais harassés de fatigue et d'horreur par ces journées d'exode, nous avons tenu à passer chez mon oncle, près du faubourg Madeleine, à Orléans. Hélas ! lui aussi était parti. Sa maison, ouverte de toutes parts, avait été pillée : meubles éventrés, lits souillés, linge éparpillé, bouteilles vides et cassées... Quand, comment, par qui ? Nul ne savait. Soldats français ou allemands, civils parfois, tombaient dans les mêmes tristes excès.

« Notre voiture, bondée et endommagée par un remorquage de fortune, ne pouvait nous permettre d'emporter quoi que ce soit de cette maison. Aussi, quelques jours plus tard, un après-midi, décidâmes-nous d'aller à pied, maman et moi, six kilomètres aller et six kilomètres retour, voir ce qu'on pouvait sauver chez mon oncle pour l'heureux jour où nous les saurions rentrés eux aussi.

« Je nous revois chez eux, remplissant notre sac de bibelots-souvenirs, de photographies, puis empilant sur la brouette de mon oncle les quelques draps restés intacts, un peu de linge et...

vous ne devinerez jamais quoi... et le carillon, dépendu à grand-peine puis couché aussi soigneusement qu'un nourrisson au milieu de ce linge. Et nous voilà parties, poussant chacune à notre tour la lourde brouette dans les rues pleines de démolitions, de gens à l'air égaré, de soldats allemands, tout cela dans une atmosphère écœurante et lourde des odeurs d'incendie, de pourriture, sous un soleil brûlant.

« Et ce diable de carillon, malgré nos précautions, sonnaillait de tous ses timbres et marteaux, de toute sa ferraille secouée sur les pavés et les cicatrices de la chaussée parfois défoncée. Nous craignions beaucoup pour ses fragiles entrailles. Dire pourquoi nous l'avons ramené : impossible. Voici quarante ans que je me pose la question. C'était vraiment une folie ! Nous en avons souvent souri depuis. Fort heureusement, mon oncle et ma tante sont revenus et ils ont pu récupérer leurs biens.

« Et le carillon, direz-vous ? Eh bien, de solide fabrication d'avant-guerre, il a repris sa place, et son mouvement, et sa sonnerie... Si bien que notre misérable entreprise, dont la précarité nous était apparue plus certaine à chaque tour de roue, s'est avérée sans conséquences fâcheuses et tout à l'honneur de l'industrie horlogère. » (Lettre de Mme M.R. Auger, de Châtenoy.)

ADDITIF

« Habitant la région parisienne, j'eus, à la veille de la déclaration de la guerre, la malencontreuse idée de penser que Paris et sa banlieue seraient bombardés et mon pavillon détruit. Persuadé que mes biens se trouveraient plus en sécurité dans ma belle-famille résidant à Batilly-en-Gâtinais (village proche de Pithiviers), j'eus le temps de transporter en ce lieu, avant ma mobilisation, les objets que j'estimais les plus précieux : argenterie, pendules, linges de table et de maison, mes plus beaux livres, etc. Ma femme, institutrice, avait été requise pour assurer le séjour à Dreux des écoliers évacués. Ma fillette se tenait avec elle, mon fils était pensionnaire au lycée d'Orléans et je servais comme soldat à l'entrepôt de réserve de matériel de chars à Gien.

« Puis vint la débâcle de juin 1940. Tandis qu'avec mon unité j'effectuais une retraite peu glorieuse qui devait aboutir au pied des Pyrénées, les membres de ma famille s'entassèrent comme ils purent dans ma vieille 301 et prirent à leur tour le douloureux chemin de l'exode, lequel les conduisit, après de multiples péripéties, chez de lointains cousins habitant l'Indre, à Pellevoisin. Ils y arrivèrent en même temps que les avant-gardes motocyclistes allemandes !

« Démobilisé le 12 juillet, je fis un détour par Pellevoisin, pour récupérer les miens et les conduire à Batilly. Occupée par les Allemands, la maison du grand-père offrait un vrai spectacle de désolation : sol recouvert d'ordures, de linge souillé, de photographies de famille, du contenu des tiroirs renversés, des débris de mes livres mutilés. Bien entendu, tout ce que j'avais apporté au début de la guerre avait disparu ainsi que tous les sièges, le plus beau linge et les meilleurs vêtements. Cependant, dans une des chambres servant de dortoir aux occupants, je trouvai, miraculeusement intacte, une belle édition en deux volumes de *La France héroïque et ses alliés*, consacrée à la guerre de 1914-1918. En feuilletant le premier tome de cet ouvrage, j'eus la surprise de constater qu'un long texte en langue germanique avait été écrit sur les pages de garde par un soldat allemand, vraisemblablement farouche hitlérien. Je ne puis résister à la tentation d'en donner ici la traduction intégrale :

« 2 juillet 1940,

« La défaite de l'Allemagne en 1914-1918 n'était pas une défaite militaire, mais une défaite politico-économique. Le soldat allemand a fait son devoir en 1914-1918 autant qu'en 1940, mais en 1918 un vrai commandement manquait, saboté par les forces judéo-maçonniques.

« Notre Führer Adolf Hitler a forgé pour toujours, avec la victoire de 1940, qui était un combat contre le capitalisme et l'exploitation ploutocratique, une paix durable entre l'Allemagne et la France. Nous reconnaissons la force et le courage du soldat français, mais c'était une folie de vouloir entrer en guerre contre le Reich national-socialiste d'Adolf Hitler, trois fois plus fort que la France.

« Français, vous vous êtes sacrifiés pour le capitalisme international et la perfide Angleterre. Vous pouvez profiter de la reconnaissance raisonnable et de l'amitié de l'Allemagne.

« Nous ne voulons pas faire de vous les alliés de notre pays, mais seulement bâtir, sur la raison et la tranquillité communes, une paix durable. Comptez sur l'Allemagne et sur vos autres voisins. L'Angleterre est perdue et sa force déchue. L'Angleterre ne vous a apporté que le malheur, vous seuls en supportez le choc.

« Acceptez de l'Allemagne la force et les idées nouvelles qui vous ont tant manqué. France, débarrasse-toi de ta juiverie et jette-la au diable. Compte sur l'Allemagne, ta voisine puissante, et ton peuple redeviendra sain et libre.

« Heil Hitler !

Un soldat du IIIe Reich. »

Quelques pages plus loin, le même soldat, déjà plus agressif, crut utile d'ajouter les lignes suivantes :

« J'ai combattu pour l'Allemagne et je ne suis pas mort : 1914-1918, guerre contre la Russie ; 1939-1940, campagnes de Pologne, Norvège, Hollande, Belgique, France et bientôt Angleterre.

« Vous croyiez avoir l'Allemagne par la force, mais on ne peut pas abattre 100 millions d'Allemands.

« En le peuple allemand se trouvent des forces indomptables qui vaincront chaque ennemi qui se dressera devant lui par le monde. La preuve en a été donnée en 1939-1940. Les soldats du Reich Grand-Allemand viendront attaquer chaque ennemi sur son propre sol. »

« Rentré enfin à mon domicile parisien, j'eus l'heureuse stupéfaction de trouver ma maison inviolée ; telle que je l'avais quittée en septembre 1939, avec seulement le regret d'avoir pris une initiative malheureuse qui m'a beaucoup coûté et causé de nombreux soucis. » (Lettre de M. Joseph Languille, de Maisons-Laffitte.)

DANS LE PÉTRIN

« Certains jeunes de la commune (Epieds-en-Beauce) sont nés sur la route (pendant l'exode) ; d'autres, tout petits, se balançaient dans un hamac de l'auto, elle-même accrochée derrière une voiture à chevaux !

« Sombres jours ! A Epieds, toutes les maisons du bourg étaient vides. Deux ou trois vieillards seulement devaient être restés. Dans les hameaux, se sentait-on plus à l'écart et mieux protégé ? Toujours est-il qu'il semble qu'on fût moins à partir.

« Les bêtes avaient été détachées et lâchées. Les maisons, laissées grandes ouvertes, servaient de refuge, "d'auberges" aux réfugiés qui fuyaient. Ceux-ci se nourrissaient, vivaient sur les provisions des maisons abandonnées, les pillant et volant bien souvent. "C'était autant de moins que les Allemands n'auraient pas !" Avec ce raisonnement on justifiait tout. Certains considéraient cette débâcle, les citadins surtout, comme des vacances gratuites et joyeuses ; ils ne s'en cachaient pas.

« Les artilleurs allemands étaient là depuis le dimanche 16 juin. Pas d'eau, pas d'électricité. Aucun ravitaillement. Les premières familles rentrèrent le mardi. Plus de maire. Un seul conseiller municipal et huit hommes. Allait-on attendre sans rien faire ? Attendre qui ? Et jusqu'à quand ?

« Les neuf hommes se réunirent pour former le Comité de ravitaillement. Le conseiller municipal plus l'ancien secrétaire de mairie, cela représentait déjà une certaine autorité. L'inventaire des réserves de farine trouvées dans les boulangeries du bourg fut dressé : 39 balles de 100 kg chez M. Michau et 24 autres chez M. Joisneau.

« Au début, M. Abel Gilbert alla avec son auto chercher du pain chez le boulanger de Villamblain, qui s'était remis au travail. Le magasin Michau servit pour la vente. Les clients entraient par la porte sur la rue et sortaient par la cour. Maxime Pellé coupait le pain, Abel Gilbert faisait payer et René Claveau, l'ancien secrétaire de mairie, inscrivait sur un cahier le nom de tous ceux qui étaient servis afin d'éviter la resquille. Il fallait empêcher que les gens stockent et que d'autres manquent. La ration était limitée à 400 g par personne.

« Mais au bout de trois jours, le boulanger de Villamblain fut dans l'impossibilité de suffire aux besoins des deux communes, sans compter la demande des réfugiés de passage qui, eux aussi, rentraient maintenant en grand nombre. Que faire ?

« M. Oscar Chardon, alors à Cheminiers, signala qu'il avait parmi ses ouvriers un gars qui connaissait le métier de boulanger. Puisqu'on ne pouvait plus se procurer de pain ailleurs, on le cuirait sur place. Démarches à la Kommandantur : autorisation donnée. On se mit au travail.

« Le garçon, André Gouache, devenait patron boulanger. Il lui fallait un aide pour amener l'eau du puits Frémont et casser le bois pour alimenter le four. Ce fut M. Olivier Pellé (le chausseur) qui fit office d'aide-mitron.

« La première nuit, les Allemands qui occupaient la boulangerie Michau furent réveillés par le bruit du pétrin. Irruption d'un grand diable d'adjudant et fuite précipitée du personnel. On parlementa et le brassage de la pâte reprit. Une autre fois, ce fut la poulie du puits Frémont qui grinça tant dans la nuit que cela attira une patrouille ! Car à la tombée du jour, tout le monde devait rentrer chez soi et s'enfermer. Aucune lumière ne devait filtrer à travers portes ou volets, sinon les patrouilles tambourinaient violemment aux portes et les revolvers étaient vite braqués.

« Durant six jours, du 20 au 25 juin inclus, le Comité de ravitaillement fournit ainsi du pain à la population qui rentrait. Les boulangers reprirent ensuite possession de leur fournil, André Gouache de ses chevaux à Cheminiers et son aide, de ses pantoufles... à vendre.

« La population d'Epieds ne fut d'ailleurs pas la seule à bénéficier de l'initiative du Comité : de nombreux réfugiés, traversant le bourg et y faisant halte, furent très heureux de profiter de l'aubaine. Sur le cahier de gestion où tout et tous étaient minutieusement enregistrés, la mention "réfugiés" revient de plus en plus souvent, vers la fin. Ces gens, fatigués et affamés, faillirent du reste causer un drame. Protestant qu'on leur refusait du pain pour accorder la priorité aux habitants d'Epieds et qu'on les rationnait à un quart de livre, ils menaçaient de briser la vitrine et de se servir. Il fallut faire appel aux soldats allemands. Une sentinelle armée monta la garde le lendemain à la porte du magasin... En consultant ce fameux cahier de gestion, on mesure en quelque sorte l'estomac et l'appétit de chacun ! » (D'après les souvenirs de Mlle Blanche Gilbert, d'Epieds-en-Beauce, publiés dans les bulletins paroissiaux en 1964 et transmis par M. Eric Guiset.)

LES BÊTISES DE L'ENTRAIDE

« Revenu d'exode, après la remise en état de la maison quelque peu pillée, nous allions faire bombance un dimanche avec un poulet miraculeusement échappé de la tourmente. Soudain on sonna à ma porte. Un jeune homme portant un balluchon me demanda s'il pouvait avoir un verre d'eau. Je le fis entrer et attabler au jardin. Je lui donnai, en plus de son verre d'eau, une cuisse de poulet et une lichette de vin. Il me dit être de la région de Liévin ; il cherchait à rejoindre son bercail.

« Cinq ans plus tard, je reçus la visite de cet homme et de son épouse qui vinrent me remercier de l'accueil de 40 ; ils me firent cadeau d'un paquet de bêtises de Cambrai. Puis un motocycliste anglais vint aussi me rappeler qu'au début de juin 40, j'avais donné à son équipe qui installait une ligne téléphonique, route d'Oliver, quelques tomates et concombres. La reconnaissance n'est pas un vain mot. » (Lettre de M. René Chauvert, d'Orléans.)

BEAUGENCY EN JUIN 40

« Fin janvier, les bons et les carnets d'essence et de gazole concernant diverses catégories de consommateurs, pour février, furent retirés. Ceux qui en possédaient devaient les rendre et spécifier les quantités attribuées. C'était déjà l'époque des restrictions. Le recensement pour les cartes d'alimentation eut lieu à partir du 7 avril. Leur distribution débuta les 27, 28 et 29 mai. Mes parents furent réticents pour aller chercher ce qu'ils considéraient encore comme superflu.

« Vers le 10 mai commença le passage des Hollandais et des Belges, puis des "Chtimis". Tout le monde voulait gagner le sud de la France le plus vite possible.

« La circulation des forains et des nomades fut interdite dès le 11 avril. Les congés payés, étendus à toute l'année et fractionnés en plusieurs périodes, furent suspendus ou supprimés selon les événements ; était alors versée une indemnité compensatrice.

« Suppression des communications téléphoniques interdépartementales le 1er juin. A ce moment, les affiches "Silence, l'ennemi guette vos confidences", illustrées par Paul Colin, furent apposées partout.

« Le bombardement du 16 juin précipita les Balgenciens sur les routes. Quelques jours plus tard, effondrement d'une maison place de la Motte, d'une toiture rue Oseille et du bas-côté sud de l'église abbatiale. La nef fut isolée par un mur de briques et le culte reprit le 1er août.

« Déroute des soldats français qui n'avaient que des obus à tirer dans la mitrailleuse de leur voiture blindée ! Cela prouve l'organisation de la défaite.

« Il fallut vivre pendant plusieurs semaines sans services officiels (mairie ou gendarmerie) et pratiquement sans commerçants ni ravitaillement. Pour nous, l'exode se limita à nous écarter d'une centaine de mètres seulement de notre maison. Nous couchâmes pendant dix jours sur un matelas jeté sur des javelles. Plusieurs voisins se joignirent à nous et c'est un groupe de douze personnes qui attendit l'arrivée des ennemis. Les motocyclistes allemands furent "accueillis" par un voisin ; il agitait son mouchoir en guise de drapeau blanc. Un des éclaireurs vint constater qu'aucun soldat ne se cachait parmi nous.

« Les Sénégalais qui défendaient le pont, furent décimés par les avant-gardes des 6, 9 et 18es armées du général von Bock. La revue *Signal* rapporta ces faits sous la signature du lieutenant Noack.

« On déplora ici de nombreuses scènes de pillage. Certains Balgenciens profitaient de l'absence de leur entourage. Dans une catastrophe, on juge les gens d'après leur instinct.

« La première colonne ennemie fit halte rue de la Poste (actuelle rue des Relais). Deux soldats en armes vinrent faire chauffer leur gamelle sur notre cuisinière en affichant l'air arrogant des vainqueurs. Si la porte de l'appartement voisin ne fut pas défoncée à la hache par un tankiste (en noir), c'est parce que nous lui fîmes comprendre que nous en possédions la clé.

« A ma connaissance, le premier acte de résistance, à Beaugency, fut celui d'une réfugiée qui tira sur les Allemands. Elle mourut fusillée. Des grenades incendiaires détruisirent la maison dans laquelle elle se trouvait. A son emplacement : notre gendarmerie.

« Par la suite, la Kommandantur s'installa à l'école de garçons, puis route de Tavers et enfin au carrefour des rues de la Poterie et de la Bretonnerie. Au domaine de Longchamps (aujourd'hui l'hospice), fut aménagé un camp provisoire de prisonniers français. Plusieurs évasions furent tentées. Un tirailleur sénégalais, entre autres, s'échappa par une petite fenêtre.

« La récupération du matériel militaire en panne ou simplement abandonné commença immédiatement : témoin ce char lourd "Somua" remorqué par des chenillettes et emmené vers Orléans. Sous l'arche marinière du pont, une demi-douzaine de caisses d'explosifs, avec leur cordon de mise à feu, resta pendant plusieurs semaines après l'arrivée des troupes ennemies ! Le génie français n'avait sans doute pas eu le temps de s'en servir.

« En décembre, les soldats allemands s'entraînèrent à la traversée de la Loire et au débarquement sur la plage, en vue de l'invasion prochaine de l'Angleterre (qui, en définitive, n'aura jamais lieu). Nous les regardions s'exercer d'un air un peu narquois. » (Lettre de M. Yves Clairambaud, de Beaugency.)

"LA TERRE, ELLE, NE MENT PAS"

La nuit

Le Paradis perdu

(Répertoire de Lucienne Delyle, 1941)

Le village fourmillait de soldats allemands au retour de l'exode. Il est à parier qu'ils s'y étaient installés peu après le départ de ses habitants. Sarah revit ses lares dans les premières fournées, dès le jeudi 20 juin. Les tanks l'ayant doublée dans Courmemin — les chenilles abîmèrent d'ailleurs la route dans le virage, sacré bonsoir ! — elle s'était dit qu'il valait mieux faire demi-tour et tenter de sauver les meubles de sa maison, puisque l'échappée vers le Cher ne rimait plus à grand-chose.

La troupe s'était installée dans plusieurs maisons du hameau. Les soldats n'avaient touché à rien et ils semblaient même regretter l'inconduite des réfugiés qui les avaient précédés. Ils se montrèrent aimables et fort disciplinés. Trois d'entre eux logeaient dans une petite chambre, chez Sarah. Leur chef, un instituteur qui parlait couramment le français, se demandait souvent les raisons de cette guerre qui ne l'enchantait nullement.

Dans les pénates d'Édouard en revanche, de l'autre côté de la rue, les dégâts étaient considérables. On avait commis l'imprudence de verrouiller la porte, de sorte que les pillards l'avaient carrément défoncée. Tout était cul par-dessus tête à l'intérieur. Devait-on en incriminer les évacués du Nord ou la soldatesque ennemie ? Nul n'en mit sa main au feu. Quoi qu'il en fût, la maison s'était transformée entre-temps en magasin à chevaux et à provisions. L'endroit tenait ainsi tout à la fois de la porcherie et de l'écurie !

La Kommandantur s'établit d'abord chez le marchand de vin Georges Goujon, notre maire de l'époque. Elle occupa ensuite la demeure de la famille Mioche, sur la place, puis en 41 l'ancien domicile du docteur Baudron, sur la route de Beaugency. Elle se fixa enfin chez Mlle Riby, dans cette imposante résidence qui avait jadis servi de quartier général au commandement prussien, en 1870[1]. On assistait de nouveau aux bégaiements de l'Histoire.

Avec les compagnies allemandes au village, les anciens régressaient d'un bond de 70 ans. Eh oui ! voici bientôt trois quarts de siècle, les Prussiens bivouaquaient déjà dans notre région, et les vieux s'en souvenaient encore. Les mauvaisetés qu'ils y avaient alors perpétrées ne sont point racontables[2]. Les grands-pères et les grand-mères priaient donc pour que leurs petits-enfants n'endurent pas ce qu'eux-mêmes avaient enduré dans leur jeune temps. Ah ! ces satanés Prussiens, ils étaient restés les bêtes noires dans les contes des veillées ! Mais que devait-on penser de l'inquiétante progéniture qu'ils nous envoyaient maintenant ?

Le boulanger du bourg ne revenant pas, ce fut à Léopold Rocher, l'oncle de Paul, qu'échut la tâche de rallumer le four et de regarnir le pétrin. Le bonhomme, boulanger retraité à Orléans, était venu se réfugier au village, chez sa parenté. A vrai dire, cette reprise de service ne lui déplaisait point : elle lui donnait là une excellente occasion de se rajeunir et de se prouver qu'il pouvait encore se montrer utile à quelque chose, malgré la vieuture. Oh ! bien sûr, il aurait certainement préféré que tout ça se fasse dans d'autres circonstances...

La première humiliation fut pour nous de déposer nos fusils de chasse à la mairie. La plupart des gens firent mine de n'en point posséder. En vérité, les flingots étaient cachés depuis belle lurette dans les greniers, dans les fournils, dans les

1 et 2. Relire *Brigands et sorciers d'autrefois,* chapitre : « La fusillade de Dhuizon », et *Ils étaient de leur village,* chapitre : « Le sang des hommes ».

cheminées, dans les charpentes, bref partout où ils seraient introuvables. On ne les planquait pas pour faire le coup de feu sur les forces occupantes, non, mais tout simplement parce qu'on avait peur de ne jamais les récupérer. En dehors de la saison des perdreaux, on ne décrochait sa pétoire que pour tirer dans les conduits de cheminée quand la suie s'enflammait, par manque de ramonage. Le 10 mai déjà, à la veille de l'offensive allemande, le tribunal militaire avait menacé de recourir à la peine de mort contre ceux qui refuseraient de confier leurs armes et leurs cartouches à la mairie. Le 4 février suivant, les préfets enjoindront aux fraudeurs de s'exécuter car plusieurs années de travaux forcés viendront d'être prononcées, ailleurs, à l'encontre des détenteurs de fusils. En compensation, des permis de destruction du garenne au moyen de furets, bourses, panneaux ou grillages, pourraient être accordés aux propriétaires et aux chasseurs habituels. On ne rendit pas les fusils pour autant. On ne se séparait pas de son bien comme ça. Il n'y eut aucune suite fâcheuse au village.

Dès le début d'octobre, les commandants des Feldkommandanturs se mirent à rechercher les objets d'art que les musées nationaux avaient disséminés sur le territoire lors de l'évacuation. Au village comme de juste, personne n'avait jamais vu une seule de ces richesses. Les grimoires d'antan indiquaient bien que l'église recelait un tableau de valeur mais nul n'y prêtant une vigilante attention (cette œuvre imposante – attribuée à Boucher ! – est toujours accrochée dans le chœur, à droite), les soldats allemands se contentèrent d'un plus modeste butin. Des collections de timbres-poste, principalement, ou des montres. Là, on dut vraiment se bagarrer pour ne pas se laisser dépouiller. Tout finit cependant par rentrer dans l'ordre. L'autorité occupante s'intéressa ensuite aux cycles « avec ou sans moteur auxiliaire », dont l'immatriculation fut prescrite par arrêté préfectoral en décembre. Chaque déclaration inhérente à cette mesure, transmise par la mairie, coûtait un franc. Là encore, on passa outre au village. Il faut dire que les gendarmes ne se livraient jamais à de sévères vérifications. Ils rechignaient à réprimander ces broutilles.

Par contre, ils se montraient beaucoup plus vigilants lorsqu'ils patrouillaient la nuit. Ils s'assuraient alors de la bonne fermeture des volets. Les soldats allemands faisaient également la traque aux fenêtres trop éclairées. Tout le monde y veillait de bonne grâce car les parages dégusteraient si un bombardier anglais parvenait à s'orienter grâce aux lumières. On prenait donc soin de masquer les ouvertures de sa maison. Les prévoyants collaient du papier adhésif sur leurs carreaux pour éviter la casse en cas de déflagration. Il était encore conseillé de bleuir les lampes des vélos et, bien entendu, les phares des bagnoles.

Le 29 octobre 1940, le préfet adressa aux maires l'ordonnance ci-dessous : *Les maires et chefs des communes du département devront être mis en demeure d'avoir à faire orner les tombes de guerre des soldats allemands pour le dimanche des Morts, le 24 novembre 1940. L'ornement des tombes devra être fait d'une manière simple mais décente, avec fleurs et couronnes ou bien avec des branches de sapin. En même temps il faudra prescrire la remise en état de toutes les tombes qui ne seraient pas impeccablement en ordre.* Nous avions de ces monuments, dans la commune, qui dataient des combats de 70, mais personne ne poussa le zèle jusqu'à les fleurir.

Nos fêtes traditionnelles furent à l'inverse escamotées. Plus de flonflons ni de lampions au 14-Juillet ; plus de rassemblement autour du monument aux Morts le 11-Novembre. De toute manière, plus personne n'avait le cœur à se divertir. Mais on ne fêta pas davantage, par la suite, l'anniversaire du maréchal Pétain (le 24 avril). Seuls quelques-uns célébrèrent avec ferveur la fête de Jeanne d'Arc, en qui ils voyaient une héroïne bien de chez nous. Dans son message de mai 41, le Maréchal déclarera : « Paysanne de nos marches de l'Est, fidèle à son sol, fidèle à son prince, fidèle à son Dieu, Jeanne a, de son étendard, tracé le plus lumineux sillon de notre Histoire... Martyre de l'unité nationale, Jeanne d'Arc, patronne de nos villages et de nos villes, est le symbole de la France. Aimons-la. Vénérons-la. Présentons-lui les armes de notre fidélité et de notre espoir. »

Notre village vivait désormais à l'heure allemande, qui avançait d'une heure sur nos horloges. Cependant entre paysans, on continuait de se régler sur la position du soleil.

En cas de litige avec les belligérants, on courait derrière le garde champêtre ; parlant l'allemand pour avoir été prisonnier à l'autre guerre, il parvenait toujours à aplanir les difficultés entre occupants et occupés.

Parfois cependant, il fallait se retenir pour garder son calme, et cette anecdote cocasse le confirme. Jean et Paulette n'étaient pas mariés à l'époque, mais ils se fréquentaient. Le jeune homme raccompagnait sa promise sur son vélo, lui pédalant et elle assise en amazone sur le porte-bagages. Or voici qu'un soir, à mi-chemin, un soldat allemand les arrêta et, d'autorité, prit la place de la jeune fille. Jean dut suer sang et eau à pédaler jusqu'à la ville, distante d'une bonne dizaine de kilomètres. Et pour le soutenir dans l'effort, ce diable d'Allemand poussait le vice en lui martelant les côtes et en lui susurrant : « Plus vite ! Plus vite ! La petite madame va s'ennuyer ! » Effectivement, la « petite madame » trouvait le temps long sur son accotement...

On finit pourtant bon gré mal gré par s'habituer à la présence des « fridolins ». Ils ne cantonnaient d'ailleurs pas en permanence au village ; ils partaient et ils revenaient au hasard de leurs opérations. Quand Édouard rentra à la fin d'août 40, plus ou moins démobilisé, il n'en restait déjà plus un seul. On n'en reverra qu'une poignée au bourg de toute la guerre. La Kommandantur avait immédiatement deviné que cette quiète bourgade ne lui donnerait guère de fil à retordre.

Témoignages

A CHACUN SON LIT

« Comme dans toutes les communes de la région, nous avions des troupes allemandes à loger. Un jour que je partais à mon bureau du Crédit agricole situé sur la place de l'ancien marché, j'aperçus un sous-officier allemand accompagné de l'adjoint du pays. Ils allaient de maison en maison pour réquisitionner des chambres. Aussitôt je suis retourné chez moi et j'ai prévenu ma femme de ce qui se passait.

« Après un moment de réflexion, nous avons eu la bonne

idée de faire coucher mon neveu François et mon fils Bernard qui se trouvaient à la maison (c'était au moment des vacances), dans chacun des lits qui meublaient nos deux chambres disponibles, avec recommandation de jouer les malades.

« Le sous-officier allemand ne tarda pas à arriver ; il demanda à visiter la maison pour s'assurer s'il n'y avait pas de chambres vides. Il parlait un peu le français. Je lui fis donc visiter les deux chambres où étaient allongés nos deux souffrants de circonstance. Le sous-officier me dit alors : "Pourquoi ne mettez-vous pas les deux malades dans le même lit ? Nous aurions ainsi une chambre pour nos troupes." Mais j'avais ruminé ma réponse à l'avance et je lui répondis que l'un d'eux était atteint d'une maladie très contagieuse : la diphtérie. Mon argument le fit rapidement claquer des talons. Il me salua, fit demi-tour et prit la porte. Nous fûmes de la sorte exemptés d'avoir à héberger des soldats allemands sous notre toit.

« Pour la petite histoire, je précise que la diphtérie régnait parmi les résistants. Les Allemands le savaient et ils en avaient une peur bleue. » (Lettre d'un « ancien combattant de 14-18 » d'Ouzouer-le-Marché.)

LE VIEUX FUSIL

« Après la débâcle, les Allemands occupèrent Ingré. Dès leur arrivée, il fallut remettre ses armes à la mairie, c'est-à-dire se défaire de ses fusils de chasse, carabines, pistolets, revolvers et cartouches.

« Ma mère refusa de donner le fusil de mon père, alors prisonnier en Lithuanie du sud, aux ennemis de la France. J'étais enfant à l'époque. Nous cachâmes le fusil dans un buis taillé en boule de la cour et nous mîmes les cartouches dans le four de la cuisinière. A la suite d'une dénonciation d'un voisin, les Allemands vinrent perquisitionner chez nous. Ils ne trouvèrent rien. Après avoir proféré des menaces, les soldats repartirent bredouilles. Nous n'étions qu'en 40, heureusement, car si cela s'était passé en 44, nous aurions peut-être été fusillés. On oublia cette histoire...

« Vers la Toussaint, maman alluma sa cuisinière sans se rappeler que des cartouches y étaient cachées dans le four. Un matin, tout ça explosa, projetant en l'air les ronds du foyer et dégageant une épaisse fumée noire. Une pétarade incroyable ! Par bonheur, aucun "Fritz" ne se promenait dans les parages. Ma mère hurlait et me criait de fuir par la fenêtre. Mais je ne pouvais pas m'échapper car une grippe me clouait au lit. De plus, la fenêtre était bardée de barreaux !

« La cuisinière de fonte était inutilisable, fendue par le milieu. Nous eûmes la chance de pouvoir nous en procurer une autre, mais en tôle. Quant au fusil, nous le sortîmes de sa cachette tout rouillé par les intempéries. Je l'ai nettoyé avec de la toile émeri, graissé et enveloppé avant de le ranger au-dessus d'un clapier. Il resta là jusqu'à la fin de la guerre. A la libération d'Ingré, il reparut en parfait état. Ma mère fut félicitée par la suite pour cet acte de courage et de résistance contre l'occupant. » (Lettre de M. André Gaullier, d'Ingré.)

CLASSE TOUS RISQUES

« A la suite de l'interruption forcée de juin 40, j'avais retrouvé avec soulagement tous mes élèves sains et saufs et, dans un sursaut d'énergie, nous travaillions courageusement : c'était un dérivatif à nos tristes pensées après le cauchemar de l'exode, et une nécessité, le certificat d'études, dont la date, bien sûr, avait été repoussée, étant prévu quelques semaines plus tard.

« Or, tandis que je préparais les devoirs des enfants, un sous-officier allemand, très fort, très grand presque un double mètre ! — fit irruption dans ma classe. Si je ne pouvais traduire ses aboiements gutturaux, ses gestes très expressifs ne faisaient aucun doute : je devais déguerpir au plus vite car ses hommes seraient bien dans la salle pour manger et dormir. Le nez levé vers ce géant, je me refusais à comprendre. Nous devions former une saynète plutôt amusante si les circonstances avaient permis le sourire... Cessant de jouer à l'absurde, j'ai essayé de lutter lorsqu'il m'a sorti quelques mots d'anglais : lutte bien inégale, car, s'il était assez courtois, il restait totalement inflexible. Déjà d'ailleurs, side-cars et camions stoppaient devant l'école. En un clin d'œil, des grappes de soldats sautaient prestement, martelant le trottoir de leurs bottes ; les grilles se couvraient de casques, de bidons, de ceintures, de vestes ; la pompe, aussitôt assaillie, grinçait, grinçait encore ; l'eau coulait à flots ; les cris, les rires fusaient de toutes parts. Et le géant mit rapidement fin à cette pénible et inutile conversation en me disant : "Petite ma-te-moi-selle, la kèrr', kross malheur !" Là, nous étions d'accord.

«La "petite temoisselle", telle une souris devant un gros chat, s'est piteusement réfugiée dans son trou noir ; noir, oui, car je n'osai pas même, pendant ces quelques jours d'occupation de mon domaine, ouvrir les volets de mon minuscule logement. Sous ma fenêtre, les soldats joyeux, sans cesse, allaient et venaient, mettant pleinement à profit ces moments de détente à l'ombre des tilleuls.

« Quand enfin je pus retourner dans ma classe, j'y trouvai le parquet maculé de taches de graisse, jonché de papiers et de déchets divers. Les bibliothèques étaient en désordre, le matériel de sciences surtout avait dû fournir d'intéressants joujoux. Les tableaux étaient recouverts d'inscriptions qu'il valait mieux, je crois, ne pas savoir traduire... Malgré les fenêtres ouvertes, un nauséabond mélange d'odeurs de cuir, de sueur, de graisse, d'alcool et de tabac rendait l'atmosphère difficilement respirable. Les jours suivants, nous avons eu beaucoup de mal à nous remettre au travail : notre élan était coupé... Oh ! oui, "la kèrr', kross malheur !". » (Lettre d'une correspondante anonyme.)

PATRIOTISME FLEURI

« Un soldat allemand se présenta chez un horticulteur du pays et lui réclama des fleurs pour fêter l'anniversaire d'un fait d'armes de son unité. On lui demanda quel était ce fait d'armes : ça remontait au début de 40. L'horticulteur lui répondit : "Moi aussi je fête tous les jours un fait d'armes. Regarde sous mes sabots, les ferrures sont des morceaux d'aluminium provenant d'un Zeppelin !"

« Mais en revenant aux fleurs, le bonhomme s'excusa de ne pouvoir fournir qu'un bouquet de primevères. Ce bouquet fut composé de fleurs bleues, blanches et rouges disposées en cocarde. Et l'horticulteur conseilla au soldat de tenir ces fleurs serrées contre sa poitrine pour qu'elles ne fanent pas. Ce que l'autre fit à la grande joie des gens qui le virent passer ! » (Lettre d'un correspondant désirant garder l'anonymat.)

LES BONS ET LES MÉCHANTS

« De retour d'exode, nous eûmes toutes les peines du monde à nourrir notre bébé né quelques jours plus tôt sous les bombardements. Sa santé était gravement compromise.

« Les Allemands occupèrent aussitôt le camp voisin de Bricy, où ils installèrent une infirmerie. Le capitaine-docteur, un Autrichien qui parlait parfaitement le français, venait tous les jours à la ferme chercher deux litres de lait pour ses malades (nous avions récupéré nos vaches dans les champs). Il examina notre bébé et lui donna des remèdes destinés ordinairement aux soldats. L'enfant alla un peu mieux. Le docteur Legris rentra plus tard et le soigna. Nous avons eu bien du mal à sauver notre petit. Le docteur l'appelait ensuite "Trompe-la-mort". »

« Trois ou quatre jours après notre retour, un sous-officier allemand, du genre S.S., nous demanda des œufs et voulut que je lui en batte une douzaine en omelette. Je refusai et l'envoyai se les faire cuire ailleurs. La maladie de mon bébé m'inquiétait et j'étais encore patriote. Le sous-officier se mit en colère, disant que toutes les Françaises n'étaient que de mauvaises femmes, des salopes, et il me brandit son revolver sous le nez.

« De la cour, mon mari entendit la dispute et accourut. Il lui expliqua que j'avais un bébé mourant, qu'il fallait m'excuser. Il lui fit son omelette. L'autre allait et venait dans la grande cuisine en maugréant : "L'Angleterre sera vaincue et vous, les Français, vous serez annexés. Notre Führer saura bien vous mater ; il est le seul qui pourra écraser votre orgueil !" Enfin rassasié, après avoir mangé tout notre pain, il partit en ronchonnant, et sans payer. Ceci pour dire que parmi les Allemands, il y avait comme partout dans le monde des braves gens et des soudards. » (Lettre de Mme Alice Tourne, de Bricy.)

TROTTOIR BARRÉ

« Voici une petite anecdote qui montre combien l'inconscience du danger pour l'adolescent que j'étais alors aurait pu être lourde de conséquences du fait de la susceptibilité des Allemands pendant l'Occupation :

« Avec deux autres camarades, nous rentrions à pied du lycée en remontant la rue Eugène-Vignat, l'un d'entre nous tenant son vélo à la main. En arrivant à hauteur de l'ancienne prison militaire (qui s'élevait à l'emplacement de l'actuel palais des sports), nous vîmes sur le trottoir une revue allemande sur laquelle s'étalait une photo représentant Hitler saluant à la nazi des troupes qui défilaient au pas de l'oie. Nous ne trouvâmes rien de mieux à faire que de fouler à roues de vélo et d'écraser d'une semelle rageuse l'infâme papier. Mais nous n'avions pas vu les "vert-de-gris" qui observaient la scène de la fenêtre d'un étage supérieur de la prison, et qui balancèrent une barre de fer sur notre petit groupe, sans heureusement nous toucher. S'agissait-il d'un traquenard dans lequel nous avions failli tomber ? Toujours est-il que nous prîmes la tangente par la rue de la Claye, cœur battant, mais soulagés de constater que nous n'étions pas poursuivis. » (Lettre de M. Jean Durand, d'Orléans.)

Deux voix dans l'ombre

(Répertoire de Léo Marjane, 1940)

L'époque des pionniers du poste à galène, des sans-filistes comme on disait, était loin maintenant ; les boîtes parlantes n'avaient plus rien d'extraordinaire. On écoutait la T.S.F. pour s'informer des rebondissements de l'actualité. Les radios étrangères, on le sait, causèrent un grand tort pendant la « drôle de guerre » et les fourgonnettes émettrices allemandes avaient certainement leur part de responsabilité dans notre débâcle.

Mais en ce printemps 40, les discours qui fusaient des postes n'émerveillaient plus que les bonnes gens attardés.

Nous avons vu que la déclaration du maréchal Pétain, le lundi 17 juin, avait été saluée par un ouf de soulagement sur les routes de l'exode. C'était bien le guide providentiel qui conviendrait dorénavant aux lendemains éprouvants de la défaite, la seule personnalité qui fût capable de conduire la France hors des sentiers du déshonneur et de la gabegie. Le maréchal Pétain était LE héros national, la conscience du pays, l'ultime recours d'une patrie écrasée. Comment, dans cette situation faussée, ne pas ressentir quelque sympathie pétainiste sans être pour autant un ardent militant de la Révolution nationale ? Au pays plus particulièrement, on se rappelait qu'il avait inauguré le monument commémoratif de notre « général » Maunoury, cet autre héros de la Grande Guerre*. Tout portait à lui accorder une confiance aveugle. Les anciens combattants applaudissaient sans réserve aux directives prônées par leur chef retrouvé. Ils ne voulaient voir en lui que la glorieuse silhouette de Verdun, que l'artisan d'une victoire inespérée. « J'ai été avec vous dans les jours glorieux, commentait-il. Je reste avec vous dans les jours sombres. Soyez à mes côtés. » On y était. Il venait d'éviter le massacre des réfugiés en demandant l'armistice ; il saurait nous épargner la honte de notre cacade et la désignation d'un Gauleiter. Et surtout, comme l'ensemble de la population, il haïssait aujourd'hui les mensonges qui nous avaient fait tant de mal hier. On pouvait donc le suivre les yeux fermés.

Le lendemain mardi 18 juin, on avait également écouté l'appel de ce soi-disant général de Gaulle qu'on ne connaissait point. Celui-là parlait depuis Londres, depuis cette lointaine Angleterre dont les troupes allemandes ne feraient qu'une bouchée dans les futures semaines. Ah ! ces Anglais, discutons-en, tiens ! Ils nous avaient bel et bien laissés choir à Dunkerque. Ils s'étaient carapatés en nous abandonnant en pleine déconfiture. Ceux qui recommandaient la méfiance

* Relire notre ouvrage précédent *Ils sont partis en chantant*, chapitre : «Le général d'Herbilly».

envers leur Churchill avaient bougrement raison ! Alors, quel crédit devait-on accorder à leur porte-parole, à ce de Gaulle qui s'était débiné lui aussi pour mieux prêcher la poursuite d'une guerre perdue d'avance à une armée déchue ? Qui, du maréchal prestigieux ou du général inconnu, devait-on croire ? Celui qui avait l'expérience et la sagesse de l'âge, bien évidemment ! Celui qui avait fait ses preuves dans le passé... A cette époque, Édith Piaf chantait : « Y en a un de trop ».

Une poignée d'entêtés garda pourtant foi. Ils misèrent aussitôt sur ce jeune officier dont les messages, adressés d'outre-Manche, réussissaient à les requinquer alors qu'ils touchaient le fond de l'abattement. « Tout ça est bien joli, objectèrent les difficultueux, mais qui va continuer à batailler, et avec quel matériel ? Sait-on seulement où se trouve notre armée à l'heure qu'il est, si toutefois il nous en reste une ? »

Mais à propos, où était-elle donc, notre armée, la veille encore réputée invincible ?

Un peu partout et nulle part, en lambeaux. Chaque biffin s'était évertué à prendre les jambes à son cou ou, à bout de force et d'espoir, s'était cuté sur le talus d'une croisée de chemins dans l'attente d'une instante capture.

Le bataillon d'un fantassin dont je tairai le nom avait réussi, vraiment par pur hasard et sans le chercher, à s'emparer d'un motocycliste allemand. A dire exactement, ce dernier leur était plutôt tombé tout rôti entre les mains : un side-car l'avait éjecté en tournant trop brusquement dans une acrobatique embardée; il s'était affalé à demi assommé à deux pas du buisson sous lequel ils se tapissaient. Son compagnon, cramponné au guidon de sa moto et certainement trop pressé pour prendre le temps de le récupérer, fila sans s'arrêter. Nos fuyards se retrouvèrent ainsi avec un otage encombrant — et compromettant — dont ils n'avaient que faire. Afin de se soustraire à toute explication épineuse quand le gros des troupes les cueillerait, ils trucidèrent leur Boche au profond du fourré et se débinèrent dans un boqueteau plus loin ! Décidément, la lâcheté n'était pas l'apanage d'un seul uniforme en ces heures dramatiques...

Henri n'était pas prisonnier quand l'armistice fut conclu le samedi 22 juin, et lui n'aurait pas écrabouillé une fourmi. Il se camouflait dans les bois avec ses camarades de déroute. Sa compagnie était cernée. Les émissaires allemands leur promirent une rapide libération s'ils se rendaient sans grabuge. Nos troupiers à la manque baissèrent aussitôt les armes puis levèrent les mains, bien contents au fond d'eux-mêmes de s'en tirer avec si peu de bobo. Ils se considérèrent comme « prisonniers d'honneur » et les sections allemandes leur présentèrent les armes.

Ce titre pompeux ne leur valut cependant pas un régime de faveur, malgré ce qu'ils escomptaient. Ils furent emmenés à Strasbourg et parqués dans une usine désaffectée. On leur donnait tout juste de quoi ne pas crever de faim. Lorsque leur convoi s'engagea sur le Rhin, ils comprirent avec amertume qu'on les avait dupés. Ils traversèrent l'Allemagne et la Pologne. Terminus : Königsberg, en Prusse orientale. Les villes d'alentour — Friedland, Eylau — leur rappelaient les victoires napoléoniennes que le maître d'école leur avait apprises sur les bancs de la communale. Mais aujourd'hui, c'était une autre paire de manches que la splendeur impériale ! Les aléas de la grandeur et de la servitude militaires...

Les prisonniers furent rassemblés, leur capote marquée à la peinture, et proposés aux paysans prussiens comme des bestiaux sur un marché. Henri fut le premier choisi, vu sa haute taille. Son « patron » le fit grimper à côté de lui, sur la banquette de la carriole, et lui tendit les « cordiaux » pour tester son savoir-faire. Il parut satisfait de la manière dont s'y prenait son nouveau charretier. Sur le chemin, il essaya de baragouiner quelques mots de français. Henri devina aussitôt qu'il avait affaire à un brave bonhomme, pas hitlérien pour deux marks, et il se sentit enfin rassuré.

Un bon repas attendait notre gars sur la table de la ferme. Deux captifs travaillaient déjà dans la cour ; ils ne se plaignaient visiblement pas de leur sort. L'après-midi de son arrivée, le ventre bien calé depuis longtemps, notre « KG » entassa un champ de blé en terriaux. Il aimait mieux ce boulot-là que le jeu du petit soldat. La pitance était bonne, avec un goûter à 4 heures (deux tartines de margarine et une bolée de « café » à l'orge grillée). Les siens n'en mangeaient peut-être pas autant au village !

Dans cette ferme vinrent par la suite quatre autres prisonniers français. Henri eut le réconfort de reconnaître parmi eux deux gars de ses environs. Il leur dit aussitôt que le gîte et le couvert, ici, n'étaient pas si mauvais, qu'on était certainement mieux à trimer aux champs que dans une usine (où les gars, paraît-il, en bavaient), bref qu'ils avaient tout intérêt à se tenir peinards en attendant la fin de cette fichue guerre. L'un d'eux ne voulut rien entendre et s'évada à la première occasion qui se présenta. Il fut tué un peu plus loin.

Ce qui chagrinait le plus Henri était de ne point recevoir des nouvelles du pays. La première lettre de sa femme ne lui parvint qu'à la fin novembre, après cinq mois de captivité ! Il y avait vraiment de quoi se morfondre...

Les contrôles fréquents l'ennuyaient aussi car le caporal de service n'était qu'une grosse brute qui lui bottait les fesses lorsqu'il estimait son rendement insuffisant. Hormis ces vexations, la vie était supportable. Prisonniers et patron apprirent à mieux se connaître — entre paysans, on se comprend toujours — et même à s'estimer. On parlait des récentes péripéties de la guerre. Henri connaissait l'existence des camps de concentration depuis son passage à Strasbourg mais il ignorait les horreurs qui s'y déroulaient. Le fermier n'en savait pas plus long. Pour eux, la police y enfermait des « malheureux », c'est tout. Et notre Henri était loin de se douter que de tels camps allaient bientôt tendre leurs barbelés dans sa propre région, à Jargeau, à Pithiviers et à Beaune-la-Rolande...

Entre-temps, au village, le maire recevait le premier livret de la liste officielle des prisonniers français, liste établie à la mi-août d'après les renseignements fournis par les autorités militaires d'occupation. Les maisonnées revivaient en apprenant que leur homme porté disparu se trouvait captif en Allemagne : c'était toujours mieux que d'avoir été tué lors de la débâcle. La dernière de ces listes portera le numéro 97 et paraîtra le 18 mai 41 (?). Un mois plus tard, l'allocation journalière des femmes de prisonniers sera fixée de 7 à 14 F, selon les cas.

Il convient encore de noter que la solidarité envers les

familles de prisonniers se développa beaucoup moins que pendant la Grande Guerre. Moins de gens étaient concernés d'une part ; de l'autre, bien qu'on regrettât unanimement l'absence des captifs, on s'inquiétait moins à leur sujet. Il ne faisait aucun doute qu'ils reviendraient bientôt, quand le maréchal Pétain nous aurait tirés de ce méchant pas. C'était un sale moment à passer, voilà tout.

Édouard eut plus de chance que Henri dans sa fuite. Nous l'avions laissé, lors d'un précédent chapitre, au volant de son camion-citerne, dans les embouteillages de Châteauneuf bombardé. La débandade devenait si accélérée qu'il lui était maintenant impossible de dénicher une soute hors de la portée allemande. Il trimbala donc son essence jusqu'à ce que son véhicule s'échoue en contrebas de la route. Il attendit alors sagement sa démobilisation à Bagnères-de-Bigorre. Que pouvait-il faire d'autre dans ce foutoir ?

En août cependant, sa patience usée, il prit sur lui l'initiative de revenir au village. Il se mêla à un groupe de démobilisés du Centre et il grimpa, sans papiers en règle, dans un train qui remontait sur Châteauroux. Ses ennuis commencèrent à Vierzon, sur la ligne de démarcation, quand les factionnaires allemands demandèrent aux gars de se compter. Ils durent s'y reprendre à deux fois, trois fois, quatre fois, sans pour cela aboutir au même compte. Les Allemands laissèrent finalement repartir tout le lot sans insister davantage. Édouard regagna sa maison le lendemain. La guerre était pour lui terminée ; débutait l'occupation. Le vin était tiré, il restait à le boire jusqu'à la lie.

Témoignages

LE PITOYABLE DÉFILÉ

« Au retour de l'exode, nous avons repris le rythme de notre vie antérieure, avec ses exigences mais sans chef d'exploitation. Nous ne savions pas si le régiment de papa avait quitté Orléans ou s'il était prisonnier.

« Maman s'inquiétait beaucoup. Un matin de la fin juin (ou du début juillet), son attention fut attirée par un gigantesque défilé d'hommes venant d'Orléans. La R.N. 51 était noire de monde de Saint-Augustin à la côte de Santeau, sur cinq ou six kilomètres. Intriguée et curieuse à la fois, ma mère prit sa brouette comme alibi et s'en alla reconnaître la nature de ce si curieux défilé. Elle se méprit et dit à mon frère : "Viens voir, les Anglais sont débarqués ; ils repoussent les Boches et défilent là-bas !" Mais quand elle arriva à cent cinquante mètres, elle reconnut les soldats de l'Armée française, prisonniers et escortés par une kyrielle d'Allemands à tout-touche. Ses illusions et son patriotisme fondirent comme neige au soleil. Elle approcha tout près d'eux ; elle espérait y voir son mari. Elle n'y distingua que des visages ravagés par la peur et la fatigue.

« Quelques jours plus tard, le bruit courait qu'un camp de prisonniers était installé dans un terrain vague de Pithiviers, derrière la caserne (aujourd'hui les lycées), et que les femmes d'agriculteurs avaient la possibilité d'y requérir des hommes pour les travaux des champs. Maman attela son Pierrot à la carriole et se présenta à la caserne dans l'espoir d'y soustraire celui qu'elle désirait au foyer.

« *"Schnell !"* répondit l'officier. Et maman se retrouva sur le trottoir plus vite qu'elle ne l'avait espéré. Ahurie par cette expulsion, elle décida de faire le tour de la caserne avec son cheval, pour essayer de contacter quelques prisonniers. Ces malheureux s'entassaient dans un terrain vague engrillagé, sur une surface d'environ un hectare et demi, avec des barbelés tout autour. Ils étaient méconnaissables de saleté, de poussière et de barbe. Les sentinelles allemandes empêchaient quiconque d'approcher de trop près.

« Ce jour-là, ma mère se rendit à la mairie de Pithiviers en vue d'y trouver un médecin pour les soins que ma santé réclamait. On la renvoya à la caserne afin d'y dénicher, parmi les prisonniers, un médecin capable de remplacer au pied levé les docteurs de Pithiviers éloignés par l'exode. Passant devant une boulangerie, elle acheta un pain de quatre livres et retourna au camp avec quelques appréhensions.

« Derrière les murs hauts de trois ou quatre mètres, les soldats criaient famine. Maman leur lança le pain avant d'entrer une deuxième fois et affronter à nouveau ceux qui l'avaient rejetée l'heure d'avant. Les portes de la caserne franchies, elle vit des prisonniers se bagarrer pour se partager le pain qu'elle venait de leur jeter.

« Sa requête ne fut pas vaine cette fois-ci. L'officier lui promit qu'un médecin serait délégué pour soigner la population. Quelques jours plus tard, nous vîmes arriver en voiture un prisonnier escorté d'un soldat allemand. Il se présenta : c'était le docteur. Il vint par la suite me rendre visite deux fois par semaine. Il nous raconta comment il vivait parmi les prisonniers, couchant à la dure dans les herbes du terrain vague, sans hygiène, sans secours pour les malades, ne mangeant qu'une ragougnasse qu'un cochon aurait boudée.

« Lors de ses premières visites, son moral était obscur. Il n'osait pas nous dire qu'il crevait de faim et que l'odeur de la cuisine de maman lui remuait l'estomac jusqu'aux talons. Ma mère le questionna et elle sut ainsi qu'il avait grand faim. Elle prit l'habitude, à chacune de ses visites, de le nourrir copieusement, de lui bourrer sa sacoche de fromages secs, de pain qu'elle cuisait elle-même et de mottes de beurre qu'elle barattait avec le lait de ses vaches. Par la chaleur, le beurre arrivait tout ramolli. Il le partageait avec ses camarades. Il m'a soignée pendant plusieurs mois mais un jour, nous ne l'avons plus revu. Il a certainement été dirigé vers un camp en Allemagne avec tous les détenus du camp provisoire que fut celui de Pithiviers. » (Lettre de Mme Lucette Pellerin, de Mareau-aux-Bois.)

TELS SONT PRIS QUI CROYAIENT PRENDRE

« Voici 41 ans, à l'été, je me trouvais au camp de Jargeau en qualité de prisonnier de guerre. Rien de plus vexant que d'être interné dans sa commune domiciliaire. Je travaillais à l'extérieur en journée mais je devais revenir chaque soir au camp.

« Ces camps de Jargeau, de Beaune-la-Rolande et de Pithiviers avaient été installés sur le même modèle, en hâte fin 39 début 40, par les militaires français, afin d'y héberger leurs prisonniers allemands. Malheureusement, ce fut le contraire qui se produisit.

« Les baraques en bois de Jargeau ne servirent aux soldats prisonniers que pendant quatre mois. Malgré la vigilance des sentinelles allemandes, les évasions étaient fréquentes, de jour comme de nuit. Ces prisonniers furent évacués vers Orléans, à pied, à la fin d'octobre ; le lendemain, ils prenaient le train en direction de l'Allemagne. Beaucoup d'entre eux ne revinrent en France qu'après la capitulation totale de l'ennemi. Le camp se remplit ensuite des familles de nomades (hommes, femmes et enfants) jusqu'à la Libération. » (Lettre de M. Marcel Chambolle, de Férolles.)

LA GRANDE ÉVASION

« Mon père, blessé à la Guerre 14-18 et réserviste, avait demandé à reprendre du service malgré ses sept enfants. Il fut affecté à la gare d'Orléans puis à celle de Pithiviers où les Allemands le firent prisonnier.

« Connaissant pas mal de monde dans cette ville d'où ma mère était originaire, il réussit à tromper la surveillance de ses gardiens au cours d'une sortie. Une commerçante complice lui refila des vêtements civils et il s'en fut jeter son paquetage dans la rivière. Ensuite il partit bravement à pied vers Orléans.

« Mais bientôt, une pluie diluvienne le contraignit à s'abriter sous une remise où vint le rejoindre un motocycliste allemand. Au moment de repartir, l'averse ayant cessé, le motard demanda par signes à mon père où il allait. Ce dernier lui répondit : "Orléans." L'autre le fit alors monter derrière lui sur sa moto et le ramena à destination. Sans se douter, bien sûr, qu'il aidait un prisonnier à se sauver des griffes de ses compatriotes ! » (Lettre de Mme Badord-Grenat, d'Orléans.)

DES CROSSES ET DES CRASSES

« Interné dans un hôpital à la fin d'octobre 40, parce que souffrant d'une dysenterie rebelle, je subissais un traitement douloureux par piqûres qui ressemblaient à des ampoules d'huile de vidange. Au moment de la fameuse poignée de main de Montoire, j'ai profité d'un relâchement de surveillance des médecins. J'ai pris mes houseaux, serrés aux derniers crans, dans lesquels mes mollets flottaient très largement, et en route pour le retour, par le train, de Dijon à Orléans *via* Paris.

« La partie la plus pénible du voyage fut celle de Paris à Orléans. J'étais seul dans un compartiment avec deux messieurs, la soixantaine bien tassée, rosette et rubans à la boutonnière du veston. Ils m'ont demandé ce que je faisais là ; ils m'ont dit que je n'étais qu'un chevalier de la crosse en l'air comme la plupart de mes camarades, que si eux en 14 avaient fait comme nous, la Marne n'aurait pas été possible... J'avais beau répliquer qu'on ne résistait pas aux blindés et aux avions avec des chevaux, ils étaient furieux contre moi !

« Je suis parvenu à mon logement vers 8 heures, rue de Bourgogne. J'ai ouvert la porte. Ma fille, âgée de 5 ans et demi, s'est enfuie en criant : "Maman ! Maman ! Un soldat !" J'avais donc tant changé en six mois ?

« Ma femme est apparue en disant : "Embrasse-le, c'est ton père !" Je pleurais de joie en étreignant ces êtres chers que je croyais ne plus jamais revoir. J'ai vite troqué ma tenue militaire contre un costume civil un peu vague dans les entournures. » (Lettre de M. Louis Tranchant, de Fleury-les-Aubrais.)

L'âme au diable

(Répertoire de Léo Marjane, 1943)

Notre région eut le triste privilège, durant cette débâcle, d'être le théâtre de faits importants. Rappelons la rencontre Reynaud-Churchill à Briare et l'installation provisoire du gouvernement à Tours, à la mi-juin, puis la désastreuse bataille avortée de la Loire, enfin l'établissement de la ligne de démarcation sur le Cher. Mais entre tous ces événements, celui qui restera le plus célèbre est sans conteste l'entrevue de Montoire et sa fameuse poignée de main entre Philippe Pétain, chef de l'État français, et Adolph Hitler, le Führer du IIIe Reich.

Cette rencontre historique a déjà fait couler beaucoup trop d'encre — et de sang, hélas — pour que nous ajoutions une étude supplémentaire au sujet. En outre, vous le savez, notre intention n'est nullement de rédiger un ouvrage d'érudition. Nous nous sommes donc contentés de recueillir les souvenirs d'un modeste témoin de l'entrevue, et non pas de disserter sur l'événement en lui-même. Ce témoin se nomme Albert Gauthier ; il était le chef de manœuvre en gare de Montoire à l'époque. Il a aujourd'hui 75 ans et son principal souci est de bien soigner son jardin. Nous l'avons surpris alors qu'il taquinait le carpeau d'un étang, sur la route de Savigny-en-Braye. Sans le rappel des fréquentes visites de journalistes en mal d'articles, le brave bonhomme aurait depuis longtemps oublié le rendez-vous que lui fixa l'Histoire en ce jeudi 24 octobre 1940.

Tout se déclencha dans la journée du lundi 21 quand M. Beneteau reçut la consigne de nettoyer la gare dont il avait la responsabilité. On devina qu'un important personnage passerait bientôt. On en fut totalement convaincu lorsqu'on vit arriver une pléthore de policiers et de soldats allemands. La plupart des maisons de Montoire furent fouillées de fond en comble pour y dénicher d'éventuelles armes à feu. Dans la table de chevet des Gauthier, les policiers ne trouvèrent qu'un poing américain, ce qui ne porta pas à conséquence. Les habitants furent ensuite avertis qu'ils devraient s'enfermer chez eux chaque après-midi, dès 16 heures, et n'en plus ressortir jusqu'au lendemain matin. Les volets devaient rester clos. Les enfants des écoles furent ramenés chez leurs parents par des soldats allemands. Le maire, Louis Renard, assigné à domicile, devint en quelque sorte l'otage des officiers supérieurs.

Entre-temps, une forte concentration d'hommes et de défense antiaérienne s'opérait dans les alentours. Des batteries d'artillerie étaient disséminées dans les bois entourant Montoire tandis qu'on coupait l'électricité. Sans radio ni téléphone, la ville se retrouvait dans un isolement parfait. Les camions et les automitrailleuses blindées prenaient possession des rues et des places. La ligne de chemin de fer était gardée à raison d'une sentinelle tous les 50 mètres de chaque côté de la voie. Un canon D.C.A. s'installa dans la cour des Gauthier. Les artilleurs ne prirent même pas la peine d'ouvrir le portail pour entrer : ils enfoncèrent carrément la barrière avec leur camion. Bien entendu, la serrure ne fut jamais remboursée. Ce n'était certainement pas le moment de protester ou d'exiger des comptes !

Les choses allaient également bon train dans la gare. Les Allemands déroulaient les tapis rouges et décoraient la station avec des arbustes apportés par camion. Le fleuriste de la ville dut compléter ces ornementations avec des bouquets de bégonias et de chrysanthèmes. Les cheminots regardaient faire ; personne ne réclama leur aide. Enfin, les fenêtres de la gare furent masquées de rideaux noirs. Cette précaution devait empêcher tout regard indiscret de la part des cheminots qui seraient enfermés dans le bâtiment.

Le lendemain, à l'heure du goûter, la quinzaine d'employés fut rassemblée par les soldats et bouclée dans la salle d'attente. Un premier train arriva peu après la demie de 18 heures ; c'était celui de von Ribbentrop, le ministre des Affaires étrangères d'Allemagne. Vingt minutes plus tard s'arrêtait le train blindé « Erika » d'Hitler, encadré, à l'avant et à l'arrière, par deux canons antiaériens. L'auto du vice-président du Conseil Pierre Laval ne vint qu'à la nuit tombée ; elle repartira vers 20 h 15. Les deux convois allemands s'ébranleront le lendemain matin, avant le lever du jour. On sait qu'Hitler se rendait alors à Hendaye pour s'y entretenir avec le « caudillo » Franco. Les cheminots — qui commençaient à trouver le temps long — furent alors libérés.

A Montoire, on se doutait maintenant que tout n'était pas terminé puisque les soldats allemands continuaient leur surveillance extraordinaire. Le manège se reproduisit en effet deux jours plus tard, le jeudi 24 octobre. Le chef de l'arrondissement ferroviaire de Tours devait être dans le secret puisqu'il arriva en auto en même temps que le train du Führer, à 15 h 30. Il s'avança sur le quai dans l'intention de diriger la manœuvre, mais deux soldats le saisirent aussitôt par le bras et l'enfermèrent avec les autres cheminots dans la gare aux fenêtres voilées. Albert Gauthier fut autorisé à rester dehors, en retrait d'une dizaine de mètres, car c'était lui, et lui seul, qui devait commander à la manœuvre. Il fut donc l'unique témoin oculaire civil de l'entrevue. Sa consigne était nette : à la moindre alerte, il devait engager le train blindé sous le tunnel de Saint-Rimay, proche de là, et ramener la locomotive sous un hangar. L'existence de ce tunnel providentiel suffit à expliquer que le choix des autorités allemandes se soit porté sur cette gare insignifiante de Montoire : c'était là un abri efficace contre toute attaque aérienne. Quoi qu'il en fût, pendant toute la durée de la manœuvre, Albert Gauthier sera continuellement escorté par un chef de gare allemand qui gardera les clés des aiguillages.

Cette fois-ci, von Ribbentrop vint par un avion qui atterrit dans les champs voisins. Les trois autos du maréchal Pétain et de son escorte arrivèrent en gare de Montoire vers 18 heures. Sur le quai attendaient le chef du protocole allemand et le dictateur nazi. Il y eut présentation d'armes et sonneries des hymnes. L'entrevue ne dura que deux heures.

Albert Gauthier suivit toute la scène de loin. Il trouva Hitler comme sur les photos, d'allure martiale et « pas gros ». Le maréchal paraissait davantage le « bonhomme » que la propagande dépeignait. Tous deux étaient en uniforme.

Hormis notre chef de manœuvre, deux autres Montoiriens crurent apercevoir les protagonistes. Il s'agit d'un cafetier et d'un de ses amis qui, depuis le soupirail d'une cave voisine, risquèrent un œil sur ce qui se tramait à la gare.

Mais les conversations creusent les appétits, c'est bien connu. Hitler ordonna bientôt qu'on lui servît un verre de lait. Un officier courut chez le maire et força celui-ci à goûter le breuvage pour être bien certain qu'il n'était pas empoisonné. Cette dégustation fut une terrible épreuve pour Louis Renard, et certainement son plus mauvais souvenir de l'affaire. Car le maire de Montoire était un marchand de vin ; à ce titre, il n'avait jamais avalé la moindre goutte de lait depuis son sevrage. Jamais de lait, jamais d'eau : sa réputation de pinardier en dépendait. Il dut pourtant s'exécuter mais cela lui en coûta bougrement !

D'autres aussi criaient famine près de là : c'étaient les quinze cheminots enfermés dans la gare. Les soldats leur avaient bien promis un copieux repas mais ils avaient vite oublié. L'un des prisonniers décida alors de rentrer chez lui (il habitait à quelques enjambées des voies). Il fut immédiatement rattrapé et refoulé. La nuit était déjà avancée quand un policier alla réveiller un pâtissier en ville. Tout ce qu'il rapporta fut une méchante tartelette large comme les deux paumes. Ce fut l'unique repas des cheminots. Entre-temps, une imposante motte de beurre, trente kilos de pain et un bon lot de conserves étaient proposés au Führer.

Les autos démarrèrent sitôt la fin de l'entrevue, vers 20 heures, après une dernière présentation d'armes. Les deux trains s'éloigneront le lendemain matin pour ne plus jamais revenir. Quand les Montoiriens se réveillèrent, tout était terminé. Chacun pensa alors qu'un accord venait d'être conclu et que les conditions de vie s'amélioreraient bientôt. C'est ce que l'on crut également au village, à une quarantaine de kilomètres de là...

Quelques jours après, le maire reçut une lettre de félicitations signée du chef de la police secrète allemande. On y faisait grand cas de la discrétion des habitants de Montoire. Quant à notre ami Albert Gauthier, il ne conserva de cette péripétie qu'un trophée : une lanterne de manœuvre « marquée Berlin ». La sienne n'étant pas conforme aux exigences allemandes, on lui avait confié ce modèle-ci. Il était alors parvenu, mine de rien, à « l'oublier » entre deux traverses pour aller la récupérer un peu plus tard. Un sacré bibelot, pas vrai ? qui fait bien des envieux aujourd'hui...

Par la suite, en 42, Albert Gauthier sera muté à Tours pour avancement. Les Allemands supprimeront son poste à Montoire. Il retrouvera alors le chef de gare ennemi rencontré deux ans plus tôt lors de l'entrevue, et travaillera sous ses ordres. En 44, les résistants provoquant une telle chienlit dans les wagons destinés à l'Allemagne, il se verra contraint de se réfugier pendant six mois chez sa grand-mère à Thoré-la-Rochette. Il ne reprendra son poste qu'au départ de l'occupant.

Maréchal nous voilà !
(Répertoire d'André Dassary, 1941)

Ainsi que nous le contions naguère, plusieurs siècles avaient été nécessaires pour que le village s'ouvre au reste du monde. Autrefois, les contacts avec l'extérieur se faisaient uniquement par l'intermédiaire des colporteurs, des maquignons de foire ou des domestiques qui fréquentaient les louées du pourtour. La paroisse n'était vraiment sortie de son autarcie qu'au lendemain de la Grande Guerre. Depuis lors, la T.S.F. permettait d'entendre d'autres sons de cloches que celui de notre église et l'automobile raccourcissait les distances. Un gadouillot ne se mariait plus forcément avec sa voisinette ; cependant il ne devait pas pour autant aller dénicher l'oiseau rare dans une contrée trop reculée, s'il craignait le qu'en-dira-t-on. Donc, on apprenait lentement à composer avec les communes adjacentes.

L'occupation allemande porta un rude coup à cette évolution. Dorénavant, tout déplacement devenait quasiment interdit, sauf lorsqu'il s'agissait de mener une bête ou une voiturée de grain à la réquisition. Le village se renferma sur lui-même et vécut comme aux temps anciens. Seule la radio-diffusion distillait au compte-gouttes les informations — souvent tendancieuses — d'un ailleurs désormais inaccessible. Cela expliquait l'intérêt que suscitaient maintenant ces gros postes de bois verni...

En ce mois d'octobre 40, la propagande de Vichy battait son plein et portait notre « bonhomme de Maréchal » au pinacle. Le 9 courant, le ministre de l'Intérieur Peyrouton pensa *souhaitable, pour répondre aux vœux exprimés par un grand nombre de Français, que le portrait du Maréchal de France, chef de l'État, orne les murs des salles des établissements publics, notamment les préfectures et mairies, des établissements d'instruction, des bu-*

reaux de poste. Deux modèles officiels étaient disponibles. Leur prix : 2 ou 5 francs selon le format.

Les écoles furent particulièrement sollicitées pour participer à l'encensement de Philippe Pétain. Les chants que les enfants y apprenaient, ne louaient maintenant que la gloire de celui qui devenait l'unique vainqueur de Verdun. Les noms de Joffre et de Foch furent relégués à l'arrière-plan. Le Maréchal était désormais notre seul sauveur. Il fut distribué à profusion des cartes postales reproduisant l'image et les preux concepts du chef de l'État ; les écoliers devaient en assurer la vente.

Mais la mission des chères petites têtes blondes ne s'arrêta pas là. Le 14 octobre, les inspecteurs d'académie, sur la demande du ministre de l'Instruction publique, requérirent *la collaboration des maîtres et des élèves de l'enseignement primaire* afin de mener à bien *le ramassage indispensable de certains produits naturels tels que les marrons d'Inde, les faînes et les glands* dont on extrayait une huile d'éclairage. Il était en outre recommandé aux instituteurs de prendre ces expéditions en forêt comme prétexte à sujets de rédaction ou de leçon de choses. Les marrons, était-il précisé dans la circulaire, pouvaient être ramassés *en deux promenades hebdomadaires auprès des arbres qui peuvent se trouver soit sur la place du village, soit sur le bord des routes.* Le produit de la vente de ces « produits naturels » était ensuite versé, selon un tarif établi par les entreprises de traitement, dans la caisse des cantines scolaires, par défaut à l'œuvre des pupilles de l'École publique. On se croyait vraiment revenu pendant la Guerre de 14-18 !*

Dans notre village où les maîtres d'école n'avaient guère la fibre pétainiste, ces collectes n'obtinrent que de médiocres résultats. De toute façon, notre place et le bord de nos routes n'étaient ombragés que par des platanes. Et puis les gamins avaient d'autres tâches à faire, le jeudi, que de ramasser des marrons ou des glands...

Un mois plus tard, les préfectures diffusèrent dans les maisons une circulaire concernant un tout autre genre de

* Relire notre ouvrage précédent *Ils sont partis en chantant,* chapitre : « Une histoire de cochon ».

ramassage. Il s'agissait alors de rassembler des dons en nature destinés au Secours d'hiver. Un important matériel de propagande — des affiches à placarder bien en vue dans les lieux publics et chez les commerçants, des prospectus à remettre aux enfants des écoles et des patronages — fut abondamment proposé afin que tout un chacun puisse répondre par la générosité à l'émouvante supplique du maréchal. Pour les prisonniers de guerre et pour les populations civiles éprouvées, il était demandé des vêtements, du linge, des chandails, des chaussettes, des souliers, des couvertures, des draps et de la literie. Pour les sinistrés : des meubles, des poêles et des cuisinières, des casseroles, des ustensiles de toilette et des jouets. Le ramassage de ces dons devait s'effectuer sous la responsabilité d'un comité communal présidé par le maire et comprenant les notabilités de l'endroit — le curé, l'instituteur, le notaire et quelques dames patronnesses.

Là encore, notre village ne donna guère. On tricota un peu pour les prisonniers, mais ce fut tout. On ne céda rien aux populations éprouvées, ou presque rien. On ne possédait aucun superflu mais surtout, on n'avait pas encore digéré les dégâts que ces vandales du Nord avaient commis dans notre contrée, pendant l'exode. On rechignait à secourir ceux qui, la veille, s'amusaient à tout détériorer dans les maisons du pays...

Il fallait maintenant relever les ruines, reconstruire les villes bombardées et cimenter cet État français déjà si décrépi : alors le toujours vaillant Maurice Chevalier entonna *La Chanson du maçon* qui devint bientôt une sorte d'hymne au replâtrage.

Beaucoup trop de racontars circulaient toujours dans notre région. Ainsi assurait-on qu'un ministre du Maréchal n'était autre qu'un châtelain des environs. C'était faux, bien sûr, mais les gens le croyaient dur comme fer, par manque de plus amples informations. En vérité, ce châtelain ne partageait que le même patronyme avec le ministre, à une particule près — mais on ne prête qu'aux riches, n'est-ce pas, et on crédite vite un « de » ou un « du » à un bourgeois qui habite une noble demeure. De plus, on savait que des adeptes de la collaboration se rassemblaient quelquefois dans les manoirs de la région et que le châtelain en question n'était point tendre envers sa domesticité. La rumeur publique n'en demandait pas davantage pour faire l'amalgame de tout ça.

Le merdier.

Témoignages

LA PHOTO DU MARÉCHAL

« La carte postale représentant le maréchal Pétain, j'ai eu à la vendre en 42 ou 43, quand j'étais écolière.

L'institutrice nous en avait distribué et nous devions les vendre 1 franc l'une, au profit du Secours national. Je ne sais plus si je réussis à les placer toutes mais je me souviens que mon grand-père, que je sollicitais, me répondit avec son bon sourire : "Non, ma petite fille. Je ne veux pas du portrait de cette vieille baderne chez moi. Tu vois j'en préférerais une de Churchill ou de Staline."

« En classe, nous eûmes aussi à faire une composition d'après cette photo. Quels sentiments nous inspirait-elle ? La maîtresse nous guida : yeux clairs pleins de bonté, dévouement, sacrifice... J'étais bien embarrassée. A la maison, on parlait surtout de Pétain comme d'un traître à sa patrie. Mais comme on me recommandait de ne pas répéter ce que l'on disait et ce que l'on faisait entre nous (écoute de la B.B.C., ravitaillement de résistants, etc.), j'ai redonné une feuille pratiquement blanche. » (Lettre de Mme Muguette Rigaud, de Saint-Denis-en-Val.)

AU DIAPASON

« A la fin de l'année 40, alors que les soldats français prisonniers étaient emmenés vers les camps d'Allemagne, des comités d'aide furent créés dans presque toutes les communes. Leur principal but était l'envoi de colis contenant des vêtements et des denrées alimentaires.

« Pour couvrir les besoins de ces comités dans les communes rurales (ç'aurait été impossible en ville), des kermesses furent organisées. On y vendait du vin, des fruits, des pommes de terre, des légumes, du pain fait pour la circonstance, parfois même de la viande provenant d'abattages clandestins. Tout cela attirait une nombreuse assistance qui, ailleurs, souffrait tellement des restrictions.

« On pouvait participer à des jeux et la fanfare du pays donnait un concert. Les musiciens des alentours remplaçaient les absents. Malgré la présence de soldats allemands qui faisaient mine de ne pas entendre (ils venaient surtout là pour améliorer leur ordinaire), nos musiciens jouaient des pas redoublés, tels *Alsace-Lorraine* ou *La marche lorraine.* C'était dangereux mais ça remontait le moral ! » (Lettre de M. Alain Pellé, ancien maire de Huisseau-sur-Mauves.)

DÉSHONNEUR ET INDIGNITÉ

Voici quelques ordonnances du gouvernement de Vichy :

16 août 40 : dissolution des syndicats ouvriers et de fonctionnaires.

19 août : dissolution de la franc-maçonnerie.

2 septembre : imposition allemande de 400 millions de francs par jour.

3 octobre : loi sur le « statut des juifs », exclusion des fonctions publiques et des métiers d'information.

4 octobre : les « ressortissants étrangers de race juive » doivent être internés.

18 octobre : les entreprises juives sont expropriées (dites « mises sous contrôle »).

30 novembre : annexion pure et simple de l'Alsace-Lorraine par l'Allemagne.

14 mai 41 : arrestation de 5 000 juifs à Paris, par la police française.

14 juin : nouveau statut des juifs, plus rigoureux.

8 juillet : création de la L.V.F. (Ligue des volontaires français

pour combattre l'U.R.S.S.).

14 août : loi créant des « tribunaux spéciaux » contre l'activité communiste et anarchiste.

On sait maintenant que les ordonnances allemandes furent souvent aggravées par les décrets de Vichy. C'étaient sans doute cela les clauses de l'armistice « dans l'honneur et la dignité », proclamées par le maréchal Pétain. (Envoi de M. Paul Vigueur, de Oisème-Gasville.)

Notre espoir

(Répertoire de Maurice Chevalier, 1941)

Depuis l'appel du 18 juin, les familles des prisonniers mettaient tous leurs espoirs dans l'action du général de Gaulle, dont on causait de plus en plus. Les autres maisonnées, peut-être moins concernées dans l'immédiat, pensaient plutôt que l'Allemagne gagnerait la guerre face à une Angleterre isolée. Encore deux semaines et tout sera dit, entendait-on fréquemment. On ne s'en réjouissait pas, non, mais on répétait ça sans détresse, comme un dénouement logique. Il faut avouer que les Anglais ne faisaient plus l'unanimité depuis leur lamentable rembarquement de Dunkerque. Et puis enfin, à ce que l'on constatait, les Allemands n'étaient pas si féroces que cela. Avec eux au moins, l'ordre régnait. C'était déjà un bon point. La majorité des gens se définissait alors comme « attentiste », y compris la vingtaine d'électeurs qui, sans être vraiment inscrite au parti, votait régulièrement communiste. Ceux-là restaient perplexes depuis le pacte germano-soviétique ; ils arguaient de ce que Hitler avait forcé Staline à s'allier avec lui, mais au fond d'eux-mêmes ils n'y croyaient plus...

On se branchait sur la radio de Londres depuis le début ; on devinait en effet que le poste national, contrôlé par les Allemands, ne disait pas toujours la vérité. Radio-Paris faisait trop de réclame pour décider nos gars à s'embaucher dans les usines d'aviation Messerschmitt. On se méfiait des belles paroles : les discours emphatiques avaient déjà fait trop de mal dans un passé récent.

Aux traditionnels « L'Angleterre comme Carthage sera détruite » de Jean-Hérold Paquis, on préféra de beaucoup les loufoqueries acerbes de Pierre Dac. La radio de Londres n'était pourtant pas facile à capter depuis que le brouillage allemand s'ingéniait à en couvrir la voix. Ou alors les messages perçus ne semblaient rien signifier tant leur code paraissait hermétique. On n'était pas né de la dernière pluie : on se doutait bien que c'étaient là des instructions destinées à quelques rares résistants. Les éditoriaux de Philippe Henriot sur Radio-Paris restaient certainement plus audibles mais là, c'était le ton que l'on comprenait mal.

Et surtout, il y avait gros risque à prêter une oreille complaisante aux ondes d'outre-Manche. Il fallait veiller à ne pas faire hurler son poste et, l'écoute terminée, à remettre toujours l'aiguille sur la longueur autorisée dans la crainte d'une vérification allemande. Plus tard, les soldats confisqueront certains postes car selon l'avertissement d'un tract aérien anglais *la radio est une arme dont on ne peut exagerer l'importance.*

Édouard profitait de la pause d'un midi calme pour écouter la B.B.C. Il ne prenait pas de précaution particulière puisque les soldats du bourg ne se montraient guère pointilleux. Soudain, il sentit une présence dans son dos. Il se retourna. Un Allemand se tenait dans le chambranle de la porte !

Que faire quand on est ainsi pris la main dans le sac ? Édouard ne trouva rien de mieux que de l'inviter à écouter aussi la radio de Londres. Le soldat s'assit et tous deux discutèrent ensuite de la possibilité d'un éventuel débarquement. L'Allemand n'y croyait pas. Pour lui clouer le bec, le fautif lui refila en douce une douzaine d'œufs. « *Nein !* refusa l'autre. Pas d'argent sur moi ! » Mais ça ne faisait rien, et Edouard insista. Mieux valait perdre douze œufs que récolter des tas d'embêtements... Une semaine plus tard, le soldat revint à la ferme pour régler sa dette. Mais on se garda bien, cette fois-ci, de bavarder sur les bobards de la T.S.F., qu'elle fût d'inspiration allemande ou anglaise !

Autant le reconnaître : les gens du village ne lorgnaient pas les soldats allemands, au début de l'Occupation, d'un trop sale œil. Entendons-nous bien cependant : cela ne signifiait nullement qu'ils approuvaient leur présence parmi eux ou leur comportement. Certes non ! Admettons seulement qu'ils faisaient contre mauvaise fortune bon cœur, qu'ils s'accommodaient au mieux d'une période transitoire à laquelle ils ne pouvaient mais. La défaite était irrémédiable mais les difficultés allaient s'aplanir grâce au Maréchal. L'Angleterre serait envahie avant trois semaines et, tout combat achevé, les prisonniers reviendraient chez eux. Le temps achèverait de normaliser cette sombre histoire...

Oui, c'est généralement ce que l'on croyait de bonne foi au village. Le maire Georges Goujon avait d'ailleurs reçu dès la mi-octobre, comme ses homologues, un cahier de neuf feuillets polycopiés émanant de la préfecture. Ce document énonçait le « Règlement des lois et des coutumes de la guerre sûr terre (annexe à la Convention IV de La Haye du 18 octobre 1907) ». Les autorités d'occupation y reprenaient en exergue la proclamation faite par le roi de Prusse le 11 août 1870 : *« Je fais la guerre aux soldats et non aux citoyens français »*. Cette louable intention suffisait à réconforter nos villageois qui, au contraire des citadins, ne subissaient jamais d'alertes sérieuses.

On désirait avant tout une coexistence paisible, sinon pacifique. On souhaitait moins aider les soldats allemands que s'épargner des retours de manivelle. On essayait de s'arranger avec les occupants au mieux des intérêts de tous. Cette entente se limitait évidemment à peu de chose : à une douzaine d'œufs, à une bouteille de vin ou à un cruchon de lait, rien de plus. Les soldats demeuraient corrects et payaient sans marchander. Ah ! pour ça, ils avaient de l'argent. Avant de partir, ils rendaient toujours les plats qu'ils avaient empruntés. « Avec des bidasses français, déplore Robert, on n'aurait jamais revu nos gamelles ! » Certaines maisonnées n'eurent d'ailleurs aucun scrupule à profiter de la situation, en vendant bien cher aux Allemands ce qu'elles refusaient d'ordinaire à leurs voisins. Plusieurs commerçants du bourg agirent de même, cela va de soi. On ne refuse jamais un bénéfice vite empoché...

Peut-on évoquer une prédisposition à la collaboration ? Certainement pas. Mais à ce moment-là mieux valait céder un œuf que pousser un cocorico. On voulait simplement la tranquillité après les épreuves inutiles qu'on venait d'endurer, un point c'est tout. Pour rien au monde on n'aurait été plus loin dans la servilité. Il faut en effet noter que personne au village ne s'engagea dans la Milice, encore moins dans la Division Charlemagne, la tristement célèbre Waffen SS.

La paix, voilà ce qu'on réclamait. Rien d'autre.

Dans les communes voisines...

La Retrève est un petit ruisseau qui serpente par intermittence dans les parages de Bricy. Le plus souvent son lit est à sec. Qui n'est pas du coin ne peut donc pas en soupçonner l'existence. Lors de l'invasion en 70, les Prussiens n'y virent aucune flaque ; ils rectifièrent leurs cartes en conséquence : le tracé de ce cours d'eau imaginaire fut gommé.

Pendant l'occupation, une division allemande revint camper en cette vallée mentionnée sèche. Mais dans la nuit, une série d'orages fit soudain ressurgir la Retrève, qui prit bientôt l'allure d'un torrent. Les occupants hurlèrent au sabotage et les paysans durent longuement leur expliquer le phénomène afin d'échapper aux inévitables représailles !

La marche des jeunes
(Répertoire de Charles Trénet, 1941)

Nos paysans ne tardèrent pourtant pas à se réveiller de leurs illusions. Le Maréchal avait beau se prétendre *fils et frère d'exploitants agricoles* — ce qui était bien sûr exact —, répéter à longueur de discours que *la terre, elle, ne ment pas,* prêcher enfin le retour à la glèbe féconde, aucun d'entre eux ne jubila devant de si piètres arguments. C'était le glorieux vainqueur de Verdun, soit, mais certainement pas un laboureur de leur gabarit. La terre qui « pattait » à ses souliers venait peut-être des tranchées boueuses mais point, assurément, d'un rai de charrue. Quant à sa fameuse corporation paysanne créée le 2 décembre 1940 pour remplacer les organisations agricoles dissoutes, les anciens dorgéristes eux-mêmes hésitaient à y croire* ! En Loir-et-Cher, ce groupement était représenté par un certain de Rouchoux, grand blessé de 14-18, et par un syndic nommé Vincent... Les cultivateurs du village, je le répète, ne mordaient guère aux appâts corporatistes : ils redoutaient que l'hameçon soit par la suite trop difficile à avaler.

Pourtant, les doctrines de la Révolution nationale réservaient un rôle de choix au *paysan qui a forgé la France par sa patience héroïque*, à la condition toutefois qu'il ne fût ni communiste ni socialiste — auquel cas tout poste à responsabilité lui était refusé. La corporation savait efficacement trier le bon grain de l'ivraie...

Mais la défaite se faisait cruellement ressentir dans la vie rurale, en raison de l'absence des nombreux prisonniers retenus en Allemagne. Pour pallier ce manque de bras, la loi institua au début de février 41 un stage obligatoire de huit mois dans les chantiers de jeunesse *pour tout citoyen français au cours de sa vingtième année, sauf inaptitude physique reconnue.* Les étudiants furent également soumis au service civil rural qui suppléa le service militaire supprimé.

Un de ces chantiers de jeunesse s'installa dans la commune voisine de Briou en 42. Son effectif devait s'employer à valoriser la forêt de Marchenoir. En vérité, à en croire les gens du cru qui les guettaient le sourcil froncé, ces « bons à rien de merdeux » esquintaient le massif sans discernement aucun. Ils auraient mieux fait, pour sûr, de rester dans leurs écoles ! Le seul avantage était qu'ils venaient se ravitailler dans les fermes d'alentour, le dimanche, à vélo. Ça donnait quelques sous à glaner, ces sous qui précisément changeaient leur tête de Marianne contre la francisque de l'État français...

Les apprentis paysans des chantiers de jeunesse ne suffirent évidemment pas à satisfaire les besoins de la terre en main-

* Relire notre ouvrage précédent *Ils sont partis en chantant,* chapitre : « Quand le fascisme se met au vert... ».

d'œuvre. On eut alors recours aux prisonniers de guerre français restés en zone occupée. Le 15 mars 41, le préfet du Loiret avisait les maires qu'il disposait d'un contingent de 1 200 prisonniers noirs pour les travaux pénibles de binage des betteraves, de fenaison et de moisson. Rien n'était plus normal, n'est-ce pas ?, que des soldats africains triment comme des Nègres. Sur cette question, les racismes allemands et français ne se contredisaient guère !

Chaque commune pouvait prétendre à une équipe de vingt hommes pour le moins. Des gars ordinaires, ceux-là, pas des moricauds. Les prisonniers étaient placés par le maire chez les agriculteurs demandeurs. Les maisonnées ayant un père, un mari ou un frère en captivité se voyaient pourvues en priorité. L'employeur acceptait de fournir une paillasse garnie par prisonnier ou, à défaut, de la paille en quantité suffisante. La nourriture devait être gratuitement servie, tous les jours de la semaine, dimanches et fêtes compris. La rétribution n'excédait pas 10 francs par jour et par ouvrier ; celui-ci en touchait 9, le franc restant allant à la rémunération de ses camarades entretenant le camp. Le paiement se faisait en fin de chaque semaine en présence du maire et d'une sentinelle allemande.

Les prisonniers français qui besognèrent au village furent toujours parfaitement traités, on s'en doute. Ils dormaient rarement dans la paille d'une écurie, mais le plus souvent sur un lit-cage du cagibi. En aucun cas ils ne couchaient dans l'étable puisqu'on disait que la buée dégagée par les vaches était des plus mauvaises pour les poumons. Enfin, ils mangeaient à la même table que leur patron, sans chichis. C'étaient des gens de chez nous, pardi, pas des étrangers ! Certains de nos prisonniers à nous, de nos gars, travaillaient sûrement dans des conditions identiques ailleurs, plus loin, en zone occupée. On ne devait pas faire aux autres ce qu'on ne voulait pas qu'il leur soit fait. Évidemment, un sort moins souriant guignait les malchanceux emmenés en Allemagne...

Le 20 avril 1941 à Pau, le maréchal Pétain — dont l'ombre de Pierre Laval commençait à tenir l'auréole — prononça un discours spécialement destiné à la valeureuse paysannerie de France. Le secrétaire général à l'Information s'empressa d'en divulguer largement les propos sous la forme d'un tract imprimé aux couleurs nationales. Dans ce discours, le Maréchal demandait aux agriculteurs, *une fois assurée leur subsistance, de livrer exactement leurs produits à la consommation.* Il développait ensuite les avantages de *l'œuvre agricole du gouvernement,* et notamment ceux de la corporation paysanne. Il ajoutait plus loin : *Le cultivateur doit prévoir, calculer, lutter. Les déceptions n'ont aucune prise sur cet homme que dominent l'instinct du travail nécessaire et la passion du sol.* Et il concluait ainsi : *Paysans, mes amis, je vous fais confiance et je compte sur votre dévouement pour m'aider à relever la France et la sauver de la famine.* En résumé, ces belles envolées lyriques n'avaient qu'un but : justifier les prélèvements ordonnés par l'armée d'occupation.

Les rendements baissaient pourtant. Cela s'expliquait par les réquisitions répétées des chevaux, par l'éloignement des prisonniers, par l'impossibilité de renouveler — voire de réparer — le matériel aratoire, par la pénurie des engrais enfin. De plus, on manquait de fumier puisqu'on manquait aussi de bestiaux ; l'un ne va pas sans les autres. Dès le 6 novembre 40, le secrétariat d'État à la Production industrielle et au Travail faisait *obligation aux municipalités d'autoriser le triage des os avant l'enfouissement des ordures,* cela bien entendu pour en tirer quelque produit fertilisant de substitution. De quoi faire tristement sourire.

Les semences étaient également limitées. Ces années-là, les « couvrailles » furent, comme on dit, ni faites ni à faire. Ce gâchis torturait son monde. Et pendant ce temps-là, le Maréchal déclarait doctement : *Un champ qui tombe en friche, c'est une portion de la France qui meurt. Une jachère de nouveau emblavée, c'est une portion de la France qui renaît.*

La France se mourait donc.

Nuages
(Répertoire de Django Reinhardt, 1940)

De sombres nuées moutonnaient en effet à l'horizon des campagnes car les autorités allemandes, par l'intermédiaire d'un service français, grappillaient sans vergogne au gré des incessantes réquisitions. Chaque agriculteur devait déclarer ses productions et ses bêtes aux fonctionnaires du ministère du Ravitaillement, lesquels fonctionnaires fixaient le montant des impositions et les échéances de livraison. On essayait bien sûr de frauder mais ce n'était guère facile.

Le village dépendait de Mer. Deux salopards, dont un ancien commis boucher, aidaient à ce pressurage éhonté. Dès qu'il les voyait arriver au bout de sa cour, le paysan tremblait et se consolait en ruminant que plus tard, toutes ces bassesses se régleraient à coups de chevrotines.

Les brigands patentés raflaient tout ce qui leur tombait sous la main : les chevaux, les vaches, les veaux, les cochons, l'avoine, le blé, les œufs, les pommes de terre, les produits laitiers... La paille et le fourrage étaient livrés par voiturées entières en gare de Mer. Les bêtes étaient payées à bas prix, selon un barème établi. De plus, le réquisitionné perdait sa journée à les mener.

Quelques camionnettes de commerce avaient disparu à la mobilisation ; la pénurie d'essence avait poussé les automobiles restantes sous les remises. L'événement fut bien sûr lorsque notre mécanicien Grillon, un gars qui était aussi inventif que farfelu, bricola une vieille carcasse de fourgonnette en gazogène. L'engin roulait au charbon ou, à défaut, aux bûchettes. Cela tirait autant de l'attraction foraine que du véritable véhicule routier.

Mais notre mécanicien était serviable ; en échange d'un petit canon, on pouvait lui demander n'importe quelle aide. C'est ainsi qu'un jour, plusieurs paysans du coin poussèrent leurs veaux réquisitionnés sur la plate-forme du gazogène ; ils calculaient qu'en économisant la fatigue d'une trotte de douze kilomètres, leurs animaux paraîtraient en meilleur état et seraient donc payés plus cher. Les ridelles de la gimbarde n'étaient hélas pas très solides et au premier virage pris un peu trop sèchement, le plus beau veau de la cargaison — une bête réellement magnifique qui promettait une honnête affaire à son propriétaire — le plus beau veau, dis-je, dégringola sur la route. Comble de déveine : ni le conducteur ni ses passagers, sans doute trop occupés à papoter, ne s'aperçurent tout de suite de l'accident. Lorsque le gazogène stoppa enfin, le malheureux veau n'avait plus figure bovine ! Le gredin de la réquisition ne voulut rien entendre aux protestations des paysans et il hurla que c'était un déshonneur de fournir des bêtes quasiment crevées. Finalement, le veau fut classé en dernière catégorie et retenu pour moitié de sa valeur escomptée. A trop vouloir gagner, on avait bougrement perdu. Dès lors, le village se montra plus sceptique quant aux avantages du gazogène...

Édouard, lui, préférait prendre son temps et ne point gâter la marchandise avant l'arrivée. Il attela donc sa gerbière de bon matin et y fit grimper la vache qu'on lui réclamait. Mais, parvenu à la gare, il apprit que le train avait du retard et qu'il ne serait à quai que dans l'après-midi. Ce contre-temps n'arrangeait point Édouard qui, pour patienter, décida d'aller casser la croûte chez un de ses copains, à l'autre bout de la ville. Après tout, on n'avait guère l'occasion de se voir ; il fallait en profiter. Plutôt que de faire regrimper la vache dans la bétaillère, ce qui était un rude boulot, il l'attacha derrière, au pouliot, et s'éloigna ainsi. Les citadins remarquèrent aussitôt cette bonne laitière et saisirent l'aubaine pour se ravitailler à bon compte. Édouard fit donc plus de vingt arrêts et à chaque fois les femmes accouraient avec leur broc et empoignaient les trayons. Ce n'était pas si souvent qu'on avait, en ville, une distribution gratuite de bon lait crémeux tiré directement au pis !

Il n'était cependant pas rare que les inspections des agents de la réquisition tournent au vinaigre. Ces suppôts de l'Allemagne nazie furetaient partout, dans les caves et dans les remises, jusqu'au fond des lits parfois, pour dénicher la moindre cachette. Un matin, celui de Mer se rendit dans une ferme de la commune pour en fixer l'imposition en foin. La patronne lui désigna un méchant meulon sous le hangar. « Vous ne possédez que ça ? questionna l'autre d'un ton soupçonneux. — Oui », répondit la femme. C'était évidemment une roublardise. Deux minutes d'investigations suffirent au type pour découvrir un grenier· bourré de luzerne. « Ah ! puisque c'est ainsi, menaça-t-il, vous livrerez le double de foin que vous deviez ! Ça vous servira de leçon. »

Une telle pénalisation équivalait à la ruine de l'étable. Rentré des champs et mis au courant, le fermier courut chez le garde champêtre, celui qui parlait si bien l'allemand, et lui détailla son infortune. « Ne t'inquiète pas, le rassura le brave bonhomme. C'est un salaud qui se conduit partout de la sorte. En revanche, je connais bien les Allemands qui l'accompagnent. Ce ne sont pas de mauvais bougres. Je vais voir ce qu'ils peuvent faire. Reviens demain soir. » Et le lendemain soir, toute la sanction était annulée. Les Allemands avaient purement et simplement déchiré l'ordre de réquisition. Le fermier ne livra pas une seule botte de foin cette fois-ci. L'anecdote prouve que certains agents français, au pays, se montraient plus intraitables envers leurs compatriotes que l'occupant lui-même...

Le battage restait évidemment la grande affaire. On utilisa d'abord les moteurs électriques pour entraîner la « Merlin », comme avant, mais les coupures répétées de courant obligèrent à ressortir les anciennes locomobiles. On dut couper le sifflet de ces machines poussives pour ne point se faire repérer. Durant l'été 44, on manqua d'électricité pendant dix semaines ! Faute de charbon, on alimentait les chaudières au bois de chauffage qu'on bûcheronnait en Sologne ou dans la forêt de Marchenoir, pendant les mauvaises saisons. On raconte qu'un gros fermier de Beauce possédait une faucheuse-batteuse bien avant la guerre ; il s'était pourtant empressé de s'en séparer pendant l'occupation car le bruit courait que les Allemands voulaient réquisitionner cette merveille pour les prochaines moissons d'Ukraine. On ne sut jamais le fin mot de l'histoire.

La réquisition des céréales demeura un souci constant pour l'intendance allemande. La politique du bâton et de la carotte fut appliquée afin de respecter le strict calendrier des prélèvements. Le 22 novembre 41, un arrêté préfectoral délivra *aux cultivateurs qui en feraient la demande, une quantité supplémentaire d'un litre de vin par personne effectivement employée au battage, et par jour.* Mais en septembre 43, les ordres de livraison d'avoine dictés par la Feldkommandantur 641 de Blois obligèrent les cultivateurs à *commencer les battages aussitôt la moisson terminée et à livrer dans un délai de huit jours après chaque battage 50 % de la quantité battue.* L'imposition était à livrer dans sa totalité avant la fin de l'année en cours. *Vous-même,* était-il indiqué, *vous devez vous réserver votre avoine de semence et rationner la nourriture de votre bétail de telle façon que votre imposition soit satisfaite intégralement. Il est interdit de fourrager de l'avoine non battue et d'en donner aux lapins et aux volailles. La vente et cession d'avoine provenant de votre exploitation sont interdites tant que votre imposition totale n'est pas satisfaite. La non-observation des termes de livraisons entraîne la saisie sans paiement de la quantité d'avoine restant à livrer sur vótre imposition et une punition sévère.* Le style n'était pas très académique mais chacun comprenait fort bien ce que cela signifiait : priorité absolue aux exigences allemandes.

Bien entendu, de telles mises en garde n'empêchaient nullement la tricherie. Les paysans du village remplissaient ainsi leurs sacs avec des déchets lourds ; ils en recouvraient seulement le haut d'une demi-panetée de grain. Pour alourdir la paille réquisitionnée   donc en fournir moins   , un fermier n'hésitait pas à y ajouter deux ou trois pelletées de sable dès que les soldats allemands regardaient ailleurs. Il pouvait encore asperger son foin d'un arrosoir de flotte. Ces astuces de poids réussissaient souvent car les agents de la réquisition, à Mer, étaient généralement trop saouls pour flairer la supercherie...

En 43, il ne restait pratiquement plus un canasson dans la contrée, excepté dans les grosses fermes richement pourvues. Il fallait pourtant continuer à faire valoir les terres. On se rabattit alors sur les bœufs, comme dans l'ancien temps. Le maquignon du bourg les ramenait des foires d'on ne sait où. Au début, ce ne fut pas facile de changer les colliers contre les jougs. On ne savait pas atteler les bœufs, encore moins les conduire. Fort heureusement, un gendarme du Limousin se trouvait à la brigade de Marchenoir. C'est lui qui apprit au pays à bien aiguillonner ces sacrés bestiaux. Mais vinguieu ! l'allure ne se pressait pas et l'on n'abattait guère d'ouvrage dans sa journée...

Ce fut bientôt à désespérer de cette triste époque et la nature elle-même se plut à s'allier aux occupants pour tracasser davantage nos paysans. Un jeudi 29 juin, des nuées se formèrent sur Mulsans, qu'elles dévastèrent. Cela ranima de vieilles frayeurs*. Le Bon Dieu s'apprêtait-il à emboucher ses trompettes à tonnerre et à réattiser sa forge à éclairs ? Mais non, la tempête se calma. On lut alors dans *La Dépêche du Centre* : *Le souffle s'est ensuite perdu après avoir soulevé quelques toitures à Josnes. Il est à remarquer que le fléau, qui se propageait en ligne droite à environ quatre mètres du niveau du sol, prenait la direction de Cravant, pareillement éprouvé en 1905 !* Par miracle, le cyclone ne causa guère de dégâts. A la réflexion, la colère du ciel était moins terrible que la fureur des hommes.

Dans les communes voisines...

En raison des médiocres récoltes de l'année 40 et des difficultés de battage, les meules non battues furent réquisitionnées pour l'armée d'occupation. Le battage se fit au fur et à mesure des possibilités. Un cultivateur n'eut le droit de conserver que 150 kg d'avoine pour la semence à l'hectare et 3 kg par cheval de trait pour l'alimentation journalière. L'avoine réquisitionnée à Coulmiers fut stockée dans la salle paroissiale et mise à la disposition de la commission de Patay.

* Relire notre ouvrage *Ils étaient de leur village,* chapitre : « Le cyclone de Cravant ».

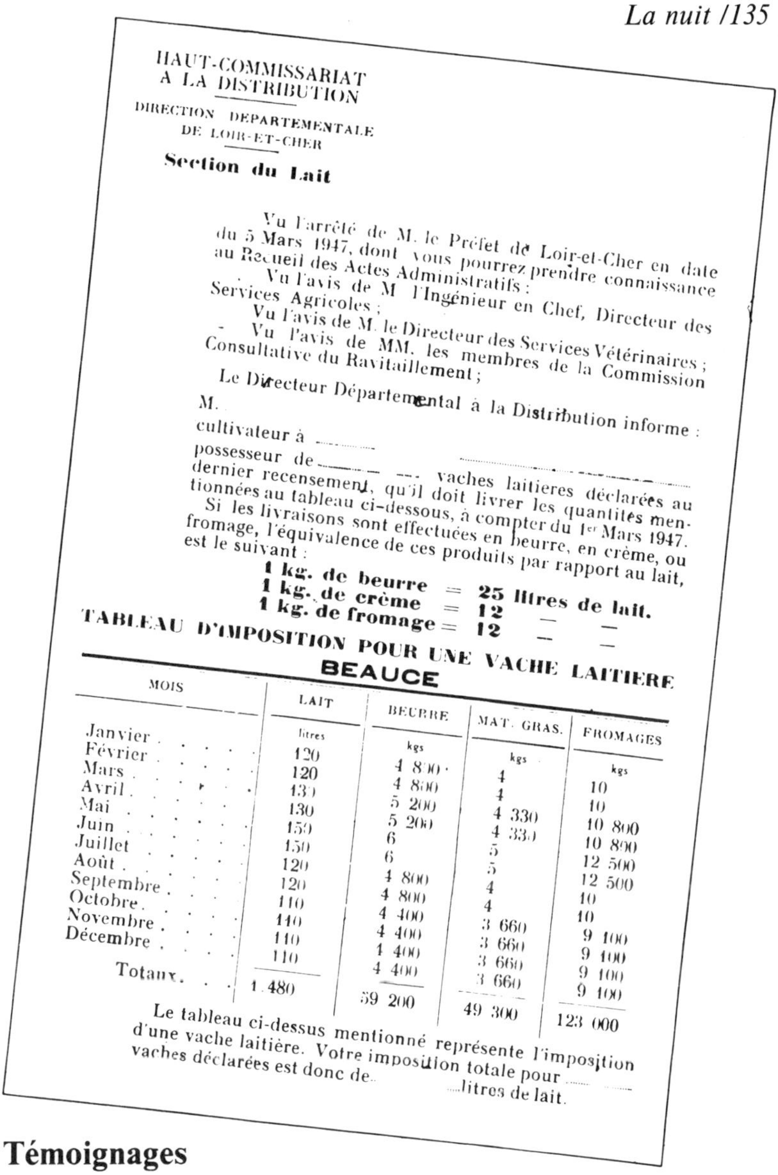
HAUT-COMMISSARIAT
A LA DISTRIBUTION

DIRECTION DÉPARTEMENTALE
DE LOIR-ET-CHER

Section du Lait

Vu l'arrêté de M. le Préfet de Loir-et-Cher en date du 5 Mars 1947, dont vous pourrez prendre connaissance au Recueil des Actes Administratifs ;
Vu l'avis de M l'Ingénieur en Chef, Directeur des Services Agricoles ;
Vu l'avis de M. le Directeur des Services Vétérinaires ;
- Vu l'avis de MM. les membres de la Commission Consultative du Ravitaillement ;
Le Directeur Départemental à la Distribution informe :
M. ....
cultivateur à ....
possesseur de .... vaches laitieres déclarées au dernier recensement, qu'il doit livrer les quantités mentionnées au tableau ci-dessous, à compter du 1er Mars 1947.
Si les livraisons sont effectuées en beurre, en crème, ou fromage, l'équivalence de ces produits par rapport au lait, est le suivant :

1 kg. de beurre = 25 litres de lait.
1 kg. de crème = 12 — —
1 kg. de fromage = 12 — —

TABLEAU D'IMPOSITION POUR UNE VACHE LAITIERE
BEAUCE

MOIS	LAIT	BEURRE	MAT. GRAS.	FROMAGES
	litres	kgs	kgs	kgs
Janvier	120	4 800	4	10
Février	120	4 800	4	10
Mars	130	5 200	4 330	10 800
Avril	130	5 200	4 330	10 800
Mai	150	6	5	12 500
Juin	150	6	5	12 500
Juillet	120	4 800	4	10
Août	120	4 800	4	10
Septembre	110	4 400	3 660	9 100
Octobre	110	4 400	3 660	9 100
Novembre	110	4 400	3 660	9 100
Décembre	110	4 400	3 660	9 100
Totaux	1.480	59 200	49 300	123 000

Le tableau ci-dessus mentionné représente l'imposition d'une vache laitière. Votre imposition totale pour .... vaches déclarées est donc de .... litres de lait.

Témoignages

LE MORS AUX DENTS

« A la mobilisation de septembre 39, je dus mener un cheval à la réquisition à Meung-sur-Loire. Il travaillait bien et m'obéissait à la parole. Ce n'est pas avec la joie au cœur que je revins au pays. Moi, je partais le lendemain à Orléans. J'ai su quelques jours plus tard que nos braves chevaux mangeaient les écorces des arbres sur les boulevards*.

« La chance me fit revenir au pays en septembre 40. D'aucuns me jetèrent la pierre : "Vous vous êtes débinés, disaient-ils. Vous n'êtes pas des combattants mais des cons battus !" Sans commentaires.

« J'ai donc assisté à toutes les réquisitions d'occupation, tant à Beaugency qu'à Meung. Mon père avait pu acheter un cheval hongre. Je me rappelle qu'une fois, le cheval d'un pauvre vieux eut le malheur de saluer l'officier allemand d'une ruade en lui envoyant gravier et poussière en pleine figure. Pendant qu'il s'époussetait avec ses gants blancs, l'officier criait : "Embarquez-moi ça tout de suite !" Il n'a même pas examiné la bête. Le pauvre vieux dut se contenter d'un bœuf en remplacement.

« Une autre fois, je crois que ce fut à la dernière réquisition, il fallait fournir deux chevaux sur quatre par tirage au sort. Comme de juste, le nôtre était du lot. Cela se passait à la mairie. Mon père tira un numéro qui ne partait pas mais un voisin irascible, moins veinard, voulait à toute fin que ce soit le nôtre qui parte à la place du sien. Le père me raconta ça à son retour. Je ne fus pas long à bondir à la mairie où il y eut une discussion agitée. Le maire se fâcha et dit : "Puisque c'est ainsi, les chevaux partiront tous les deux !" "D'accord", j'ai répondu. Eh bien ! Vous me croirez si vous voulez, mais le voisin ne voulut pas démordre. » (Lettre de M. Adolphe Lorgeou, de Tavers.)

LES CHEVAUX ACHEVÉS

« Le 23 juillet 1942, la Feldkommandantur d'Orléans décréta la visite obligatoire suivie de l'achat de 450 chevaux dans le département du Loiret pour subvenir aux besoins de l'armée allemande. Pour les cultivateurs de Coulmiers, cette visite fut prévue le 17 août, 8 heures, à Meung-sur-Loire. Devaient être présentés tous les chevaux âgés de 4 à 15 ans inclus. Le plan de recrutement prévoyait 70 bêtes à "acheter" dans les cantons

* Comme en août 1914 ! Relire notre ouvrage précédent *Ils sont partis en chantant*, chapitre : « Une histoire de cochon ».

réunis de Meung, Patay et Beaugency. Les maires devaient assister à la visite et fournir la liste des chevaux existants dans leur commune avec le nom des propriétaires. Sur place se trouvait une forge mobile et deux forgerons. La Feldkommandantur fournissait le charbon mais le bois d'allumage était prélevé sur les lieux. Les animaux devaient être propres, correctement ferrés, munis d'un licou d'écurie et de deux longes d'attache.

« La Préfecture avertit les cultivateurs qui habitaient à plus de 12 km qu'ils devaient se rendre la veille de la visite à 4 ou 5 km de l'endroit du rassemblement de manière que leurs chevaux paraissent reposés (une bête fatiguée par le trajet serait en effet estimée à moindre prix).

« Une visite semblable recommença le vendredi 2 juillet 43, soit un an plus tard. Les chevaux portant les numéros 12, 43 et 61 étaient susceptibles d'être réquisitionnés ; les numéros 39 resteraient en réserve. La présentation ne devait pas être faite par des femmes ou des enfants afin de ne pas attendrir les agents. Chaque cheval devait avoir sa nourriture en avoine et en foin pour deux jours. Les propriétaires recevaient en échange un bon d'achat payable à la Zahlmeisterei, la trésorerie de la Feldkommandantur, 1, rue des Murlins, à Orléans.

« Une troisième visite eut lieu le jeudi 20 janvier 44 à Beaugency. La commune ne présenta que 4 chevaux. L'armée du Grand Reich était alors en pleine débandade ; ses besoins se faisaient pressants. Les ordres de réquisition également. » (Lettre de M. Gérard Lemaître, de Coulmiers.)

UN PELÉ ET UN TONDU

« En cherchant du ravitaillement, je rendis visite à Théodule Pellé, un vieux cultivateur de Gidy, la bonté personnifiée. Il exploitait quelques hectares dont j'étais propriétaire. Le bonhomme paraissait atterré. Je lui en demandai la raison. Il me répondit que son meilleur cheval était recensé pour la prochaine semaine.

« Les idées, parfois, me viennent vite. Je lui ai conseillé d'étriller sa bête avec une râpe à gruyère, à l'arrière du collier et légèrement hors des endroits où passaient les harnais, de façon qu'il se forme des croûtes sans rendre l'animal indisponible. Je lui ai recommandé de passer ensuite dessus, le jour de la revue, une pommade malodorante. Il me fit justement voir un vieil onguent jadis remis par le vétérinaire pour tout autre chose. On aurait cru du savon noir, en plus dégoûtant. Parfait.

« Au jour dit, il vint au rassemblement avec son cheval copieusement enduit. L'inspecteur français lui demanda ce dont souffrait la bête. "Je n'en sais rien, dit le père Dudule, ça fait plusieurs mois que je le soigne mais loin de se guérir ça s'étend plutôt ! Peut-être ce monsieur est-il plus savant que moi ?" Et ce disant, il désigna l'officier allemand tondu de frais. Ce dernier se recula sans vouloir souiller ses gants blancs en touchant les plaies suspectes. "Raouste !" aboya-t-il. Comme s'il craignait que ce Pellé, avec son animal galeux, teigneux, puisse contaminer tout le troupeau...

« "Ta combine était épatante", me dit quelques jours plus tard le père Dudule en flattant la croupe de son cheval redevenu propre. Cette astuce me fut du reste bénéfique puisque après, entre deux alertes, ce vigoureux cheval participa à mon déménagement. Il tira sa gerbière remplie de mobilier, sans peine, dans la journée, sur près de 40 km. Je pensais qu'il était encore mieux chez nous que dans les plaines de Russie. » (Lettre de M. Louis Tranchant, de Fleury-les-Aubrais.)

LES VACHES !

« Les vaches laitières de la commune, pendant la guerre, étaient toutes recensées. On en cachait une ou deux dans les recoins. On les bourrait de foin quand la commission passait, en priant le ciel qu'un beuglement intempestif ne les dénonçât.

« On était taxé à fournir tant de litres de lait par vache déclarée ; de temps à autre, l'une d'elles était réquisitionnée pour la boucherie. Ou pour l'Allemagne, qui sait ? Si on ne donnait pas le nombre de litres réclamés, on encourait une amende. Les inspecteurs français étaient souvent moins tolérants que les Allemands.

« Je fournissais du lait aux gens du pays, avec ou sans tickets. Plusieurs familles orléanaises venaient se ravitailler. Je vendais mon lait le même prix à tous, riches ou pauvres. Je me souviens d'un Polonais qui travaillait au camp pour les Allemands, un brave homme parlant mal le français. Il avait un bébé à Orléans. Les tickets ne suffisant pas à nourrir son enfant, il venait chercher son demi-litre chaque soir, en courant, avant de rentrer. A la fin de la guerre, il m'amena sa femme, une belle et forte fille, et son fils. Tous trois quittaient le pays. Le bébé était grand et fort. Ils m'ont embrassée en disant : "Sans vous, on n'aurait pas un si beau garçon !" C'est mon meilleur souvenir de ces temps de restriction. Car mon amende, je l'ai bien eue, et forte, n'ayant pas fourni mon contingent de lait. On a eu du mal, en se démenant, à la faire baisser à un niveau à peu près supportable. » (Lettre de Mme Alice Tourne, de Bricy.)

LE PÉRIL AMÉRICAIN : LE DORYPHORE

« Par une circulaire du 2 juillet 1942, le préfet Martin-Sané faisait connaître au maire de Coulmiers que sur ordre formel des autorités d'occupation, le ramassage du doryphore, de ses larves et de ses œufs, devait être effectué avec la participation des enfants des écoles pendant deux semaines, à raison de trois journées hebdomadaires. Des instructions furent données par l'inspecteur d'académie afin que les écoliers apportent leur concours dans la lutte contre cet insecte. La Feldkommandantur fit également savoir qu'à partir du 8 juillet, la Feldgendarmerie exercerait des contrôles et sanctionnerait les cultivateurs n'ayant pas fait le nécessaire, c'est-à-dire une pulvérisation de bouillie arsenicale.

« Une circulaire du 30 mai 1944 fut encore plus sévère. Le préfet délégué y invitait les cultivateurs à procéder aux quatre pulvérisations obligatoires ; des sanctions envisagées par les autorités d'occupation menaçaient les contrevenants d'amendes ou, dans les cas graves, d'emprisonnement. Avant le 15 juin, tous les champs de pommes de terre durent être signalés par une pancarte indiquant l'adresse exacte du propriétaire. D'autre part, les écoliers devaient, sous la surveillance de leur instituteur, être employés au moins un jour par semaine au ramassage des doryphores. Les écoles fermaient ce jour-là. Cette aide des enfants ne déliait pas pour autant les cultivateurs de leur propre devoir de ramassage. Les occupants raffolaient de *Kartoffel* mais les occupés devaient se contenter des topinambours — le tubercule pour manger et les feuilles pour fumer ! » (Lettre de M. Gérard Lemaitre, de Coulmiers.)

Nota. — Il est cocasse de constater que les soldats allemands s'acharnaient à détruire les doryphores alors que c'était précisément un des nombreux surnoms dont on les affublait, à cause de la couleur de leur uniforme et de leur goût pour nos patates !

Papa pique et maman coud

(Répertoire de Charles Trenet, 1941)

Les réquisitions ne profitant évidemment qu'à l'armée allemande, cela provoqua des restrictions sévèrement réglementées pour la population. La carence de certaines denrées de bouche apparut dès septembre 40, après un trimestre de présence ennemie. Les produits en quantité insuffisante devinrent rationnés et contingentés en fonction des possibilités du moment. Des cartes d'alimentation furent délivrées dès octobre. Par la suite, chaque mois, les mairies distribuèrent des tickets d'approvisionnement. La préfecture arrêtait périodiquement la liste des produits susceptibles d'être disponibles dans les commerces.

En cette première année d'occupation, un enfant de moins de 3 ans touchait par jour 100 g de pain et les 3/4 d'un litre de lait. Un travailleur de force devait se contenter de 500 g de pain seulement. Des coupons supplémentaires furent accordés pour divers travaux pénibles, tels les battages ou les terrassements. Un batteur bénéficiait ainsi d'un litre de vin par jour et d'un peu plus de viande que la ration commune. Mais ces largesses, on s'en doute, étaient loin de remplir les estomacs, d'autant que les rations ne cessèrent de diminuer pendant les années suivantes.

Tout était maintenant soumis aux tickets. En septembre, ce fut le pain, la farine, le sucre et les nouilles ; en décembre : le beurre, le fromage, la viande de boucherie et de charcuterie, le café, les œufs et l'huile ; en avril : le chocolat ; puis tout s'enchaîna à l'avenant : les sardines en boîte, le savon, le pétrole, le carbure, les pantoufles, les chaussures de cuir, les tissus, le riz, la margarine, le charbon, le bois... bref, on ne trouvait plus rien.

Les familles nombreuses étaient prioritaires, en principe, quand un arrivage s'annonçait à l'épicerie du bourg. Les ménagères abandonnaient aussitôt leur ouvrage et se glissaient dans la queue devant la devanture. Le piétinement durait de longues heures d'affilée, et souvent pour rien car, son tour enfin là, une bonne femme ne voyait que des étagères vides. Le commerçant fermait alors ses portes d'un air navré au nez de la clientèle.

Ne restait-il vraiment plus rien en magasin ? Pas sûr ! car dans certaines épiceries, même au village, on aperçut quelquefois des soldats allemands sortir par la porte de derrière avec des brassées de victuailles. Les privations ne s'appliquaient pas à tout le monde dans le secret des arrière-boutiques. La monnaie de l'occupant était sûrement plus tentante que les tickets...

Au village cependant, et dans les campagnes en général, les rigueurs de la restriction se faisaient moins cruellement sentir que dans les villes. Les potagers continuaient à donner les légumes, on ramassait toujours des œufs dans les poulaillers et on engraissait en cachette quelque goret. Une grand-mère ravaudait les effets jusqu'à l'usure. Quand le pain venait à manquer à la boulangerie du bourg, les fermières broyaient un pocheton de blé soustrait aux appétits de la réquisition, dans le moulin à pâtée de la grange, comme pour le son des bestiaux, et cuisaient deux ou trois miches dans le four de leur cuisinière. La grigne n'était pas tendre mais il fallait bien savoir s'en satisfaire. Ce que l'on regrettait surtout, c'était d'avoir démoli les fournils vers 1910, quand la loi avait interdit de cuire sa croûte soi-même.

En revanche, pour ce qui était de l'épicerie, les ruraux

subissaient tout autant les duretés du temps que les citadins. Ils en vinrent donc à se rabattre sur les succédanés habituels. Ce fut le règne des ersatz où l'imagination des plus astucieux fit merveille.

On remplaça le sucre par la saccharine vendue en pastilles dans les pharmacies, ou par du miel, ou par de la mélasse de raisin. Faute de beurre et d'huile, on graissa sa marmite au saindoux. De l'orge grillée à la poêle fournit une illusion de café — ou plutôt de « malt » — et les racines d'endives soigneusement hachées puis grillées, ou des carottes, firent office de chicorée. Les coquilles d'œufs finement pilées devinrent du dentifrice et pour frotter les ronds de la cuisinière on trouva qu'un vieux journal chiffonné valait le meilleur des abrasifs. Une fois leur carte de tabac épuisée, les fumeurs firent sécher des feuilles de pas-d'âne, de noyer, de viorne ou de topinambours. Certains paysans cultivèrent en douce des pieds de tabac dans leurs rangées de betteraves, fraude qui ne se remarqua pas trop. On fumait encore des feuilles de tilleul, de génépi, de marronnier, de cassis, d'ortie, des fanes de betterave, des queues d'ail ou de la barbe de maïs. Ces cigarettes-là vous arrachaient la poitrine !

Pour compenser les grosses ponctions causées par la réquisition, le paysan considérait qu'il n'y avait plus de petits bénéfices. Il se mit ainsi à livrer du « pou d'orge » et de la « bosse de faraud » au silo de Beaugency. Ces bales servaient à la fabrication du carton. Ce n'était guère payé mais il valait encore mieux les vendre que cracher dessus !

De nouvelles cultures apparurent, notamment des plantes oléagineuses comme le colza, la moutarde, le tournesol et le ricin. Édouard fut le premier à récolter des lentilles dans la région. Les Parisiens qui rappliquaient au ravitaillement en raffolaient. Au début, toute la récolte s'écoulait avec le marché noir. Les négociants en grain furent ensuite preneurs. C'était destiné, à ce qu'on disait, à remplacer le cacao dans les chocolateries artisanales, alors nombreuses dans nos villes. C'est également à cette époque que l'on commença à faire des betteraves à graines, à la demande du silo-coopérative.

La mode culinaire inscrivit les topinambours et les rutabagas à tous les menus. On n'en consommait guère au village mais les villotiers en réclamaient de pleines valises, faute d'avoir mieux à se mettre sous la dent. La production de ces tubercules connut un tel essor que dans *L'Illustration* du 10 octobre 42, un certain Georges Kimpflin plaidait pour une Sologne productrice de topinambours, « poires de terre » qu'il croyait promises à un bel engouement en ces temps de diète obligatoire !

Les goûts des paysans étaient certainement plus recherchés. En mal de merles, nos bonshommes ne mangèrent pas des grives comme le veut le proverbe, mais des alouettes. On les vit donc ressortir la nuit avec leurs immenses filets sur l'épaule, malgré le risque qu'il y avait à courir les chaumes et à se faire surprendre par une patrouille*. Ailleurs, on se vengeait sur le garenne.

Dans les communes voisines...

En Sologne, le gibier n'étant plus chassé, le raboliot se mit à foisonner. Les seules détonations qu'on entendait étaient le fait d'officiers allemands qui logeaient dans quelque château et qui criblaient les lapins au fusil de guerre. Quant au paysan, il devait se débrouiller. Pas question pour lui de se faire épingler avec un « Manufrance » en bandoulière. Il ne lui restait plus qu'à fureter, c'est-à-dire à braconner au furet. Dès qu'il repérait un terrier, il y enfilait son putois. Ça ne demandait pas longtemps à faire un sacré raffut dans le trou ; les lapins s'échappaient aussitôt en tous sens. Mais il fallait être vif pour les attraper au sac à leur échappée. Même en temps normal, avec un fusil à deux coups, on ne doit pas manquer de réflexe ni rêvasser à la lune. Parfois, hélas, le furet égorgeait un lapereau et, repu de sang, s'endormait dessus, au fond du terrier. On disait alors que « ça collait ». C'était le hic ! Le braconnier n'avait plus qu'à empoigner une bêche et creuser pour récupérer sa bestiole !...

* Relire notre ouvrage *Ils étaient de leur village*.

Témoignages

AU FOUR ET AU MOULIN

« Il faut bien dire que dans les campagnes, nous souffrions moins des restrictions que dans les villes. On s'arrangeait pour récolter quelques légumes, élever trois ou quatre lapins. En ville, tout le monde n'avait pas de quoi pratiquer le troc ou se fournir au marché noir.

« Nous avions un grand moulin à café d'épicerie, à manivelle. Il nous permettait d'écraser suffisamment de blé pour cuire une espèce de pain complet dans le four de notre cuisinière. Le combustible ne nous manquait pas puisque nous habitions près de la forêt. Nous complétions ainsi notre ration de pain et nous pouvions nourrir mon neveu, alors dans la clandestinité, donc sans carte d'alimentation.

« Avec la vis de mon établi et quelques planches, ce neveu réussit à fabriquer un petit pressoir dans lequel il parvenait à tirer un peu d'huile de nos noix et de graines de colza. Il fallait néanmoins beaucoup de temps et de patience pour obtenir un litre de cette précieuse matière grasse ! » (Lettre de M. Albert Trembleau, de Vienne-en-Val.)

RECETTES

« Je me suis confectionné des cols, des manchons, des chaussons avec la peau des lapins que presque tous les citadins élevaient dès qu'ils disposaient d'une courette. Ces lapins, nourris avec les restes de cuisine et l'herbe des chemins, permettaient à la table familiale, lorsque j'étais à Blois, d'améliorer les menus — au grand chagrin des jeunes enfants qui ne voulaient absolument pas manger de leur lapin préféré devenu, à l'heure du sacrifice, tout à fait apprivoisé ! » (Lettre d'une correspondante signant A.L.)

Notre informatrice nous joint quelques recettes de succédanés :

Huile. — Ingrédients : 1 jaune d'œuf, 75 g d'huile (5 cuillerées à soupe), 1 cuillerée à café de moutarde, 300 g d'eau chaude.

Préparation : Verser dans un bol le jaune d'œuf, la moutarde, l'huile. Ajouter l'eau chaude. Rien remuer. Mettre en bouteille.

Beurre. — Préparation : faire fondre doucement 1 tasse de graisse de veau. Laisser refroidir. Mélanger avec 3 cuillerées à soupe de lait. Battre le tout. S'en servir comme du beurre blanc mais ne pas faire frire.

Lessive. — Préparation : Faire dissoudre un peu de savon ou de « Saponite » dans 30 litres d'eau chaude. Ajouter 1 cuillerée à soupe d'essence de térébenthine et 1 cuillerée à café d'ammoniaque. Remuér. Plonger le linge ; le laisser reposer plusieurs heures. Le brosser et le rincer comme d'habitude.

Savon à barbe. — Ingrédients (pour 500 g) : 260 g de suif de veau, 110 g d'huile de coco ou d'olive, 100 g de lessive de soude à 37° Baumé, 90 g de lessive de potasse à 38° Baumé.

Préparation : Filtrer la graisse de veau. Ajouter l'huile. Chauffer et mélanger jusqu'à la température 40°. Verser les deux lessives et laisser cuire pendant 1/4 d'heure. Ajouter 1 g de parfum et couler dans un moule.

Savon de toilette. — Ingrédients (pour 5 kg) : 625 g de suif, 625 g de lessive de soude caustique à 26° Baumé, 3 l 1/4 d'eau bouillante, 3,15 g de gélose dissous dans 3/4 de litre d'eau froide.

Préparation : Mettre la lessive à la soude caustique (ne pas toucher avec les mains) dans un peu d'eau. La faire fondre. Ajouter de l'eau jusqu'à ce que le densimètre marque 25°. Dans une chaudière en tôle épaisse ou dans une lessiveuse, mettre le suif. Ajouter la lessive dissoute et faire bouillir. Le densimètre doit marquer 12°. Ajouter en remuant avec un bâton le reste d'eau et la gélose. Continuer de façon à obtenir une crème épaisse. Verser dans les moules et laisser refroidir 24 heures avant de démouler. On peut également ajouter du parfum.

ON SERT DU CERF

« Un boucher retiré en Sologne appartenait à la Résistance. Il recueillait des armes parachutées et posait des collets à lapins. Un jour, il réussit à prendre un cerf. Il trouva assistance pour le découper et enterrer sur place la tête et les pieds. Mais comment transporter l'animal ? En ancien boucher chevalin qu'il était, il trouva une voiture bétaillère et chargea le corps du cerf les pattes en l'air, comme on chargeait un cheval mort porté à l'équarrissage. Sur la route, il rencontra une patrouille qui regarda le pauvre "cheval" mort. Il va sans dire que, clandestinement et avec infinies précautions, ce cerf fournit de la viande sans tickets à de nombreux amis. » (Lettre d'un correspondant « qui ne sait pas signer ».)

A LA REMORQUE

« Encore un épisode, assez amusant celui-là, illustrant bien les difficultés inimaginables des pauvres "occupés" de 40 à 44.

« Ma sœur était enceinte et ne devait pas tarder à accoucher. L'événement pouvait se produire la nuit, il fallait y penser. Or, le couvre-feu était décrété de 21 à 6 heures. Mon beau-frère se rendit donc à la Kommandantur où, après force questionnaires et au vu de nombreux certificats, il lui fut délivré des *Ausweis* pour lui et la future accouchée (lui-même était en situation irrégulière puisque évadé de stalag, mais il se tenait coi).

« La famille attendait donc. De jour, tout aurait été facile : libre circulation, taxi à gazogène, etc. Mais voilà, les douleurs de l'enfantement se précisèrent une nuit. Une nuit de janvier 43 atrocement noire. Aucune lumière dans les rues et aucun secours à espérer. Il fallait pourtant partir chez la sage-femme dans le plus bref délai. La future mère ne pouvait plus marcher. L'unique ressource était la remorque à vélo !

« Et c'est ainsi que ma sœur a été conduite par son mari : dans cette remorque cahotante... Nous en avons bien ri par la suite, mais ils couraient tous deux (pardon, tous trois) de gros risques car la nuit, malgré les *Ausweis*, certaines patrouilles allemandes avaient la gâchette facile et ne faisaient pas même les sommations ! Fort heureusement, ils ne firent aucune mauvaise rencontre et le bébé fut splendide. » (Lettre d'une correspondante signant A.L.)

BEAUGENCY DURANT L'ANNÉE 41

« A partir du 1er janvier, immatriculation des bicyclettes et des tandems. Une plaque jaune à chiffres noirs fut fixée au garde-boue arrière de chaque véhicule à deux roues, sous le catadioptre. Cela faisait un drôle d'effet de voir ces alignées de plaques bonnes pour les automobiles, en stationnement au bord des trottoirs. On obtenait une plaque après inscription à la mairie.

« On pensait aussi aux prisonniers. Un comité d'aide fut créé pour solliciter la générosité des Balgenciens. Les bonnes et les mauvaises nouvelles alternaient. On croisait des gazogènes.

« Une femme fut condamnée à 25 F d'amende et à deux mois de prison pour pillage. Les tribunaux jugeaient sévèrement certains prévenus, tandis que d'autres échappaient totalement à la justice. Il aurait fallu des mois, voire des années, pour instruire toutes les affaires.

« Le 5 mai à minuit, l'heure légale fut avancée de deux heures en zone libre, supprimant ainsi le décalage horaire entre les différentes parties du territoire national alors amputé du Nord, rattaché à la Belgique, et de l'Alsace-Lorraine, réunie à l'Allemagne.

« Le nickel se faisant rare, les pièces de 10 centimes (dites de deux sous) furent fabriquées en zinc. La récupération des métaux non ferreux (aluminium, plomb, cuivre, etc.) payait 15 F les 100 kilos. Même à cette époque, ce n'était pas cher.

« On dut masquer les persiennes avec des bouchons d'étoffe et clore soigneusement les contrevents et les volets. La gendarmerie ne plaisantait pas là-dessus et était habilitée à dresser contravention au moindre manquement.

« Le gaz de ville ne devait être utilisé qu'entre 7 et 8 heures, 10 heures et demie et midi et demie, 18 heures et demie et 20 heures et demie. Cela ne simplifiait pas la vie des ménagères. Aussi remit-on en fonction les cuisinières à bois et les réchauds à charbon. Chaque distribution de combustible, moyennant tickets, était scrupuleusement suivie. Nous allions quelquefois chez le boulanger, avec un seau, chercher de la braise, c'est-à-dire du bois non consumé entièrement.

« Un soldat de Beaugency fut tué pendant l'été en Syrie, quand les régiments maréchalistes s'affrontèrent aux bataillons anglo-gaullistes. La plupart des militaires revinrent en métropole car très peu s'engagèrent alors sous la croix de Lorraine.

« Les cartes de layette et d'articles textiles pour enfants en bas âge apparurent. Il fallait un gros carnet pour rassembler tous ces bons.

« Hubert Tuffery fut arrêté à son domicile pour détention d'armes de guerre, et fusillé à Paris en septembre. Ce n'est que le 21 octobre que *Le Matin* publiera son exécution. Entretemps, les partis collaborationnistes s'installaient à Orléans. Au 1 de la rue Royale, le Parti populaire français de Doriot.

« Pour la taxe sur les chiens, il existait un registre, ou un simple cahier selon l'importance de la commune, qui dénombrait exactement le nombre d'animaux appartenant à chacun. A Trugny, Jules Boutet possédait un chien, et aussi Victor Boutet à Prenay.

« Une séance récréative fut organisée au profit des prisonniers et l'argent récolté servit à la confection de colis. Le 1er novembre, un hommage discret fut rendu aux morts pour la France, au Grenadier du Martroi et sur les tombes des soldats de 70 et de 14. Le 11-Novembre ne devait officiellement plus être fêté pendant toute l'Occupation.

« La vie, malgré tout, continuait. La restauration des vitraux de Notre-Dame fut une occasion de se réunir en une retraite qui semblait hors d'atteinte de tous ces malheurs. Les gosses des réfugiés eurent droit à un Noël. Des bonbons leur furent distribués par le Secours national. » (Lettre de M. Yves Clairambaud, de Beaugency.)

La symphonie des semelles en bois
(Répertoire de Maurice Chevalier, 1943)

Ainsi donc, nos gens des champs peinaient moins que les gens des villes en ces périodes de carême forcé, pour ce qui concernait l'alimentation. La porcherie restait vide, bien sûr, et les agents du ravitaillement ne trouvaient guère de saloirs à réquisitionner, mais cela ne signifiait pas qu'on manquait de charcutailles. Le cochon avait tout simplement changé de litière : il ne gîtait plus dans la soue mais en quelque réduit où personne ne viendrait fouiner. On priait seulement l'animal de ne point grogner quand le brigand de Mer, toujours escorté de ses deux soldats allemands, viendrait enquêter dans les abords de la ferme.

A part cela, il n'y avait rien à craindre. Tous les voisins procédaient de même et personne ne risquait donc d'être dénoncé. On ne criait pas sur les toits qu'on s'apprêtait à transformer son cochon en rillettes, voilà tout.

L'abattage se pratiquait sous quelque remise isolée, ou dans les greniers. Un jour c'était un porc, le lendemain un veau ou un biquet. Une autre fois un lapin ou un poulet. Vraiment on ne pleurait pas après la viande. Danton avoue lui-même qu'il n'arrêtait pas de tuer des bêtes chez l'un ou chez l'autre. On se mettait ensuite à trois ou quatre pour dépecer l'animal, on effaçait toute trace de sang et chacun repartait comme il était venu, avec un morceau de bidoche dans sa musette. Le tour était joué au nez et à la barbe des agents du ravitaillement.

Ils se méfiaient pourtant, les gredins. En décembre 40, les autorités allemandes constatèrent plusieurs retards dans les dates de livraison du bétail ; elles menacèrent d'interdire tout abattage à la population civile et de faire procéder aux réquisitions directement par la troupe. Certains se dirent qu'après tout, ça ne pourrait pas être pire qu'avec les fonctionnaires français qui leur obéissaient servilement et qui, même, allaient au-devant de leurs exigences. Quant aux abattages clandestins, ils auraient beau faire, les Boches ne pourraient jamais les empêcher...

En attendant, on courbait l'échine lorsque les salopards du ravitaillement débarquaient chez soi. Ou alors, on serrait les poings et on leur disait franchement sa façon de penser. C'était risqué mais au moins ça soulageait un bon coup. Une fois n'était pas coutume.

L'altercation fut vive dans un des écarts de la commune, quand ce sacripant d'agent demanda à l'un de nos paysans : « Vous devez bien cacher un cochon quelque part ? » Le bonhomme ne se laissait jamais marcher sur les pieds, par qui que ce fût ; il s'emporta vite comme une soupe au lait : « Parfaitement, j'en cache un, et même deux ! répliqua-t-il à brûle-pourpoint. Et je peux aussi te dire qu'ils ne seront pas pour ta gueule ! » C'était un ton qui n'admettait point la repartie. L'autre le comprit immédiatement. Peut-être avait-il déjà eu affaire, du temps où il était garçon boucher, à ce grincheux tonitruant. Aussi fila-t-il, péteux, entre ses deux gardes du corps médusés. Il ne se refrotta plus jamais à notre bonhomme. Une beigne était si vite tombée...

Si le village ne manquait guère de victuailles, il réclamait en revanche des vélos, des habits, des chaussures, du savon, des outils... On ne disposait plus de pneumatiques depuis le début de septembre 40. Ne possédant pas de chambres à air pour équiper sa bécane, Édouard en avait rembourré les jantes avec des vieux sacs à grain bien ficelés. D'autres prenaient des tuyaux d'arrosage percés.

Mais ces expédients n'eurent qu'un temps. Le troc se déclara à propos pour tirer les campagnards du besoin.

Depuis quelques mois en effet, on recevait les fréquentes visites de ses connaissances de la ville. Chaque citadin se souvenait subitement d'un vague camarade demeuré dans le fin fond d'un terroir. On revoyait débarquer de lointains cousins qu'on ne connaissait même plus, dont on n'avait pas de nouvelles depuis plusieurs générations. Le besoin, par la force des choses, renouait les liens desserrés de l'amitié ou de la famille. Pour ces gens-là aussi, c'était une sorte de retour à la terre. Chez le copain de régiment ou chez le fils de la tante

Berthe, un villotier savait qu'il réussirait toujours à picorer quelques miettes, à empocher une poignée de patates ou un aileron de poulet. Il se rappelait donc à leur bon souvenir sans aucune honte.

A dire vrai, cela arrangeait bougrement le paysan. Plus que le marché noir où ce qui était introuvable se vendait et s'achetait bien cher, il préférait s'adonner au troc. On échangea ainsi des pommes de terre contre des souliers, des œufs contre des pneus, un costume contre une motte de beurre. Avec 15 kg de farine on pouvait obtenir une paire de brodequins, ou une bicyclette contre 6 ou 7 kg de fromage. Chacune des parties y trouvait son content : tu me passes le sel et je te donne le poivre. Pour autant qu'on puisse savoir, notre village n'eut pas de ces lessiveuses-coffres-forts qui regorgeaient de valeurs au point d'illuminer les caves en véritables cavernes d'Ali-Baba.

Les visiteurs du village venaient principalement de Paris. Ils arrivaient par le train, ou à vélo, ou même à pied pour les plus démunis. Certains rappliquaient régulièrement tous les mois ; ils repartaient avec leurs valises bourrées à craquer de légumes verts et secs, de fruits, d'œufs, de lard, de volaille. Ils devaient bien entendu déjouer les contrôles dans les gares ou sur les routes. En cas de flagrant délit, les valises étaient confisquées et une lourde amende restait à payer. Dans un rapport préfectoral d'un département voisin, on apprend qu'une petite gare qui ne recevait, avant guerre, que 700 voyageurs par mois, en accueillait au début de 42 plus de 12 000. En un seul de ces « trains-aux-haricots », le contrôle économique estimait à 40 t le poids des pommes de terre transportées, le lot individuel toléré étant de 20 kg !

Voici comment une mère parvenait à rentrer chez elle, à Beaugency, sans être fouillée, avec une carriole remplie de victuailles glanées dans la campagne d'alentour. Arrivée en vue des postes de garde, elle assenait une gifle à chacun de ses loupiots, lesquels loupiots se mettaient aussitôt à brailler. Quand les sentinelles allemandes la questionnaient sur la raison de ces larmes, la brave dame répondait innocemment : « Que voulez-vous ? Les pauvres petits pleurent parce qu'ils ont faim ! » Et les soldats apitoyés ne la retenaient pas davantage.

Entre-temps, les maisonnées du village amassaient les godasses et les nippes payées avec des haricots, du cochon salé ou des rutabagas ; il en reste toujours une paire de godillots neufs dans le débarras de mes parents : c'est dire qu'on thésaurisait plus que par nécessité immédiate — mais savait-on quand se terminerait la guerre ? Certains, il faut hélas le reconnaître, manigancèrent de sorte à en retirer de petits avantages, pécuniaires ou autres. Untel en profitait pour entraîner une jolie Parisienne sous sa remise et là, pour la chatouiller d'un peu près. Unetelle vendait les choux de son jardin et, en fin de plate-bande, n'hésitait pas à piocher dans celles d'un voisin. Des petites affaires mesquines, jamais de gros rapports. Les trafics juteux ne se concluaient pas chez les paysans. Les véritables spéculations avaient surtout cours dans les boutiques de la ville, malgré tout ce qu'on a pu dégoiser là-dessus.

Édouard remboursa une pompe à eau en envoyant chaque semaine des colis à une entreprise de Saint-Denis-de-l'Hôtel. Les paquets contenaient des denrées périssables : du beurre, du lard, du saindoux. Tout se déroula sans problème jusqu'au jour de canicule où l'un des colis resta longtemps à la poste des Aubrais. Les matières grasses fondirent et se répandirent sur les sacs de courrier. Fort heureusement, l'adresse de l'expéditeur en devint illisible. Le destinataire feignit l'étonnement et jura ne pas connaître la provenance de cet envoi. Mais dans les jours suivants, il fit dire à Édouard qu'il n'était plus nécessaire d'expédier d'autres colis. Il avait eu trop chaud, comme son colis !

Les bourgeoisiaux, surtout les Parisiens, ne comprenaient pourtant rien aux besoins des paysans qui les ravitaillaient. D'aucuns marchandaient âprement. Les chaussures qu'ils proposaient parfois n'étaient pas assez résistantes pour le travail des champs, avec leurs méchantes semelles en bouchon ou en carton. Une fois, l'un d'eux offrit de bonne volonté à Édouard, contre un plein colis de victuailles, 10 m de ficelle. On manquait certes de lieuse pour botteler les gerbes, mais tout de même pas à ce point-là ! On prenait alors du petit fil de fer.

Un employé des Chemins de fer venait tous les mois chez Paul, dès qu'il touchait sa paie. C'était un bon gars qui avait trois enfants à nourrir plus les deux autres de son frère prisonnier. Paul le fournissait avec plaisir. Le cheminot apportait de l'huile à machine, qu'il dérobait à l'entretien des locomotives, et des bougies ; il repartait en échange avec 10 kilos de flageolets, 3 ou 4 litres de vin et un bout de salé. Paul lui laissait le tout à bas prix, dans les 30 F le kilo de fayots. Le cheminot n'acceptait jamais l'assiettée de soupe que Paul lui proposait de bon cœur. Il ne voulait pas déranger. Un soir pourtant, il s'enhardit : « On est tellement privé, je vais oser vous demander un demi-litre d'eau-de-vie pour la fin de l'année. » Paul le lui a donné volontiers et le gars en a pleuré de bonheur.

Il avait promis : « On se retrouvera après la guerre, Paul, parce que vous avez été chic avec nous. » Mais il n'est jamais revenu. Il a dû être tué. Beaucoup d'autres ne sont pas revenus non plus, quand les restrictions furent levées, mais c'était souvent par ingratitude. Les gens ne vous estiment que lorsqu'ils ont besoin de vous. Après les restrictions, les paysans redevinrent des péquenots pour les bourgeoisiaux.

Témoignages

A LA FORTUNE DU POT

« Je faisais partie des J2 puis, en fin de guerre, des J3. Les premiers étaient privilégiés par rapport aux autres : la carte de rationnement leur donnait droit à une petite tablette de chocolat par mois, à une dizaine de bonbons, à un supplément de matières grasses et de sucre.

« A la campagne, nous ne manquions pas de nécessaire. Jamais nous n'avons tant mangé de viande. Mes parents abattaient un ou deux cochons par an, ou des veaux. Les volailles de la basse-cour faisaient la soudure. Nous fabriquions notre pain en écrasant du blé au moulin à farine et nous le tamisions en cachette. Nous étions avantagés en comparaison des citadins qui criaient famine.

« Les ravitailleurs firent leur apparition dès 42. Ils butinaient de ferme en ferme tout ce qu'ils pouvaient emporter pour leur famille : œufs, lapins, poules, charcuterie. Demeurant à proximité de la gare d'Escrennes, nous étions sollicités à longueur de journée. Le marché noir prit naissance. Chaque ravitailleur finit par avoir son vendeur attitré. L'irrégularité se pratiqua entre gens avides de gros sous. Un homme surnommé "Le Grand Bleu" à cause de sa cotte, trafiquait avec des restaurateurs parisiens. Trois fois par semaine, il transportait sur le cadre de son vélo deux sacs de pommes de terre bourrés de lapins frais tués. » (Lettre de Mme Lucette Pellerin, de Mareau-aux-Bois.)

POUR BLANCHIR LE MARCHÉ NOIR

« Élu président du Comité de secours national à mon corps défendant, je trouvai tout de suite des dévouements chaleureux et efficients. Bien sûr dans les campagnes, il était beaucoup plus facile que dans les villes de se débrouiller pour l'approvisionnement. J'étais délégué de la Croix-Rouge. J'ai donc été le témoin de la sensibilité de tous pour soulager les misères. Ici, dans la région de Saint-Benoît-sur-Loire, on ne peut dire qu'il y ait eu de marché noir, à part quelques cas. Il était temps néanmoins que cela finisse. Bien sûr comme toujours, plusieurs cas pendables montés en épingle ont pu ternir les paysans, mais en règle générale, l'honnêteté a prévalu.

« Par contre, il y avait du troc. Pour obtenir les outils de travail, par exemple, il fallait expédier de l'huile à l'usine, pour le personnel ; les bidons étaient dissimulés sous la ferraille renvoyée. Les meuniers de la région risquaient très gros en travaillant la nuit. J'ai pu ainsi ravitailler en semoule plusieurs établissements orléanais. » (Lettre d'un correspondant désirant garder l'anonymat.)

UN CHIEN DE LA CHIENNE

« Je m'étais laissé dire qu'un cultivateur des environs fournissait des pommes de terre. Un dimanche à la brune sur ma bicyclette, j'ai décrit un crochet jusqu'à sa ferme. Je me suis arrêté devant le portail. Un gros chien, genre bas-rouge, m'a laissé entrer sans aboyer. Il m'a reniflé et m'a suivi jusqu'au perron de la porte d'entrée. J'ai cogné, mais sans obtenir de réponse. Une lueur dansait dans un bâtiment à l'autre bout de la cour. Je m'y suis dirigé, toujours escorté du chien. Plusieurs personnes s'affairaient à détailler un animal assez gros, une vache plutôt qu'un veau, autour de lampes-tempête. Elles ont été surprises de me voir. Poliment, j'ai fait ma demande de patates, sans trop regarder à ce qu'elles faisaient. Il m'a été répondu qu'on m'avait mal renseigné. Mais le fermier était surtout étonné que son chien fût si gentil avec moi. C'était probablement parce qu'une chienne avait été près de moi pendant une partie de la journée. » (Lettre de M. Louis Tranchant, de Fleury-les-Aubrais.)

LE TRUC DU TROC

« Un de mes collègues chef de cuisine travaillait dans un restaurant réputé d'Orléans. Cet établissement était alors très fréquenté par les officiers allemands, les collabos et certaines gentes dames. Tous ces habitués ont dévoré à belles dents, sous forme de venaison marinée, la presque totalité d'un cheval abattu clandestinement. Ils ne se sont jamais doutés de rien. C'est du moins ce que m'a affirmé mon ami ! » (Lettre de M. Louis Tranchant, de Fleury-les-Aubrais.)

COMME AU JEU DES GENDARMES ET DES VOLEURS

« Les vols devinrent fréquents durant ces périodes de disette. Ma mère décéda en juillet 43. Sans attendre qu'elle repose au cimetière, j'avais déjà transféré chez moi ce qui me semblait d'une certaine valeur. J'ai été bien inspiré car, la nuit suivante, la porte arrière de la maison fut fracturée. Les visiteurs avaient minutieusement inspecté les lieux, fouillant tous les meubles, déplaçant le tablier des cheminées, descendant à la cave, tout cela pour accaparer un peu de linge, un couvert en argent resté dans un tiroir et surtout douze morceaux de savon oubliés sur le haut d'un buffet !

« Un paysan des environs venait de tuer son cochon. Dans la soirée, il déposa ses saloirs dans la cave et cadenassa solidement la porte. Le lendemain pourtant, ses récipients de viande avaient été subtilisés !

« Quelque temps avant, les gendarmes en tournée à bicyclette avaient demandé à un fermier du coin s'il n'avait pas d'œufs à leur vendre. "Nous avons des enfants, dirent-ils, et nous sommes disposés à les payer un peu plus que le cours." Le fermier leur répondit que le ravitaillement ne lui laissait rien, pas même parfois de quoi se cuire une omelette. A peine une heure plus tard, les mêmes gendarmes rencontrèrent sur le chemin de la gare un individu qui paraissait lourdement chargé. Ils lui demandèrent d'ouvrir ses valises. L'une d'elles était bourrée d'œufs soigneusement entortillés dans du papier journal. Sur la promesse qu'il pourrait filer avec son viatique, l'homme leur indiqua la provenance de ses œufs. C'était précisément chez le fermier qui n'en avait pas à vendre !

« Le lendemain, la gendarmerie recevait un appel téléphonique signalant que deux aigrefins, qui circulaient en automobile, venaient de dérober les économies d'un cultivateur. C'était encore le fermier aux poules pondeuses réticentes ! Les gendarmes mirent autant d'empressement à établir leurs barrages que le paysan en avait mis la veille à leur fournir des œufs...

« Les deux voleurs s'étaient présentés à la ferme en exhibant des cartes de contrôleurs des Services économiques. Ils demandaient à vérifier la totalité des avoirs de la maison, en argent et en valeurs. Le couple de fermiers, effrayé, déposa aussitôt son magot sur la table. Après un rapide décompte, les "inspecteurs" commandèrent au paysan de s'habiller pour les suivre jusqu'à leurs bureaux, en ville. Pendant que l'homme se changeait, ils ramassèrent billets et pièces dans son béret. Ils conseillèrent alors au "contrôlé" de se munir d'une couverture pour le cas où ils seraient obligés de le garder la nuit entière, son affaire paraissant fort sérieuse. "Nous vous attendons dans la voiture", dirent-ils en sortant. Mais quand le fermier fut prêt, il n'y avait plus de bagnole. Les soi-disant inspecteurs s'étaient volatilisés avec un butin de 100 000 F : ils ne furent jamais retrouvés. » (Lettre de M. Louis Tranchant, de Fleury-les-Aubrais.)

Les permissions permissives d'une drôle de guerre en dentelle :
des victoires faciles pour les tendres assauts des jusqu'au-boutistes.
La vaillance troufionesque du tringlot culbutera
toutes les citadelles inviolables !

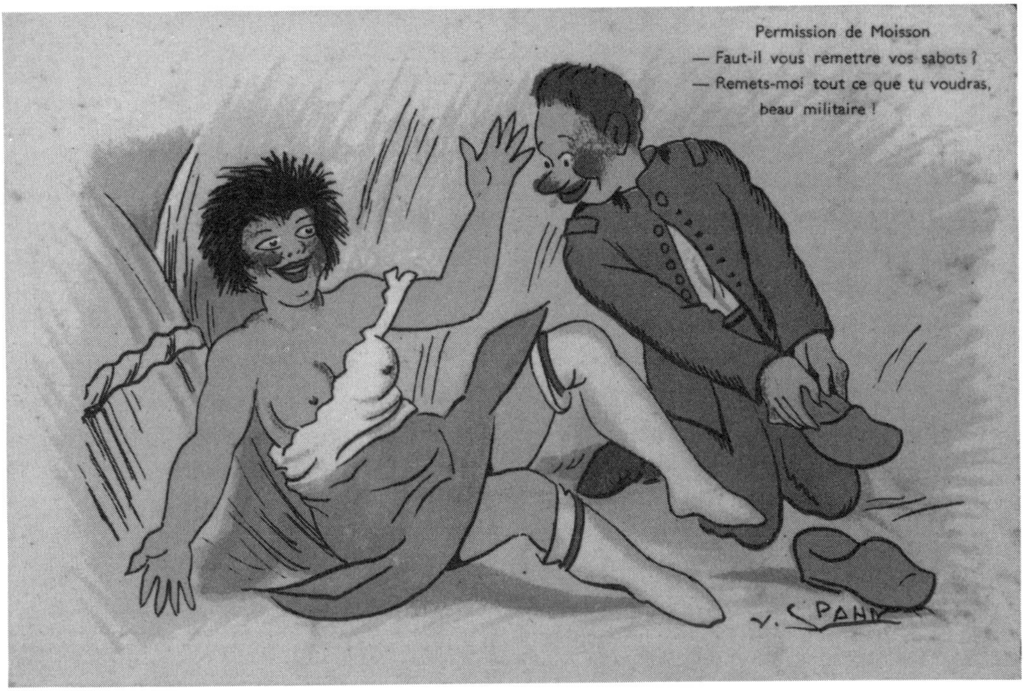

Le 314ème d'Artillerie pendant l'hiver 39-40.

Formé à Vendôme, ce régiment comptait beaucoup
de réservistes du village. Dont notre ineffable Tirouge,
qui aimait tant rigoler...

Accrochages meurtriers et combats sur la Loire :
la prise du pont de Beaugency, le 17 juin 40,
crayonnée par un dessinateur de la revue pro-nazie Signal.

Folle panique sur les routes de France !
La population fuit devant l'ennemi implacable.
Un motocycliste allemand – dont la silhouette
a été maquillée sur le cliché – regarde ce flot
endigué par le dynamitage des ponts (photo Lapi-Viollet).
Celui de Muides vient de sauter à son tour
(collection particulière).

Vision apocalyptique : les fantassins de la Wehrmacht pénètrent dans Orléans en ruine (cliché Martin repris par le n° 2 du magazine Signal, *puis reproduit dans l'album "Orléans meurtrie et libérée").*

L'occupant des villes...

... et l'occupant des champs.
Les chevaux sont réquisitionnés (collection Viollet).

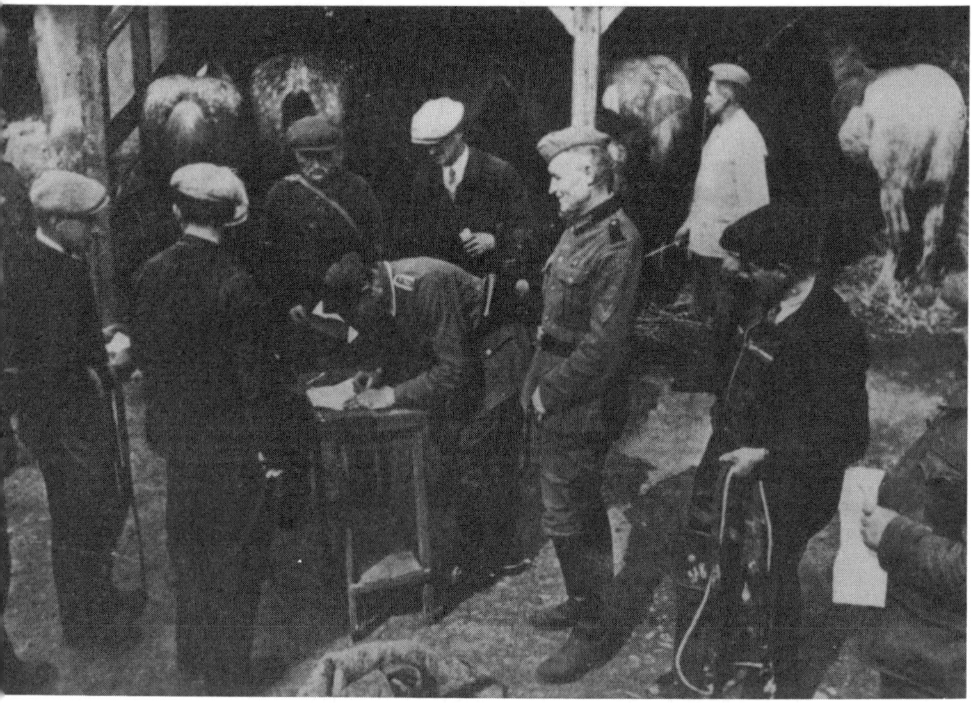

La vache sans le prisonnier (document Lapi-Viollet).

Mercredi 25 novembre 42. Le Petit Parisien *titre que "les prisonniers français qui travaillent en Allemagne vont pouvoir y reconstituer leurs foyers grâce à un nouveau "contrat d'épouse" qui permettra à leurs compagnes d'aller les rejoindre."*

Précision subsidiaire : "Le 80 000ème spécialiste en instance de départ a été inscrit à Bourges."

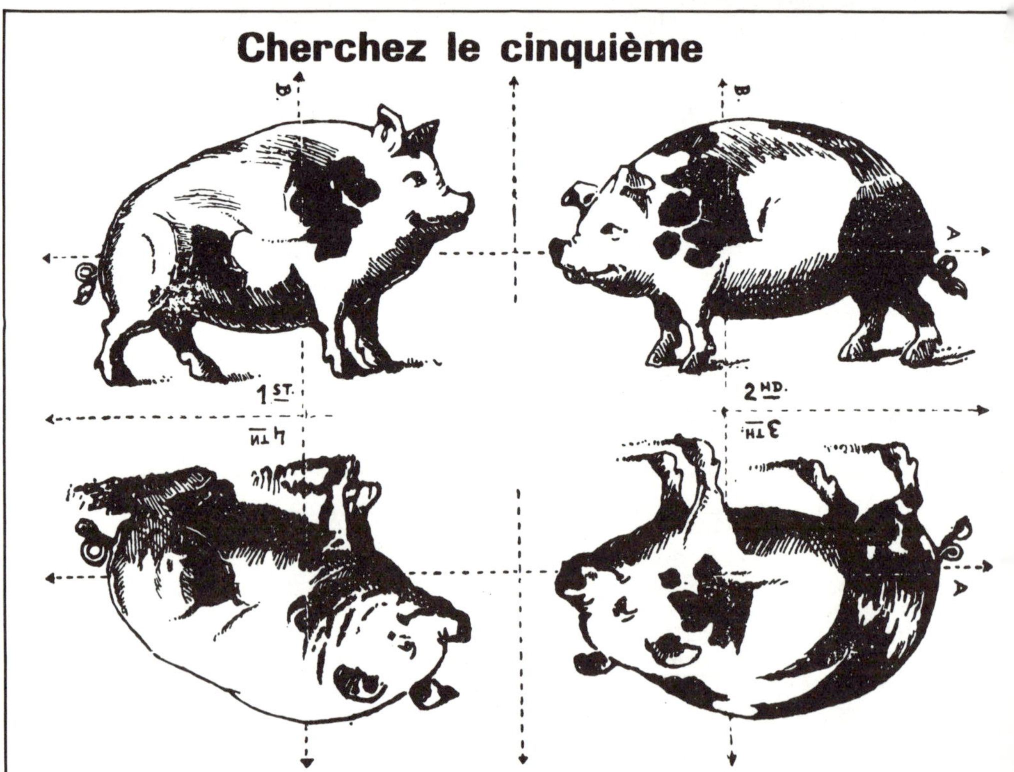

Devinette : le Grand Méchant Loup chez les quatre petits cochons.

Tableau de chasse en décembre 43 :
les braconniers sortent parfois les fusils de leur cachette.

Les SS et les Gestapistes, eux, traquent un tout autre gibier :
les maquisards que leur rabattent les Miliciens.
Cette photo a été trouvée sur un soldat allemand par les FFI du Loiret.

Herbilly était pourtant un si joli village !

Dimanche 7 Mai 44 : le maréchal Pétain et la maréchale à la préfecture d'Orléans. M. Louis de Longeau-Saint-Michel, notre informateur, se tient sur la droite, en uniforme d'aide de camp.

Les partisans de Ménestreau-en-Villette arrêtent "Barbapoux". Un collabo de moins au pays, un fumier de plus en prison.

15 août 45 : les Ricains arrivent enfin !
Un half-track stationne à Dallonville, commune de Bailleau-l'Evêque,
tandis qu'une jeep est chaudement accueillie à Villorceau.

Les prisonniers allemands sur le pont de Beaugency.
Pour eux, la guerre est finie.

Fin août : les GI manœuvrent sur la "Loire River"
(collection Clairambaud).

Libération, épuration, reconstruction.
Les affiches du gouvernement provisoire de la République sont placardées jusque dans le fin fond des campagnes.

Premier anniversaire de la Libération. Un an, déjà !

Méfie-toi de la patrouille
(Répertoire de Georgius, 1940)

La France était alors coupée en trois : il y avait la zone libre — dite « nono » —, la zone occupée et la zone interdite. Le 30 juin 41, les préfets précisèrent aux maires de la zone occupée *les nouvelles dispositions concernant le franchissement de la ligne de démarcation par les Français.* Il était distingué deux sortes de déplacements : ceux dont la raison était d'ordre économique pour les commerçants et les industriels, et ceux qui relevaient de convenances personnelles (santé, mariages, visites familiales, décès d'un parent). L'autorisation d'effectuer les premiers devait être retirée à la Kommandantur dont dépendait la commune du voyageur. Pour les seconds, prévisibles, il convenait de déposer un dossier à la préfecture qui, après vérification des certificats, les transmettait au bureau des laissez-passer. L'état civil des enfants de moins de 18 ans devait être porté sur la demande de la personne accompagnatrice, elle-même munie d'un *Ausweis* en bonne et due forme.

Les pièces à produire pour l'obtention d'un laissez-passer étaient, selon le cas, un certificat médical, une publication de bans, une attestation du maire ou un acte de décès. Elles pouvaient être provisoirement remplacées par une simple carte postale datée, signée et appuyée du cachet officiel de la mairie.

Jusqu'en 42, le passage de la ligne fut relativement aisé car les postes de garde étaient tenus par les soldats de la Wehrmacht. Tout se compliqua lorsque de véritables douaniers beaucoup plus zélés les relevèrent.

Au village, on savait évidemment que les prisonniers évadés, quelques réfugiés et, plus tard, les réfractaires au S.T.O. passaient clandestinement. On connaissait même des cousins du Nord qui s'étaient ainsi sauvés vers le Midi. On se doutait qu'ils avaient dû recourir aux services d'un passeur du Cher, la nuit peut-être, mais on n'était sûr de rien. On demeurait trop éloigné de la frontière pour se tenir au courant de cela. Ici, personne n'avait encore eu besoin de disparaître. Le Cher, on l'avait franchi une première fois, à l'exode, et l'aventure avait amplement suffi. Pourquoi filer en zone libre puisque les Allemands, chez nous, ne nous menaient point trop la vie dure ?

Témoignages

PRESSENTIMENT

« Avant 1937, Vierzon se composait de quatre communes distinctes : Vierzon-Ville (le centre de la vieille cité), Vierzon-Village à l'ouest et au nord, Vierzon-Forges à l'est et Vierzon-Bourgneuf au sud du Cher. Chacune de ces communes avait évidemment une municipalité et un maire d'opinions politiques diverses !

« Lorsqu'en 34-35, il fut sérieusement question de la fusion de ces quatre communes en une seule, il s'ensuivit d'ardentes polémiques pour composer la future équipe municipale. Il y eut des revues, des chansons et la parution d'un journal, *Le Cocorico vierzonnais*, dont l'illustration jointe reflète bien l'ambiance de l'époque (avril 35).

« Au-delà de la chronique purement locale, il est curieux de remarquer la page intitulée "La Résistance". Déjà. On y voit le maire de Vierzon-Bourgneuf, Félix Chariot, sous les traits de Hitler, lequel n'était alors qu'au début de son ascension de triste mémoire.

« Bien plus curieux encore, le dessin représente le pont sur le Cher transformé en poste frontière, avec les guérites, les soldats et les officiers, et la cabane où l'on vise les passeports et où l'on passe à la fouille. Or ceci s'est très exactement réalisé en juillet 40, c'est-à-dire cinq ans plus tard, quand les troupes allemandes ont choisi le Cher pour séparer la zone libre de la zone occupée ! C'est donc à cet endroit précis que fut établi le

poste frontière où de nombreux Français et alliés, Juifs et résistants, ont été arrêtés par l'occupant. La seule différence entre le dessin et la réalité est que la cabane, plus petite, se trouvait au milieu de la chaussée. Le drapeau à croix gammée, lui, y était bien. » (Lettre de M. Jean Prousteau, de Vierzon.)

IL SUFFIT DE PASSER LE PONT...

« De très nombreuses personnes passèrent la ligne de démarcation au pont du Cher, à Vierzon, qui était la frontière entre la zone occupée et la zone dite libre. Tous les moyens étaient bons et cela fut relativement facile entre 40 et 42.

« Une partie de Vierzon (Bourgneuf) étant en zone libre, des passages obligatoires avaient lieu. Les enterrements, par exemple. Les fugitifs s'allongeaient dans la bière à la place du mort, ou du soi-disant mort. Ou quelquefois à la place du conducteur des chevaux.

« Le pont ayant été abîmé en juin 40, j'ai connu des gens qui se présentaient comme métreurs chargés des réparations. Ils descendaient dans le lit de la rivière puis, après quelques simulations de mesures, filaient de l'autre côté.

« Une part importante des passages revint aux employés des Chemins de fer. Ils habitaient Vierzon-Bourgneuf pour la plupart. Leur brassard rouge et vert leur servait de laissez-passer. Plusieurs femmes franchirent la ligne en donnant tout simplement le bras à l'un de ces employés, sans histoire. J'ai personnellement connu, par des amis de ma famille, le professeur Bardach, de l'Institut Pasteur. Il était en France l'inventeur d'un sérum équivalent à celui de Bogomoletz en U.R.S.S. Israélite, il voulait, pour des raisons fort compréhensibles, gagner l'autre rive. Des amis de Vierzon lui fournirent une tenue de cheminot, y compris le brassard, et le professeur passa la ligne de démarcation sur la locomotive d'un train en direction de Toulouse, sans être inquiété.

« Je dois ajouter qu'à l'époque, avant 42, un sous-officier allemand, dont le nom m'est inconnu mais que tout Vierzon appelait Fernandel (à cause de la ressemblance), a grandement aidé les passages d'une zone à l'autre. » (Lettre de M. L. Chanfrault, de Saint-Jean-de-Braye.)

DANS LE TONNEAU

« Le 15 octobre 40 se réunissait à l'hôtel de la Poste, à Pithiviers, une trentaine d'anciens officiers subalternes de chars ayant servi sous les ordres du général de Gaulle en Alsace, du 15 septembre 39 au 10 mai 40, jour où il nous quitta. Parmi eux se trouvait le lieutenant Monmousseau, le producteur des vins mousseux de Montrichard. Nous décidâmes de constituer une filière pour faciliter le passage des soldats devant franchir la ligne de démarcation. Montrichard était alors un point faible de cette "frontière" car son pont, sur le Cher, n'est pas très long. En revanche, il était bien gardé.

« Monmousseau réussit à se faire rapidement connaître des sentinelles et à atténuer leur curiosité sur ses fréquents chargements. Cela fut souvent utilisé, même en plein jour. En voici deux exemples :

« Le capitaine de Froment, officier d'active, appartenait à un service de renseignements militaires. Un jour, il devait passer en zone libre avec un pli important. Monmousseau défonça un fût d'un demi-muid et le chargea sur une camionnette. De Froment s'y cacha. Le trou de la bonde servait à la ventilation.

« En décembre 40, un groupe de six prisonniers évadés butta contre le pont de Montrichard. Monmousseau les introduisit dans un de ses camions citernes, vide bien sûr. Il remplit les papiers réglementaires et en route pour la liberté ! » (Lettre de M. Georges Siriex, de La Chapelle-Saint-Mesmin.)

FRITURE SUR LA LIGNE

« C'était un soir de l'automne 41 à Blois, après le couvre-feu de 21 heures. On frappa à la porte. Mon père ouvrit et se trouva nez à nez avec mon beau-frère et l'un de ses camarades. Ils venaient de s'évader d'un stalag en Allemagne ! Ils avaient marché pendant quinze nuits, se cachant le jour et ne se nourrissant que de betteraves crues. Ils étaient pâles et fatigués.

« Quelle joie de se retrouver mais aussi que d'angoisse ! Car notre logement collait à un magasin d'alimentation qui s'ouvrait de l'autre côté de l'avenue Maunoury, sur la vaste cour de la caserne Maurice-de-Saxe, alors bourrée d'Allemands astiqués, stylés, toujours à l'affût des prisonniers évadés. De plus, ils s'approvisionnaient dans ce magasin !

« Nous avons caché les deux hommes pendant près d'un mois. Ils ne prenaient le frais que la nuit, dans le jardin, car nous nous méfiions aussi de certains voisins. Mon père multipliait les démarches afin de se mettre discrètement en rapport avec une filière de passeurs. Un jour, enfin, munis de fausses pièces d'identité — je rends ici hommage à un employé de mairie blésois qui, tout en saluant bien bas ces messieurs de la Kommandantur, en profitait pour leur subtiliser tampons et imprimés dans leurs bureaux —, nos deux proscrits partirent à bicyclette jusqu'à Noyers-sur-Cher.

« Là les attendait un passeur dont je n'ai jamais su le nom. Il les affubla de vieux paletots et de chapeaux défraîchis, puis leur mit une gaule en main. Ils gagnèrent la rive du Cher. Pêchant de-ci de-là, ils s'approchèrent doucement du pont. Les gardes allemands n'y prêtèrent aucune attention : il y avait beaucoup de pêcheurs en ces temps-là et le passeur, un riverain, était connu. Le pont fut ainsi franchi au hasard des lancers à l'eau. Nos deux fugitifs en avaient des sueurs froides mais ils devaient rester calmes... Arrivés sur la rive de Saint-Aignan, ils guettèrent le moment où les sentinelles tournaient le dos pour disparaître dans une des petites rues transversales. C'était enfin la zone libre ! » (Lettre d'un correspondant signant A.L.)

DE PASSAGE

« Robert, un camarade de La Châtre, habitait une ferme de l'autre côté du Cher. Grâce à lui, les clandestins franchissaient le pont, qui était pourtant bien gardé, sans le moindre problème. L'un après l'autre, ils passaient en menant la charrette ; le cheval rentrait tranquillement tout seul, sans charretier pour lui tenir la bride. Il n'a jamais été inquiété ! » (Lettre de M. Adolphe Lorgeou, de Tavers.)

SUR LE FUMIER

« Ayant quitté l'Indre (les environs de La Châtre) en 1938 pour venir habiter à Autry-le-Châtel, je gardais la nostalgie d'y retourner ; de plus, j'y avais des intérêts. Je me présentai à un exploitant agricole qui cultivait ses terres des deux côtés de la ligne de démarcation. C'était aux alentours de Bourges le 29 avril 41, mais j'ai promis, quoi qu'il arrive, de ne jamais révéler son nom ni l'endroit exact, et je tiens parole aujourd'hui encore, quarante ans plus tard.

« Le fermier et son personnel conduisaient trois tombereaux de fumier dans un champ au-delà de la ligne. J'avais l'habitude des chevaux. J'ai endossé les habits d'un ouvrier et j'ai conduit la voiture du milieu. Quand nous eûmes largement dépassé la route surveillée, le fermier traversa avec ma bicyclette et mes vêtements. Pour le retour, il fut convenu que j'arriverais le 14 mai vers 11 heures dans ce même champ où l'on épandait le fumier. Même maquillage. Avec une fourche sur l'épaule, mêlé aux ouvriers de la ferme, je passai sans encombre la fameuse petite route surveillée. Le fermier suivait comme à l'aller, avec mes affaires. Il ne voulut pas que je sorte aussi vite de chez lui ; il me garda à déjeuner. Sa femme n'aimait pas ces passages clandestins ; elle avait quitté la ferme pour s'installer à Bourges...

« En zone libre, la vie n'avait aucun rapport avec celle que nous menions en zone occupée. Les autos roulaient avec un gazogène. Mes différents séjours là-bas — je passais ensuite avec un passeport — m'ont permis d'apprécier l'évolution des mentalités. La dernière fois que j'y suis allé, la résistance s'organisait. » (Lettre de M. Desâges, d'Autry-le-Châtel.)

LA FIDÈLE MESSAGÈRE

« Dès l'automne 40, j'ai commencé à faire la navette, à bicyclette, entre la maison que j'habitais, qui se trouvait en zone occupée, et celle héritée de mes beaux-parents, qui était en zone libre, à 15 kilomètres de là. J'obtenais facilement un laissez-passer, que je renouvelais tous les mois "pour aller cultiver mon jardin en zone libre". Chaque fois que je traversais la frontière, on m'obligeait à me déshabiller jusqu'à la peau pour voir si je ne cachais pas de lettres.

« En réalité, bien qu'en recevant beaucoup, je n'en passais jamais. Je les apprenais par cœur. Dans mon jardin, je consacrais mon temps à les récrire et à expédier les copies à leurs véritables destinataires ; j'agissais de même avec les réponses, mais en sens inverse. Il me fallait beaucoup de mémoire. J'en avais heureusement, beaucoup plus qu'aujourd'hui avec mes 84 ans ! » (Lettre de Mme F. Mercier, de Champange-Mouton.)

PAS POUR LES GAMINES

« En 41, sans nouvelles de ma très vieille tante Ernestine, j'ai décidé de franchir la ligne et d'aller lui rendre visite. Une voisine m'avait recommandé de coucher chez des amis à elle. J'avais pour eux une lettre et nos rations de café. Ils m'ont offert un souper royal : une carcasse de poulet encore bien garnie. Je n'osais me servir mais ils disaient : "Tu es jeune, tu dois manger. Nous sommes trop vieux pour avoir faim." J'ai dormi dans une chambre où l'on emmagasinait des pommes. Souvenir parfumé !

« Le lendemain, au petit jour, je me suis préparée. On allait venir me chercher. Je passerais avec d'autres personnes. C'était gratuit...

« On a entendu tirer en rafales. Des chiens ont aboyé. Le vieux passeur a dit : "C'est fini pour aujourd'hui. Rentre chez toi. Tu es trop jeune pour risquer cela."

« J'ai repris mon vélo. J'avais 18 ans et je n'étais qu'à 10 km du but. Je n'ai jamais revu ma vieille tante Ernestine. » (Lettre de Mme Mouchet, de Saint-Jean-le-Blanc.)

CONCURRENCE DÉLOYALE

« Je m'étais évadé en décembre 40. A Paris, on me conseillait de partir pour Vichy et d'aller me présenter au Maréchal. Vu les circonstances, j'ai préféré me rendre à Toulouse. Il me fut alors recommandé de passer par Saint-Florent-sur-Cher, d'y voir un brave garçon nommé Fortépaules et d'accepter ses services pour franchir la ligne.

« Nous étions environ une douzaine, le 20 janvier 41. Après avoir traversé un herbage, nous nous trouvâmes derrière une haie. Nous allions passer la route lorsque retentirent les pas d'une patrouille et les aboiements de ses chiens. Le passeur nous dit : “Couchez-vous et prenez une pastille pour ne pas tousser.” Par chance, une trombe d'eau d'un quart d'heure obligea les Allemands à s'abriter sous un arbre. Ils se tenaient juste à notre hauteur mais leurs chiens restaient tranquilles. Nous avons pu continuer sans bruit...

« La suite est pénible : après trois mois, comme je demandais des nouvelles de Fortépaules, il me fut répondu que les autres passeurs l'avaient dénoncé aux Allemands. Le brave gars prenait en effet le dixième des prix ordinairement pratiqués. Pour ma part, il m'avait demandé 50 F comme évadé... Je ne sais pas si cette dénonciation est vraie car il circulait beaucoup d'inepties durant l'occupation. » (Lettre de M. P. Legrand, d'Orléans.)

HALTE-LA !

« Après avoir participé aux combats de Dunkerque, je fus fait prisonnier et transféré au camp de Mayenne d'où je m'évadai de façon rocambolesque à la fin de décembre 40. Je réussis à gagner la zone libre et à me faire démobiliser officiellement. Ne pouvant rentrer à Orléans où je risquais de me faire repérer, je m'installai à Chabris. Mes parents y possédaient une petite maison, juste devant la ligne de démarcation.

« Très bon nageur, je recherchai dès le mois de mai 41 des gués pour permettre le passage de nombreuses personnes fuyant les Allemands — prisonniers de guerre et juifs principalement. Réussite pendant tout l'été. Mais l'hiver venant, la crue du Cher interdit tout passage. C'est alors que le 25 décembre, afin de tirer d'un mauvais pas quatre prisonniers évadés mais activement recherchés par les Allemands, j'empruntai le seul chemin possible : le pont de chemin de fer reliant Chabris à Gièvres. Ils passèrent ainsi le Cher l'un après l'autre.

« Malheureusement, au moment de m'engager à mon tour, je fus pincé et tout de suite accusé d'être, dénonciation à l'appui, un passeur de lettres et un prisonnier de guerre évadé. Ne possédant aucune preuve, ces messieurs m'infligèrent un rude interrogatoire ponctué de coups de poing, de pied et même de poignées de baïonnette. Je résistai et bénéficiai du doute. Grâce à "l'indulgence" du tribunal, je ne fus condamné qu'à quatre mois de prison ; j'effectuai 67 jours de détention à Romorantin et le reste, jusqu'au 25 avril, à Blois.

« Avant d'être arrêté, j'avais, dès les premiers jours de la montée des eaux du Cher, aiguillé les personnes susceptibles de gagner la zone libre vers d'autres voies, dans les environs de Tours. A Thésée, j'avais pris contact avec le coiffeur du pays et surtout avec le curé qui hébergeait en même temps, dans son presbytère, les douaniers allemands (en réalité autrichiens) et les transfuges. Les premiers jouaient aux cartes dans une pièce tandis que de l'autre côté de la cloison, les clandestins se restauraient et attendaient la nuit pour filer par une porte dérobée, guidés à travers bois par un jeune gars du pays. » (D'après le journal de M. Olivier Grenat transmis par Mme Badord-Grenat, d'Orléans.)

De nombreux autres témoignages nous sont parvenus sur les passages de la ligne de démarcation, mais les pages nous manquent pour les reproduire tous. La plupart se répètent d'ailleurs. M. R. Maubert, de Beaugency, nous précise que son passage lui coûta 400 F. Il se fit prendre une première fois par un officier allemand, avec trois camarades. Interrogé par "un jeune Français qui lui parut assez bienveillant" bien que ne croyant guère à ses explications, il fut condamné à 8 jours de prison. C'était la peine appliquée habituellement aux fraudeurs ordinaires... A Saint-Benoît, nous signale M. Gaston Girard, le passage des réfractaires de toute sorte se faisait grâce au dévouement de Maurice Bonnet, un ancien pêcheur de Loire.

C'est toujours la même histoire

(Répertoire de Édith Piaf, 1942)

Notre village, pour paisible qu'il demeurât, connut cependant une violente émotion, à tel point que l'affaire fut à deux doigts de chavirer dans le drame. Une histoire de larcin. Une vétille fort obscure qui faillit assombrir encore davantage un quotidien déjà bien grisailleux...

Les soldats allemands venaient alors d'installer leurs dépôts d'essence en trois endroits dans le bourg : sous les platanes de la place, sous les cèdres du château de Cerqueux et sous les marronniers de l'école des filles. L'épaisse frondaison des arbres préserverait les camions et les citernes d'éventuelles attaques aériennes. Ce que le commandement allemand n'envisageait pas, c'était que le danger ne fondrait pas du ciel mais qu'il ramperait sournoisement à ras de terre. Qu'il viendrait des villageois, tout bonnement.

Vous vous souvenez peut-être que la pénurie d'essence immobilisait nos camionnettes et que le gazogène du mécanicien Grillon ne donnait plus entière satisfaction depuis l'amochage d'un veau magnifique. On regardait tristement sa Renault ou sa « Citron » qui rouillait en cachette sous la remise. Ainsi plusieurs innocents en vinrent-ils à loucher vers les dépôts si tentants. Et parmi ces envieux se tenait l'oncle Pierre, le mari de l'institutrice des gamines. Lui se trouvait aux premières loges puisqu'il habitait à l'étage même de l'école. Il ne pouvait plus mettre le nez à sa fenêtre sans se sentir irrésistiblement attiré par tous ces bidons, un peu comme un loupiot devant un pot de confiture défendu. Oh ! ce n'était pas pour lui qu'il convoitait le carburant, certes non, mais pour son frère André, le volailler, qui n'avait plus rien à verser dans le réservoir de sa fourgonnette. Donc, l'oncle Pierre bavait d'envie devant ces belles citernes qui ne demandaient qu'un petit malin audacieux pour se laisser gentiment soutirer.

Après mille et un essais d'approche, il réussit à bassement soudoyer un soldat en lui rinçant le gosier à la goutte. Il aimait, ça, ce coquin de Fritz ! De verre en verre, les deux hommes finirent par s'entendre bien que ne parlant pas le même langage. Moyennant un honnête pourboire, le soldat regarderait ailleurs pendant que Pierre, au moment convenu, se dépêcherait de siphonner dans une citerne. Cette connivence devint telle que bientôt ce fut le soldat lui-même qui, contre 5 francs, apportait la coupable nourrice à domicile. Pierre s'empressait de la transvaser dans un fût de 50 litres. Quand ce fût était plein, l'oncle coltinait son trésor de guerre par les derrières du bourg et le cachait en lieu sûr, sous une remise de son frère. Ni vu, ni connu : je t'embrouille. Mais il était si exténué en revenant à l'école, autant de trouille que d'effort, qu'il tremblait encore de tous ses membres deux heures plus tard. Vraiment, mon oncle Pierre était un héros de la démerde !

Le bon temps se gâta vite pourtant. Une nuit qu'il rentrait des alouettes, après le couvre-feu bien sûr, notre débrouillard eut la désagréable surprise de se faire poisser par deux Feldgendarmes, en pleine rue du bourg. Une chance que son frère ait gardé le filet et ses deux douzaines d'alouettes ! Bah ! c'était une peccadille qui n'irait pas chercher loin... Il fut aussitôt entraîné à la Kommandantur, alors établie dans l'ancienne maison du docteur Baudron, sur la route de Beaugency.

Là, les Feldgendarmes le fouillèrent sans ménagement ; ils lui confisquèrent son couteau, ses papiers et son porte-monnaie. Alors Pierre commença à se douter qu'on ne lui reprochait pas uniquement son anodin braconnage. Il en eut la certitude quand un lieutenant lui jeta au visage la terrible accusation : « Vous volez de l'essence à l'Armée allemande ! » Et pour l'intimider encore davantage, l'officier déposa son revolver sur le coin de son bureau, bien en vue, comme s'il était décidé à en user au moindre geste suspect.

Le pauvre tonton n'en menait pas large, on le devine aisément. Il sentait le carreau qui se dérobait sous lui. Il eut cependant le cran de nier. L'interrogatoire dura une bonne heure — plusieurs siècles. Pierre n'avouait toujours pas car il savait que s'il parlait, son pourvoyeur allemand filerait immédiatement sur le front russe. Ce n'était certainement pas une vacherie à lui faire. Après tout, l'officier ne pouvait avoir que de vagues soupçons, rien d'autre...

Soudain, à bout de patience, le lieutenant se mit à brailler des ordres effrayants. Il n'était plus nécessaire de comprendre l'allemand pour deviner que les choses s'envenimaient salement pour le matricule de notre resquilleur. Deux soldats se saisirent de Pierre et lui firent dégringoler la volée de marches qui descendaient à la cave, à grands coups de botte au cul et de crosses dans les côtes. Il atterrit entre les chais, tout contusionné des brutalités et de la roulade. La porte claqua. Un noir d'encre enveloppa la cave et le cerveau du malheureux.

Le restant de la nuit fut long, très long, interminable. Le froid était si piquant que le prisonnier devait tourner en rond et battre les airs de ses bras meurtris pour se réchauffer. De méchantes pensées torturaient notre bonhomme. Il se voyait déjà adossé contre le mur du cimetière, face aux gueules noires des fusils d'un peloton d'exécution. Et dans ce peloton, il reconnaîtrait peut-être son complice de la veille... Ils en avaient fusillé pour moins que ça, les Boches, c'est sûr ! Se sacrifier pour de l'essence qui ne lui profiterait même pas, quelle couillonnade tout de même ! C'était seulement maintenant qu'il mesurait son inconscience...

Les Allemands l'extirpèrent de son trou, plus transi encore d'angoisse que de froid, dès les premières heures du lendemain. Il fut déféré devant un capitaine venu tout spécialement de Blois, qui parlait un français irréprochable : « Monsieur, vous n'avez pas voulu avouer que vous voliez de l'essence à l'Armée allemande, annonça l'inquisiteur, mais nous possédons la preuve de votre délit ! »

Et le soldat complice fut amené sous bonne escorte. Comment avait-il été confondu, Pierre ne le sut jamais. Toujours est-il que toute dénégation s'avérait désormais inutile. Il fallait trouver autre chose, et vite, pour tâcher de sauver sa peau. Puisqu'il n'y avait plus rien à tenter pour couvrir le soldat, tant pis, chacun pour soi !

« Vous voliez de l'essence à l'Armée allemande.

— Pardon, rectifia crânement l'ami Pierrot, mais je ne la

volais pas : je la payais 100 sous le litre ! »

Cette révélation décontenança le capitaine, qui sembla réfléchir un instant. Puis il sortit un papier et ordonna à son prisonnier de rédiger sa déposition. Après quoi, l'oncle Pierre fut libéré. Comme par enchantement. Pas fier, certes, mais bougrement soulagé. Le cauchemar s'évanouissait avec le petit jour qui pointait derrière les toits du bourg. L'air était frisquet mais en compensation l'alerte avait été chaude.

Pierre n'entendit jamais plus reparler de cette ténébreuse affaire. Ses côtes douloureuses lui rappelèrent sa mésaventure pendant une quinzaine de jours. Il craignit longtemps de devoir débourser une lourde amende, mais non, rien ne lui fut réclamé. Et il ne vit jamais reparaître son compère de picorée au village. Dame ! le front de Russie était tellement loin de notre paisible région...

Néanmoins, cette déconvenue ne suffit pas à raisonner certains obstinés du village puisqu'une mésaventure semblable guettait un autre de nos commerçants. Celui-ci, aidé d'un comparse, attendait que la sentinelle se fût rougi la trogne — encore ! — pour se faufiler jusqu'aux citernes et y pomper quelques gobelets d'essence. Pour remplir son briquet, à ce qu'il prétendra plus tard. Un soir de déveine, hélas ! la sentinelle le surprit en pleine action et le tint en joue pendant plus d'une heure, un doigt mal assuré rivé sur la détente de son fusil. Le soldat paraissait évidemment plus ivre qu'à l'ordinaire, au point de ne plus reconnaître son ombre ; cet état, qui favorisait tant le fraudeur tout à l'heure, ne contribuait maintenant qu'à l'affoler davantage. Une sainte trouille liquéfiait complètement le commerçant tandis que l'autre titubait et tanguait de menaçante façon, son flingue prêt à cracher la mort. Mais, Dieu soit loué, aucune détonation ne troubla cette nuit-là le sommeil des villageois. L'avanie se termina à la Kommandantur de Blois, où une sévère amende fut réclamée.

Deux nuits de frayeur, quelques cheveux blancs peut-être, et une poignée de billets. Réflexion faite, ce n'était pas trop cher payé. Il faut préciser toutefois que ces fredaines se déroulaient pendant l'hiver 41-42 : les occupants ne se montraient alors guère hargneux. Ça n'allait pas durer.

Quand tu reverras ton village
(Répertoire de Tino Rossi, 1942)

Il est bon de rappeler encore une fois, je crois, que le but de ce livre n'est pas de publier un compte rendu détaillé des diverses opérations militaires de la Seconde Guerre mondiale. Cela, de nombreux ouvrages l'ont exposé avant nous, et certainement mieux que nous aurions pu le faire. Ce qui nous intéresse en ces lignes, ce n'est que la répercussion des événements sur la vie quotidienne dans les villages de la région orléanaise. Des anecdotes souvent tragiques, hélas !... Il est enfin utile de rappeler que notre évocation, hormis les témoignages, ne s'applique qu'au seul village de Josnes, en Petite Beauce, et à nul autre ailleurs, même si les faits relatés sont communs à beaucoup d'autres endroits.

En ce qui concerne les épisodes de cette guerre 39-45, certains assurent qu'il faudrait davantage de recul pour les conter ; d'autres affirment au contraire qu'il s'agit d'histoires déjà trop anciennes pour être remuées. Qui croire ?

Pour ma part, je pense que les uns et les autres ont presque raison. Pas assez de recul parce que les plaies restent toujours sensibles dès qu'une allusion frotte dessus ; déjà trop anciennes parce que les ans se sont enfuis et avec eux la précision du souvenir. Mais pour moi qui n'ai pas vécu ces moments pénibles, cette période reste tout simplement un chapitre de notre Histoire, au même titre que la guerre de 70 ou celle de 14. Je n'ai rien à justifier, rien à oublier. Je découvre cette époque dans laquelle je ne suis nullement impliqué, avec le même regard que je voyais les conflits précédents. Sans le moindre esprit de ressentiment. Avec, j'espère, impartialité. Les erreurs de jugement que je peux commettre s'expliquent uniquement par le fait que je n'étais pas de ce monde en ces années d'occupation. Mais revenons, s'il vous plaît, à notre sujet.

L'absence des soldats retenus prisonniers se ressentait durement dans les maisonnées du village en peine d'homme fort. Les voisins consentaient bien à leur donner un petit coup de main de temps à autre mais cette aide n'était pas suffisante pour les tirer d'embarras en saison de gros travaux. Et les champs, déjà privés d'engrais et de bonnes semences, offraient parfois un lamentable spectacle qui attristait les vieux paysans.

Le thème du retour se répéta dans la plupart des chansons en vogue : *Si tu reviens* par Rina Ketty, *Reviens-moi* par l'orchestre de Raymond Legrand, *Revenir* par Lys Gauty...

A ma connaissance, aucun prisonnier du village ne réussit à s'évader, donc aucun ne reparut au pays comme dans les chansons. Les familles recevaient quelques lettres qui mettaient longtemps à venir ; elles expédiaient en retour des colis de ce qu'elles pouvaient réunir : des cigarettes, des sabots, des lainages, le peu de nourriture disponible. Une mère ajoutait la dernière photographie des gosses afin que le père puisse s'imaginer voir grandir sa nichée. Madeleine, qui travaillait alors chez un photographe d'Orléans, nous dit que les clichés destinés aux prisonniers prédominaient nettement sur l'ensemble de commandes. Ces envois furent adressés directement aux captifs, par la poste, jusqu'en 42 ; ensuite, par l'intermédiaire de la Croix-Rouge. Les paquets étaient évidemment soumis à une fouille rigoureuse et beaucoup n'arrivaient jamais à leur stalag de destination. Un prisonnier partageait généralement son colis avec ses camarades de baraquement.

Mais dans les usines d'Allemagne, la main-d'œuvre manquait aussi. Dès le 22 juin 42, les speakers de Radio-Paris se mirent à vanter les bienfaits des « congés de captivité ». Ce fut ce qu'on nomma la « Relève », un marché d'échange controuvé par Pierre Laval, devenu chef du gouvernement deux mois plus tôt sur la demande pressante des autorités d'occupation.

Le principe de cette permutation était simple : trois ouvriers partaient contre un prisonnier qui revenait en permission. L'élargissement était prévu par tranches successives, au fur et à mesure que se présenteraient les remplaçants volontaires. A ceux-là, bien entendu, il était promis un véritable paradis dans les ateliers d'outre-Rhin, avec pitance par brouettée et chaleureuse ambiance. Un rêve. Des centaines d'affiches furent apposées sur les murs des établissements publics ; un ouvrier consciencieux, en plein boulot, y déclarait en slogan : *Je travaille en Allemagne et mes économies vont à ma famille en France.* Mais l'allèchement publicitaire de cet attrape-nigaud ne souleva que de tièdes emballements.

Plusieurs benêts de bonne foi, au village, donnèrent naïvement dans le panneau et acceptèrent de s'expatrier pour le bonheur d'un prisonnier. Mais au pays comme ailleurs, une bonne moitié des captifs « relevés » oublia de retourner là-bas, la fin des congés sonnée. Ne voyant pas revenir leurs permissionnaires, les Allemands finirent par ne plus relâcher personne mais par garder tout le monde, releveurs arrivés comme relevés à partir !

L'occupant dut chercher un autre moyen pour faire fonctionner ses usines d'armement à plein rendement. Il ne fut pas longtemps à trouver. Le 4 septembre suivant, sur un texte de Vichy, les mairies durent dresser la liste de recensement des classes 20, 21 et 22. L'adresse et la profession de chaque conscrit devait y figurer. Une copie de cette liste était affichée à la porte des mairies et l'original transmis au commissariat général du Travail obligatoire installé dans le chef-lieu de préfecture. De nombreuses vérifications furent ordonnées. On redouta qu'un prochain recrutement de travailleurs forcés ne fût décrété sur l'assentiment du gouvernement de l'État français.

Entre-temps, la guerre amorçait son second tournant, après celui de l'offensive ennemie du printemps 40. Mais cette fois-ci, le changement ne semblait plus jouer en faveur de l'Allemagne. Le 22 juin 41, Hitler avait brusquement rompu le pacte de non-agression signé en août 39 avec Staline. Dans *La Semaine* du 17 juillet, sous une couverture représentant l'actrice Viviane Romance comme la femme la plus aguichante de l'année (mêmes mensurations que la Vénus de Milo, pensez donc !), un reportage glorifiait les exploits des colonnes infaillibles lancées à l'assaut de la Russie. *Les troupes du Reich*, lisait-on, *ont trouvé des populations désolées par vingt-cinq années de régime soviétique. Aujourd'hui, l'Europe entière se soulève contre le bolchévisme et envoie des légions de volontaires.* Pour mieux convaincre les Français de la saine mission nazie, les sapeurs du général von Paulus y étaient astucieusement comparés aux grognards de notre Napoléon, dont ils renouvelaient les batailles. Le journaliste omettait seulement de préciser que ces batailles impériales s'étaient vite transformées en défaites dans les glaces de la Bérézina ; et il ne prévoyait sans doute pas que les deux entreprises se solderaient par le même écrasement. C'est pourtant ce qu'il advint : un an plus tard, en août 42, l'invasion butait contre Stalingrad.

L'avantage des armes changeait également de camp sous d'autres latitudes. Novembre fut marqué par le sabordage de la flotte française en rade de Toulon, par les succès britanniques en Afrique du Nord, par les premières victoires américaines dans l'océan Pacifique. L'Allemagne hitlérienne perdait l'initiative des opérations et, par contrecoup, le mythe de son invincibilité.

Au village, on ne savait pas trop quoi conclure de ces modifications, ni trop y croire. Les nouvelles ne parvenaient que par la voix de Maurice Schumann sur la B.B.C., à l'heure des « Français parlent aux Français » ; les journaux restaient évidemment soumis à la propagande allemande et à la censure. Nos paysans comprirent cependant qu'un revirement s'opérait réellement à dater du 26 novembre 42, quand les Fritz sautèrent la ligne de démarcation et se répandirent en zone libre. Ils devenaient en même temps beaucoup plus agressifs que par le passé. « On jurerait bien qu'ils s'empêtrent dans quelque fil à retordre », murmurait-on à mots couverts.

Dès lors, c'en était terminé de l'image du fantassin allemand débonnaire et garant de l'ordre sacro-saint. Là aussi, le revirement fut radical. On se tenait à carreau et on ne bronchait plus. Mais le torchon commençait à brûler au nez de l'occupant par tout le pays. Les groupes de maquisards s'organisaient dans les fourrés de Sologne, dans la forêt de Marchenoir, dans le Val, à Meung, à Baule, à Beaugency, à Mer, partout où le passage boisé le permettait. Les curés fraternisaient avec les maîtres de l'école laïque ; on fourbissait un arsenal disparate dans les cabanes de carriers, dans les sacristies, dans les granges... Les partisans se comptaient encore sur les doigts de la main mais les réfractaires du S.T.O. n'allaient plus tarder à venir les rejoindre.

Témoignages

AU STALAG

Un correspondant anonyme nous décrit les difficultés quotidiennes des prisonniers de guerre détenus dans les stalags d'Allemagne : une nourriture infecte qui se résumait à un jus tiédasse de feuilles et de racines le matin, à une soupe de rutabagas le midi et à une boule de pain noir pour cinq le soir. La Croix-Rouge française disposait de faibles moyens et la Croix-Rouge internationale ne tentait absolument rien pour venir en aide aux prisonniers.

« La vie en stalag, poursuit notre informateur, était différente de celle des Kommandos. A l'exception des gars qui travaillaient dans les mines ou dans les usines, ceux des Kommandos avaient l'existence un peu plus facile. Pourtant, un Solognot de Kommando avait entendu dire qu'on était mieux au stalag. Il tira au flanc et réussit à se faire muter. Lorsqu'il vit la gamelle de soupe qu'on lui servait et qu'il se fut renseigné sur le reste, il guérit immédiatement et demanda à la sentinelle de le ramener sans attendre à la ferme ! »

SOUS LE SIGNE DU SVASTIKA

« Il est des Beaucerons qui, en toutes circonstances, ne se laissent pas abattre et font preuve, à cet effet, quand l'occasion se présente, de l'humour le plus vivifiant.

« L'occasion pour mon cousin Albert Lefèvre, ancien meunier en Beauce orléanaise, ce fut cet hiver 1942-1943 où, prisonnier à Friedland, en Prusse orientale, travaillant dans une exploitation rurale, le hasard de la distribution des tâches l'affecta à l'épandage du purin dans un vaste champ ensemencé de seigle. Avec l'aide d'un camarade de captivité et la complicité, peut-être, du propriétaire (qui n'était pas nazi), il dessina avec l'engrais (et beaucoup d'application) une croix gammée de 300 mètres de côté, à raison de 2 tonnes par semaine.

« Le résultat arriva avec le printemps : d'une surface jaune et chétive qui, visiblement, n'avait pas reçu ses doses habituelles de fumure, se détachait, verdoyant et l'épi conquérant, l'emblème nazi.

« On vint de toutes parts admirer le prodige considéré avec d'autant plus d'attention qu'il avait pour cadre le lieu même d'une victoire napoléonienne sur les Russes, en 1807. On ne pouvait rencontrer plus heureux présage. Hitler lui-même, de passage à Friedland, vint chercher dans la contemplation de la croix miraculeuse un aliment à sa paranoïa.

« Les événements se précipitèrent, comme l'on sait, en 1945, coûtant d'ailleurs la vie au propriétaire de la ferme, abattu d'une rafale de mitraillette lors de l'avance soviétique, et à plusieurs femmes qui, pour échapper au sort qu'elles redoutaient, se suicidèrent. » (Lettre de M. Louis Tranchant, de Fleury-les-Aubrais.)

RETOUR A L'ENVOYEUR

« Mon père, prisonnier de guerre, séjourna dans un stalag en Prusse orientale. Le Comité d'aide aux prisonniers et la Croix-Rouge française confectionnaient des colis. Mon père fut libéré en avril 43 alors que deux colis étaient en route à son intention. Les autorités allemandes du stalag nous les retournèrent et toute la maison apprécia le contenu des paquets. L'un des emballages, en bois, a été conservé en souvenir. » (Lettre de M. Roger Jolly, d'Orléans.)

BILAN DU 2e COMITÉ DES PRISONNIERS D'ÉPIEDS-EN-BEAUCE

« Vie du Comité

« Deux fois par mois, le trésorier allait à Orléans, au Comité départemental, 44, rue de la Gare, et y achetait les denrées qu'il déposait dans une grande armoire à la mairie. Le premier dimanche du mois, il réunissait le Comité et donnait le relevé de la caisse et des denrées disponibles. On préparait le colis ; le secrétaire en faisait un état qu'il affichait à l'intérieur de la mairie.

« Les colis étaient faits par les familles des prisonniers. Au jour dit, le secrétaire confiait les denrées aux dames du Comité, qui les distribuaient aux parents. Le trésorier contrôlait et collait les récépissés établis par Mme Madeleine Joisneau. Un père de trois prisonniers, M. Lesourd, les portait dans sa petite voiture à la poste où il était procédé aux fouilles d'expédition ; il les conduisait ensuite au car, à Perreuse.

« Pendant quarante-deux mois, régulièrement, il fut envoyé un colis gratuit de quatre kilos environ à chaque prisonnier de la commune. Il leur fut également versé un livret de Caisse d'Épargne comme suit :

— Six mille francs pour un célibataire ou un marié sans enfant.

— Sept mille francs pour un marié père d'un enfant.

— Huit mille francs pour un marié père de deux enfants.

Il fut encore envoyé deux cent cinquante francs aux sinistrés du Creusot et cinq mille francs à ceux des Aubrais.

« Ressources du Comité

« Dix-sept mille francs du premier Comité, dons versés au trésorier et au secrétaire, subvention de la Caisse d'Épargne, quêtes faites par le trésorier aux cérémonies du 11-Novembre, quatre séances organisées par les jeunes gens à la salle paroissiale, une autre à Puiseaux, une tombola, deux kermesses.

« Le dernier vendredi du mois, le trésorier et la dame du buraliste donnaient, à la mairie, le tabac vendu à prix réduit par la Régie. Des œufs ayant été demandés pour les enfants des villes, le trésorier et le secrétaire en expédièrent un paquet de deux cents puis un second de cinq cents, collectés par les jeunes filles de la commune.

« Famille du prisonnier 101, rue Bannier à Orléans. Délégué pour Épieds : Abel Gilbert

« Lorsque la maladie frappait une femme ou un enfant de prisonnier, le délégué communal s'y rendait et obtenait un secours pour frais médicaux. En outre, il allait deux fois par an, avant Pâques et avant Noël, chez la déléguée cantonale, Mme Douchement. Elle lui donnait des friandises qui étaient réparties dans la salle paroissiale, le lundi de Pâques et le lendemain de Noël, entre les enfants de prisonniers. »

Inscrit sur un autre papier : « Il a été procédé à trente-six distributions de colis. Total : 1 595 colis à 4,5 kilos soit 7 177,5 kilos. Les travailleurs emmenés d'office en Allemagne ont reçu 115 colis de 2 kilos. » (Lettre de Mlle Thérèse Gilbert, d'après les notes de son père Abel.)

BEAUGENCY DURANT L'ANNÉE 42

« L'Arbre de Noël des Établissements Tréca permet aux ouvriers et à leurs enfants d'oublier (un peu) les difficultés du moment. Il est question de construire une auberge de jeunesse, en bois, à l'embouchure de la Mauve et de la Loire. Ce projet ne sera jamais réalisé.

« Pour l'achat des plants de pommes de terre, il faut présenter une carte de jardinage. Celle-ci est délivrée par le délégué du Secours national. Comme nous ne possédons qu'un petit jardin, nous devons avoir recours aux topinambours. Nous mangeons les tubercules et les feuilles servent de tabac.

« Augmentation des tarifs postaux, déjà, qui passent de 80 centimes à 1 franc.

« Six personnes aident au service des réquisitions et à la distribution mensuelle des tickets d'alimentation. Faire la queue devient une habitude qui sera longue à passer.

« Le conseil municipal accorde un terrain de soixante ares à la création de "jardins ouvriers" mis à la disposition des familles désirant cultiver des légumes afin d'améliorer l'ordinaire. Quant au collège, il est question de mettre au programme les textes latins et grecs à partir de la quatrième. Présenté aux élèves par un officier en grande tenue, le professeur allemand remplace le professeur d'anglais dont l'enseignement est prohibé.

« A la mi-mars, quelle joie ! Distribution de cinq cents grammes de confitures aux J1, J2 et J3. Distribution également de pâtes alimentaires et de légumes secs, de figues et de dattes. Le ravitaillement intéresse tout le monde.

« Pour les rares distractions, il est créé l'Association amicale des artistes amateurs, plus communément appelée la "Quatre-A" ; elle animera les spectacles du canton pendant plusieurs années. Le 1er mai, un message du Maréchal exaltant le travail, la famille et la patrie, est lu devant les ouvriers des Établissements Tréca. La L.V.F. aura désormais son siège à Orléans pour enrôler ceux qui veulent combattre en Russie. La région ne fournira guère de volontaires.

«Plusieurs affiches de la Relève sont placardées. Certains ouvriers y croient et partent pour l'Allemagne. Un commis boulanger est content de partir ; pour unique bagage, il emporte sur son dos un sac à patates contenant ses habits de rechange.

« Les "courriers de l'Air" commencent à voltiger et nous citent des noms de pays bizarres comme Tripolitaine ou Cyrénaïque. Radio-Londres nous apprendra à les mieux connaître et bientôt, nous les saurons par cœur.

« Création d'un chantier de jeunesse à Tavers. Tous les matins et tous les soirs, salut aux couleurs en grand uniforme de drap vert, quelle que soit la saison. Le dimanche après-midi, les deux clubs sportifs de la ville s'affrontent sur le terrain de football. » (Lettre de M. Yves Clairambaud, de Beaugency.)

Les gars qui marchaient...

(Répertoire de Édith Piaf, 1942)

Le 16 février 43, le Service du Travail obligatoire, le fameux S.T.O., fut institué pour tenter de rattraper la faillite de la « Relève ». Dorénavant, il n'était plus question ni de volontariat, ni de choix, ni de congés, mais tout simplement de travail forcé. Le S.T.O. remplacerait le service militaire.

Au village, les conscrits partirent presque tous, la mort dans l'âme. Les rares qui osèrent se débiner avant l'arrivée des gendarmes coururent s'embaucher dans les fermes isolées des alentours car les ouvriers agricoles étaient alors sursitaires. Les résignés baissèrent le nez et se mirent aussitôt en marche pour se présenter à la convocation. Les plus veinards furent envoyés sur les ouvrages de défense du littoral, les autres dans les usines en Allemagne d'où plusieurs gars des communes voisines ne reviendront jamais : ils seront ensevelis sous les bombardements de 44 et 45.

Jean, le fils de Sarah, se retrouva ainsi embarqué pour construire un blockhaus du "Mur de l'Atlantique". Quelques-uns de ses camarades voyaient la mer pour la première fois. C'est alors que certains s'ingénièrent à jouer la fille de l'air et à rejoindre les mouvements de résistance qui se structuraient ici et là, dans le secret des bois.

Jean était de la classe 21. Un jeudi de janvier 44, il se présenta à la convocation du S.T.O., sur la place du village. Les gars de plusieurs communes voisines s'y regroupèrent. Vingt-sept requis au total. Un car les emmena à la gare de Blois, où ils furent enfermés dans la salle d'attente sous la garde de trois soldats allemands. Direction Saint-Nazaire par train de marchandises, le lendemain matin.

Jean était déterminé à fausser compagnie aux sentinelles et à ne pas moisir dans le coin avec une truelle à la main. Il réussit bientôt à s'esbigner. A saute-haie, il s'éloigna des baraquements. Deux copains de son pays le rejoignirent. Ensemble, ils s'épouffèrent dans un tas de foin pendant deux jours et deux nuits, tressaillant au moindre aboiement, et parvinrent enfin à se faufiler dans la petite gare de Montoir (rien à voir avec celle dont nous parlions plus haut, en évoquant l'entrevue Pétain-Hitler). Nos fugitifs grimpèrent dans un train en partance pour Tours. Et là, dans le wagon, ils faillirent tomber d'une embolie : leurs trois sentinelles allemandes s'y trouvaient déjà ! Elles aussi revenaient en Blaisois pour y convoyer un autre groupe de S.T.O. Par bonheur, notre trio ne fut pas reconnu.

Jean se cachera ensuite dans la ferme paternelle. Pointé absent sur la liste du S.T.O. à la mairie, il fut considéré comme disparu. Il s'engagera plus tard, en septembre, dans l'armée régulière.

Les réfractaires apprirent immédiatement à vivre dans la clandestinité absolue. Ils travaillaient comme saisonniers dans les fermes des environs sans être déclarés. Ils veillaient à ne point se faire remarquer et ne dormaient que d'un œil. Ils se défilaient prestement dès qu'un contrôle était possible et ils s'esquivaient derrière une haie, à plat ventre dans la friche, jusqu'après le départ des inspecteurs. Les plus débrouillards s'arrangèrent pour obtenir des faux papiers d'identité auprès d'un réseau de la Résistance. Aucun d'entre eux ne se fit prendre sur le territoire de la commune mais ce ne fut souvent que par un extraordinaire hasard. Plus d'un en mouilla sa chemise de sueurs froides, vous pouvez me croire !

On vit alors d'étranges charretiers par notre plaine, des gars de la ville qui ne savaient même pas reconnaître un épi d'orge d'un épi de blé, une betterave d'un navet, une vache d'un taureau ou une oie d'un canard. Jusqu'à ces jours, ils n'avaient jamais envisagé de vivre à la campagne autrement qu'en saison de vacances.

Autrefois, le climat de ce petit coin de Beauce était fortement déconseillé aux poitrinaires. De terribles épidémies, disait-on, s'y déclaraient fréquemment. Cela venait, à en écouter les vieux, de l'incendie d'une ancienne bergerie. Les dépouilles carbonisées des moutons avaient pourri dans les ruines et pollué les nappes phréatiques de la paroisse. La maladie se tenait depuis dans l'eau des puits et personne n'y pouvait rien*. C'était notre malédiction à nous. Mais en ces jours d'insécurité, plus personne ne songeait à se plaindre de la dureté de l'air ou du goût de la flotte. On était trop content de pouvoir toujours

* « Josnes, gros Bourg situé en Beauce, à 2 lieues au nord-ouest de Beaugency, appelé dans quelques titres anciens, JAONES, en latin *Vicus de Jaonna* ; on y compte 1 200 habitants. Il paroît être très-ancien ; on y trouve, en quelques endroits, des vestiges de bâtimens et on y découvre, en fouillant, des ferremens, des briques à rebords (suivant les Mémoires de l'Académie des Inscriptions, vol. 15, ces briques servoient dans l'Antiquité, à couvrir les Corps de ceux qu'on enterroit), des fragments de vases en terre, et des médailles romaines, etc. Près le château de Cerqueux *Sarcolium* on trouve assez-souvent des cercueils en pierre tendre. L'Église de Josnes a été construite en différens temps : la grande Nef et la Tour sont modernes ; l'Aile gauche est beaucoup plus ancienne. Il y avoit une Chapelle à Isy près Josnes, qui paroît avoir été élevée sur les ruines d'un ancien Temple dédié à la Déesse *Isis.* Au nord du Bourg de Josnes étoit autrefois un Cimetière pour les pestiférés. On remarque que presque tous les six ans, il règne à Josnes, après les chaleurs de l'été, une dyssenterie plus ou moins meurtrière : 13 Enfants en sont morts cette année. » (Jacques-Nicolas Pellieux, *Essais historiques sur la ville de Beaugency et ses environs,* Ans VII et IX.)

respirer et se désaltérer librement. Les réfractaires s'attelèrent donc au travail des champs sans plus chercher midi à quatorze heures. Et puis au moins, à la campagne, ils avaient de quoi manger à leur faim. Si l'eau du puits était mauvaise, eh bien ! on boirait le vin du cuvier.

Ce fut encore durant cette fichue année 42 que le maire Georges Goujon s'éteignit. Par une coïncidence bizarre, son prédécesseur Octave Rabier était également mort pendant une guerre, celle d'avant, voici 27 ans. On peut dire toutefois que la commune n'usait guère ses magistrats et que la stabilité politique restait de consigne d'une élection municipale à l'autre !

La Kommandantur désigna le notaire Jean Bontemps pour succéder au défunt maire. Notre tabellion était un brave homme qui fit son possible pour alléger les exigences allemandes et préserver la paix du village. Un de ses projets consistait en l'achat du château de Cerqueux pour y installer une colonie de vacances, ce qui n'aurait pas manqué de favoriser le commerce local ; l'affaire ne se réalisa malheureusement pas. Réélu conseiller municipal à la Libération, il ne parviendra pas à conserver la mairie. Son successeur sera Auguste Bourreau, l'ancien maître d'école. De dépit, Me Bontemps ne votera plus jamais dans la commune qu'il avait administrée durant ces périodes difficiles : il se fera inscrire sur les listes électorales de Talcy, une localité d'à côté qui honorait bien mieux, elle, son château. Jean Bontemps était le gendre de l'aviateur Vincenot.

Dans les communes voisines...

Un de nos amis Solognots, Marcel, travaillait au camp militaire de Pruniers. Il refusa catégoriquement de se présenter au S.T.O. Les agents de la police française l'arrêtèrent à son domicile vers 9 h 30 du soir et le bouclèrent au commissariat de Blois. En cellule, notre réfractaire retrouva quelques compagnons d'infortune. Les prisons blésoises étant pleines, on les enferma chez les fous, dans l'actuel centre administratif. C'est de là que Marcel parvint à s'évader avec trois copains décidés à tout. Un camion loué par leurs femmes les attendait dans la rue de derrière. Ils se cachèrent à Romorantin.

André, lui aussi convoqué au S.T.O., se mit sans tarder en rapport avec une filière de passeurs. Il gagna Selles-sur-Cher à vélo et franchit gratuitement la ligne de démarcation. Il se croyait enfin sauvé mais hélas ! la zone dite libre ne le resta pas suffisamment pour lui permettre de goûter pleinement sa liberté !

Témoignages

MAUVAISE ADRESSE

«Prisonnier de guerre libéré après un an et demi de captivité comme simulateur, après une grève de la faim, je pensais être dispensé du S.T.O. Un an s'était écoulé lorsque mon employeur reçut un papier de la Kommandantur : je devais rejoindre dans les vingt-quatre heures le centre d'apprentissage d'une usine à Saint-Jean-de-la-Ruelle, prélude sans aucun doute à un voyage en Allemagne.

« Prenant cela pour une injustice, je me rendis au siège de la "Maison du Prisonnier", au 101 de la rue Bannier à Orléans, avec l'espoir d'y trouver aide et compréhension. Je fus reçu par un employé qui, sous le portrait du maréchal Pétain, m'engueula copieusement et me dit que j'étais un mauvais et sale Français, qu'en servant l'Allemagne je servirais également la France, avec une pointe de menace à la clé.

« Complètement éberlué par un accueil pareil, je demandai à voir le directeur. Son bureau se trouvait au premier étage, en haut d'un majestueux escalier. Après m'avoir entendu, ce directeur m'injuria de plus belle, en y mettant plus de hargne que son subordonné et en précisant les menaces ! Sans pouvoir me défendre, je dévalai l'escalier et je ne demandai pas mon reste. » (Lettre d'un correspondant désirant garder l'anonymat.)

A JARGEAU

« Requis au début 43 comme beaucoup de jeunes de mon âge pour le S.T.O., nous fûmes ramassés sur la place du village par des camions de l'armée d'occupation. Deux Feldgendarmes gardaient chaque véhicule. Nous fûmes conduits à Orléans, puis embarqués dans un train complet. Nous nous retrouvâmes sur les chantiers qui fortifiaient les rives de l'Atlantique.

« Revenu dans l'illégalité dès mars, je fus arrêté par la gendarmerie "française" le 4 août et conduit à Meung-sur-Loire. Là, le chef de brigade m'affirma que j'avais été dénoncé par lettre anonyme. Ça se faisait souvent à l'époque, soit par les ardents partisans de Vichy, soit par certaines femmes de prisonniers qui, abusées par les affiches de propagande, croyaient sincèrement qu'un travailleur de plus en Allemagne ferait plus vite revenir leur mari.

« Après une nuit passée en cellule, démuni de ceinture, de lacets, de couteau et de mouchoir comme un grand criminel, avec visite du factionnaire toutes les deux heures, je fus conduit le lendemain matin par le car, à Saint-Denis-de-l'Hôtel. Je fis mon entrée à pied dans Jargeau, flanqué de deux pandores.

« En pénétrant au camp, je mesurai vite que toute tentative d'évasion était désormais impossible. Barbelés, chemin de ronde extérieur et miradors. A cette époque, le camp était surtout peuplé de nomades, gitans et autres, et également de nombreuses filles de joie malades ; celles-ci se glorifiaient souvent d'avoir "plombé" un véritable régiment d'occupants avant d'être enfermées. Il y avait aussi quelques internés politiques. J'étais alors le seul dans mon cas.

« Mes deux compagnons de baraque (des "politiques") et moi, nous étions totalement coupés du monde. Nos seuls passe-temps, pendant dix jours, furent la lecture et la chasse aux punaises.

« Enfin, je fus appelé à passer une visite médicale en vue d'être transféré vraisemblablement vers l'Allemagne, pour le S.T.O. Heureusement pour moi, le toubib français qui m'examina, porta sur ma fiche le mot "tuberculose". Cela m'évita de partir. Mes compagnons de baraque, plus anciens que moi au camp, me dirent après que ce médecin était un prisonnier français rapatrié comme sanitaire. » (Lettre de M. Pierre Dezaire, de Saint-Ay.)

Par la suite, notre informateur fut renvoyé vers les chantiers de Guérande. Il parvint à sauter du train qui l'emportait et à s'esquiver. Il ajoute en post-scriptum : « J'ai entendu dire, au camp, que les douches étaient chauffées par le soleil. Il s'agissait d'une grande verrière sous laquelle devait circuler un serpentin. Cela m'intrigua vivement car je travaillais dans le chauffage central. Je crois intéressant de signaler qu'un système de chauffage solaire existait déjà en 43. »

JEUX DE CARTES

« Je veux rendre hommage à l'aide que j'ai reçue de la part des instituteurs-secrétaires de mairie. Faisant partie du mouvement de résistance Libération-Nord, j'avais à fabriquer les faux papiers (y compris les fausses cartes d'alimentation) des réfractaires au S.T.O. et aussi à trouver des lieux de refuge. Or, j'ai été considérablement aidé par les S.M.I. dans cette double tâche que j'ai remplie durant un certain temps avec le regretté Jean Joudiou, mort en déportation. Ils me fournissaient les imprimés nécessaires mais aussi les identités des personnes ayant quitté leur commune. J'attribuais aux réfractaires ces documents et encore, chaque mois, des quantités de feuilles de tickets d'alimentation. Un certain nombre de ces tickets étaient également utilisés pour acheter des victuailles aux prisonniers de la rue Eugène-Vignat, à Orléans, qui, faute de liberté, avaient au moins la satisfaction de manger à leur faim avant d'être acheminés, bien souvent, vers les camps de concentration.

« Les instituteurs-secrétaires de mairie arrivaient à se procurer des tickets supplémentaires par diverses astuces, avec les cartes d'alimentation des personnes décédées par exemple. Ainsi la population de leur commune était toujours plus importante que le nombre réel des habitants.

« C'est aussi par leur truchement que j'indiquais des lieux de refuge aux réfractaires au S.T.O. qui, la plupart du temps, ne pouvaient pas demeurer sans périls dans leur famille, même avec de faux papiers. Les S.M.I., connaissant bien les cultivateurs de leur village, parvenaient à leur indiquer des places dans les fermes, cette prospection n'étant pas sans danger car ils risquaient de frapper à une mauvaise porte. Heureusement, ce n'est pas dans le monde paysan que se recrutaient les collaborateurs ; il convient de remercier tous les cultivateurs qui rendirent de la sorte un service à notre pays en permettant à de nombreux jeunes gens de refuser de mettre leurs bras à la disposition de l'ennemi. » (Lettre de M. René Garreau, de Châteauneuf-sur-Loire.)

J'ai chanté sur ma peine

(Répertoire de Lucienne Delyle, 1943)

Depuis l'affaire Dreyfus, la France ne s'était jamais tout à fait guérie de son antisémitisme. La Grande Guerre venait de s'achever que « la Vieille France » de Urbain Gohier, dans son dernier numéro de 1920, se déchaînait déjà contre les Bolcheviques et contre les Juifs, à plus forte raison contre les Bolcheviques juifs. L'année suivante, le souvenir du « traître Jaurès » y était flétri et l'espèce la plus dangereuse de l'humanité clairement désignée : « Le Juif en soutane ».

Le 18 mai 23, *Le Quotidien* renchérissait en dépeignant les Juifs comme *les plus notables profiteurs de la guerre et de l'après-guerre.* Certains éditorialistes d'alors n'hésitaient pas à user du superlatif pour vilipender les enfants d'Abraham. *L'Almanach du combattant* de 1925, très lu dans les campagnes, ne voulut pas rester à la traîne puisque Robert Morche y écrivait :

Les petits ont suscité les violences par leur âpreté au gain, leur pratique de l'usure, certaines tares physiques ou morales, mais les grands recueillent les honneurs, le pouvoir et l'argent... Mais les Juifs intégralement et loyalement mis à part — combien y en a-t-il ? — que sont les autres ? Des indifférents souvent, des hostiles parfois, et presque toujours des Juifs d'abord ! Peut-on admettre cette mentalité égoïste et si étroitement nationaliste au sens juif, alors que notre hospitalité, si large, est faite au détriment des intérêts de nos nationaux dont ils concurrencent et prétendent même diriger les affaires ? Plus que les accapareurs légaux de professions enviées, les hommes de finance juifs peuvent être dangereux, dans certaines circonstances, pour l'avenir du pays. Ne peut-on craindre, en cas d'échec, qu'ils ne facilitent les cataclysmes, guerres ou révolutions, propres à assouvir, sinon certains rêves, du moins certaines vengeances ? Ne sait-on pas que la plupart des chefs bolchevistes sont juifs ?

Dans un tel contexte, les doctrines racistes de l'Ordre nazi ne pouvaient que recueillir de larges échos dès le début de la Seconde Guerre mondiale. Sous la plume de Henri Béraud, on lisait dans *Gringoire* de janvier 41 :

Le mal juif. Les Juifs nous ont coûté cher. Si cher que l'on tremble d'en savoir le prix. Une perversité orientale, le goût du désordre et l'esprit de destruction, voilà ce qui nous a conduits où nous sommes. Il est clair que le Juif est l'ennemi-né des traditions nationales, qu'il n'est ni soldat, ni ouvrier, ni paysan. Comment serait-il digne d'être un chef ? Cette fois-ci, c'était vraisemblablement Léon Blum qui était visé.

La traque aux « youpins » ne se fit plus attendre. Dès le 3 octobre 40, les services préfectoraux s'étaient vus contraints, de plus ou moins bon gré, d'obéir aux décrets dictés par la ségrégation raciale. Le 21 juillet 41, le préfet du Loiret rappela aux maires du département la loi du 2 juin passé, modifiée le 13 juillet, qui prescrivait le recensement de tous les Israélites avant le 1er août suivant :

Pour me permettre d'exercer un contrôle strict des déclarations qui seront ainsi souscrites, lisait-on, *je vous serais obligé de vouloir bien me signaler les noms et adresses de toutes les personnes habitant votre commune qui, à votre connaissance, sont Israélites. Lorsque certains cas pourront vous paraître douteux, il vous appartiendra de faire contrôler l'identité des intéressés. Je vous rappelle que toute personne est considérée comme juive : 1) si elle a trois parents israélites ; 2) si elle est issue de deux*

— Et tout ça, ça fait
D'excellents Français...

grands-parents israélites ou qu'elle appartienne ou ait appartenu elle-même à la religion israélite ou qu'elle soit mariée ou ait été mariée avec un Israélite.

Entre-temps, les autorités allemandes cherchaient à répertorier tous les fonctionnaires des services de l'administration française « non-aryens ou mariés avec des non-aryens ».

Le 3 décembre 41, le service des affaires juives du Loiret, toujours par préfet interposé, demandait aux maires de *dénombrer séparément les hommes, les femmes et les enfants au-dessous de quinze ans, d'autre part d'énumérer d'une manière distincte les avocats, médecins, architectes, officiers publics et ministériels israélites* de leur circonscription. Toutes les propriétés immobilières juives devaient être déclarées ; à défaut du propriétaire, c'était le gérant qui était tenu d'effectuer la déclaration.

L'abomination se précisa avec la 8e ordonnance du 29 mai 42, qui définissait les mesures contre les Juifs, et notamment leur « signe distinctif » : *1) Il est interdit aux Juifs dès l'âge de six ans révolus de paraître en public sans porter l'étoile juive ; 2) L'étoile juive est une étoile à six pointes ayant les dimensions de la paume d'une main et les contours noirs. Elle est en tissu jaune et porte, en caractères noirs, l'inscription « juif ». Elle devra être portée bien visiblement sur le côté gauche de la poitrine, solidement cousue sur le vêtement. Dispositions pénales : les infractions à la présente ordonnance seront punies d'emprisonnement et d'amende ou d'une de ces peines. Des mesures de police, telles que l'internement dans un camp de Juifs, pourront s'ajouter ou être substituées à ces peines.* Ces « camps de Juifs », ces baraquements sordides où s'entasseront les "apatrides à la décoration stellaire", il ne fallait pas les chercher au loin. Ils étaient là, tout près de chez nous, à Pithiviers et à Beaune-la-Rolande, et nous n'en savions rien au village.

Le poète Max Jacob fut arrêté dans sa retraite de Saint-Benoît-sur-Loire, à l'ombre de la basilique. Il mourut au camp de Drancy. Les poètes sont des fous lorsqu'ils dénoncent les bourreaux. Une plume égratigne mais un fusil tue. Une plume n'a jamais fait taire un fusil alors qu'une salve couvre aisément un cri déchirant. Les idées qu'un poète peut semer demandent souvent trop longtemps avant de germer sur les charniers des bourreaux. Oui, les poètes qui dénoncent les bourreaux sont des fous, mais des fous nécessaires. Des fous qui freinent parfois la folie des gens raisonnables.

Là encore, les villes furent certainement plus contaminées par la peste que les campagnes. En Orléans, les éternelles jalousies entre commerçants engendrent parfois d'indicibles rumeurs qui s'achèvent en drames. Mais au village, on ne savait pas très bien ce qui pouvait différencier un Juif d'un citoyen normal puisqu'on n'en connaissait point. Cela dit, on ne les aimait guère, par tradition. Pardi ! On se méfie toujours des gens qui sortent de l'ordinaire ; c'étaient sûrement des apatrides comme le disaient certains journaux, des étrangers sans foi ni loi. On ne pouvait donc pas les tenir en haute considération. Mais de là à leur souhaiter des misères, certes non ! On n'était pas méchant, au pays, seulement indifférent à ce qui ne nous touchait pas.

Et pourtant, les gens d'un hameau furent bientôt confrontés

à la terrible réalité quand une fille du coin, Hélène, revint seule avec son gamin. On se rappela soudain qu'elle vivait à la colle, comme on disait, avec un de ces fameux Juifs, à Paris. Sans ces événements, personne n'y aurait repensé. Mais voilà : à l'heure qu'il était, la petite revenait chez sa mère et c'était bien triste que de la croiser.

Tout finit par se savoir, dans un village comme le nôtre, et l'on apprit rapidement que son ami avait été arrêté par la Gestapo. Quand la pauvre fille en parlait, elle éclatait aussitôt en sanglots. Les gens comprenaient mal la raison de ce désespoir. Des gars, les Allemands en arrêtaient tous les jours, n'est-ce pas l'oncle Pierre ? mais ça ne signifiait pas pour autant leur assassinat. Si son concubin n'avait rien à se reprocher, il serait bientôt relâché... « Je ne le reverrai pas », s'obstinait à répéter la malheureuse en pleurs. Et elle parlait de rafles, d'exécutions sommaires, d'extermination, bref d'horreurs qui dépassaient l'entendement. Elle disait même que les policiers allaient jusqu'à embarquer les enfants et ça, pour nos paysans, c'était impensable.

Dans son malheur, la petite avait cependant eu une once de chance. Elle n'était pas mariée et ne portait donc pas un patronyme suspect. Son petiot non plus, qui put ainsi demeurer chez sa grand-mère sans devoir se cacher.

Mais quelqu'un, au hameau, se tenait parfaitement au courant de la tragédie. C'était un rentier de Paris poussé à la villégiature par les restrictions et la menace des bombardements ; il s'était installé au pays vers 42. Un jour, il saisit le gamin et lui demanda méchamment : « Dis donc, toi, pourquoi ne portes-tu pas l'étoile jaune comme tu le devrais ? » Cette fois-ci, les paysans prirent pleinement conscience de la mauvaiseté nazie. Ainsi, c'était donc vrai, toutes ces abjections que la petite racontait ? On en fut effrayé. On ne supposait pourtant pas le centième de la vérité.

Mais les Juifs n'étaient plus les seuls individus à bannir. Dès le 11 avril 40, la circulation avait été interdite aux nomades et aux forains. Les bohémiens furent plus tard internés dans le camp spécial de Jargeau et gardés par des gendarmes français. Oui, par de braves pandores de l'État vichyssois !

Le 15 novembre de la même année, le préfet du Loiret envoyait aux maires deux questionnaires concernant les étrangers indésirables et les indigents résidant sur leur commune. Ces renseignements étaient réclamés par le ministre-secrétaire d'État à l'Intérieur afin de lui *permettre d'apporter une solution rapide au problème de la surveillance et de l'élimination des étrangers dont la présence constitue un danger pour la tranquillité publique ou une charge pour l'État français.* Outre les Juifs, étaient maintenant désignés les romanichels, les vagabonds, les inconnus, les métèques et bien sûr, les communistes et les francs-maçons qui n'étaient, eux, que les perfides serviteurs d'Israël et du bolchevisme réunis.

La plupart des gens de la région, je le répète, gardent la tête solidement plantée sur leurs épaules. Il ne fallait donc pas compter sur eux pour ce genre de délation. Les sympathisants du Front populaire s'alarmèrent néanmoins car plusieurs de leurs camarades, à Cravant, furent inquiétés sur dénonciation. Comme les « rouges » de Cravant et ceux de Josnes militaient autrefois ensemble, certaines maisonnées du village, bien connues pour leurs idées de partageux, s'empressèrent de brûler, la nuit, dans la chaudière de la buanderie, tous leurs bouquins compromettants. Mais rien ne se produisit. On pouvait s'endormir sur ses deux oreilles sans souci d'être réveillé par une perquisition de Feldgendarmes...

Sur ce point, il faut convenir que les gendarmes du chef-lieu de canton, à Marchenoir, se montraient fort conciliants. Ils fermaient volontairement les yeux sur les infractions et les irrégularités sans conséquence. Vraiment, personne ne songea à leur reprocher de suivre servilement les consignes du gouvernement de Vichy. Ils se comportaient comme d'habitude et pour rien au monde, ils n'auraient cherché des poux dans les crins d'un trimardeur ou dans la tignasse d'un zazou de la ville venu au ravitaillement.

Quant aux miliciens de sinistre réputation, on n'en croisait pas dans la contrée. Ce n'était pas comme dans certains châteaux de Sologne où les maîtres obligeaient les fils de leurs domestiques à s'enrôler dans les bandes nouvellement fondées par l'ignoble Joseph Darnand. Ici, rien de cette engeance.

En retrait des fièvres et des exactions, le village n'eut donc guère à souffrir des vagues de dénonciations qui submergeaient maintenant les Kommandanturs. Les gendarmes de Marchenoir affirmaient que Josnes restait en ce domaine la plus sage commune du canton. Il fut cependant envoyé quelques lettres anonymes. A Isy, Nestor fut dénoncé parce qu'il cachait son fusil de chasse, comme tous ses voisins ; il devina aussitôt quel était le saligaud qui l'avait trahi. Il l'agrippa un matin au beau milieu du bourg, devant tout le monde, et lui déclara vertement sa façon de penser. L'autre jurait ses grands dieux qu'il n'était pour rien dans ses ennuis mais personne ne croyant en ses vibrants démentis, on le laissa mariner dans ses remords pendant une quarantaine.

Une deuxième dénonciation fit grand bruit dans les alentours. Il s'agissait de celle qui avait entraîné l'arrestation du fils du maître d'école des garçons. Réfractaire au S.T.O., il travaillait dans une ferme de Beauce comme charretier. La Gestapo lui sauta sur le râble alors qu'il rentrait de charrue. Il présenta de faux papiers, sans succès : il fut déporté pour actes de résistance. D'abord à Pithiviers, puis dans un camp de concentration en Allemagne. Il en reviendra brisé et mourra peu de temps après sa libération. Plusieurs soupçonneront un rival, un salopard, de l'avoir balancé pour une « histoire de demoiselle ». Cela n'aurait rien d'étonnant car les pires bassesses animaient les « corbeaux » qui trouvaient dans la dénonciation un assouvissement facile à leurs mesquines vengeances. Des cas tout aussi déplorables éclatèrent en mille autres endroits.

L'arrestation du fils des instituteurs plongea le village dans la consternation. Enfin, on envisageait que les pires ignominies se déroulaient dans les camps d'internement de la région. On ne savait pas encore exactement ce qui s'y passait, mais on avait désormais la certitude que des prisonniers y étaient enfermés pour délit d'opinion, et non pas seulement des délinquants de droit commun comme les Allemands voulaient trop souvent le faire croire.

Le camp de Pithiviers, composé d'anciens magasins militaires d'avant 14, était paraît-il placé sous autorité allemande, mais par veine c'étaient des policiers français qui en assuraient la surveillance. Cela en rassura d'aucuns. Ces braves gens avaient tort, ô combien !

Témoignages

PUTAIN, QUEL BORDEL !

Le 16 octobre 41, le commissariat central d'Orléans effectua une descente dans les milieux interlopes de la ville, sur directive de la Feldkommandantur, au terme de laquelle vingt deux péripatéticiennes furent internées au camp de Jargeau. Les y rejoignirent, durant l'Occupation, 307 autres gagneuses notoires - dont plusieurs adolescentes - arrêtées dans les départements du Loiret, Loir-et-Cher, Cher et Eure-et-Loir. Désormais, question prostitution, les autorités allemandes ne tolérèrent que les locataires de maison close pour lesquelles l'uniforme du client comptait peu. A Orléans, les clandés de la rue des Juifs recevaient les soldats de la Wehrmacht tandis que les officiers goûtaient aux charmes putassiers du "Pélican", rue Bannier. Ah ! la fameuse collaboration horizontale...

C'est toujours avec un sens du devoir exemplaire, notons-le, que les administrations préfectorales concernées firent exécuter les instructions qu'on leur dictait et qui, pourtant, ne reposaient sur aucune base juridique.

LES NOMADES

De témoignages, Christian Bidault en a truffé les articles qu'il publia dans *La République du Centre* en juillet 89, à propos du camp de transit installé à Jargeau !

Le 26 octobre 1940, la préfecture du Loiret reçoit cette note émanant de la Feldkommandantur 549 : *« Doivent être considérées comme nomades toutes les personnes de nationalité française ou étrangère qui se déplacent à la manière des nomades, qui n'ont pas de domicile fixe et ne peuvent justifier d'une résidence stable dans la zone occupée sans égard s'ils sont porteurs d'une carte d'identité. »*

Aussitôt les arrestations, les dénonciations vont bon train. Les "anonymographes" s'en donnent à cœur joie, comme ce particulier bien intentionné qui, le 7 novembre 41, signale au préfet que *« plusieurs habitants de la commune ont à se plaindre de la conduite des enfants auxquels ils sont tentés d'attribuer quelques larcins commis à leur préjudice.* Et de *demander de bien vouloir faire diriger cette famille de nomades sur le camp spécial de Jargeau... ».*

Les rescapés, tsiganes ou forains, décrivent cet enfer carcéral en termes douloureux. Le froid, la vermine, la malnutrition, le manque d'hygiène, les maladies épidémiques, la misère physiologique, rien ne sera épargné aux prisonniers.

Augustine Humberger avait dix ans à l'époque : *« Mes parents étaient forains à Gien. Un jour de 1940, les gendarmes sont venus nous chercher avec mes cinq frères et sœurs. Ils ont dit que c'était sur ordre du maire, pour un rencensement. Ils nous ont emmenés avec nos roulottes et nos chevaux. »* Direction : le camp de Jargeau. *« On couchait par terre ou dans des lits de bois. Un chien n'aurait pas voulu de ce qu'on nous donnait. On mangeait dans des boîtes de conserves. Les gardiens français disaient que c'était de la faute des Allemands mais quand ceux-ci venaient, rarement, on était mieux traités. Les hommes avaient même un verre de vin. »*

Jean-Louis Bauer, dit Poulouche, n'était âgé, lui aussi, que d'une dizaine d'années quand sa famille, qui circulait en roulotte, fut arrêtée à Mérignac. Après Montreuil-Bellay, il échoue à Jargeau en 44 : *« Nous étions rongés par la vermine. Chaque jour on nous donnait 250 grammes de pain et deux soupes de carottes ou de navets. Quand on avait des patates, c'était la fête. On passait notre temps à tuer les poux et l'hiver on brûlait les planches des baraques pour se réchauffer.* (...) *Avoir été enfermés et gardés par des Français, alors que nous étions, nous sommes Français, voilà le pire. »*

Fernande Weigel est née en 39. Christian Bidault écrit : « Elle n'a pas encore deux ans lorsque ses parents et leurs six enfants sont pris dans une rafle par la gendarmerie et conduits à Jargeau. « On vous emmène » ont dit les gandarmes. C'est tout. Sa grand-mère deviendra folle à force de barbelés . Elle se souvient que sa mère, qui travaillait à la cantine, la faisait passer par une lucarne pour la faire manger un peu. Elle raconte encore ces gosses contraints de manger des excréments pour survivre. »

UN GAMIN DE PARIS

« Quand tous les prisonniers de guerre français qui n'avaient pas tenté de s'échapper furent transportés en Allemagne, les occupants organisèrent l'ex-Station-Magasin (de Pithiviers) en un vaste camp de concentration avec miradors, postes de mitrailleuses, grillages et fils barbelés de quatre mètres de hauteur, et ce furent des trains entiers de malheureux israélites qui déversèrent leur cargaison. Cet endroit devint sinistre aux yeux de la population qui évitait de s'en approcher.

« Ces Juifs, parmi lesquels il y eut des personnalités connues, ne faisaient que transiter. Ils étaient séparés, triés toujours brutalement, avant d'être dirigés sur Auschwitz principalement ou sur les autres camps. Certains retournaient à Drancy...

« Lorsqu'il n'y eut plus d'israélites à exterminer, les internés politiques, communistes pour la plupart, vinrent les remplacer.

« Et puis, après la Libération — ô ironie ! — on entassa là, pêle-mêle, des collabos hommes et femmes, collabos ou prétendus tels !

« Si bien que la ville, célèbre autrefois par la qualité du miel du Gâtinais et la renommée de ses produits gastronomiques, ne fut plus connue dans la France entière que par l'horreur de ses camps d'internement...

...« (Nous étions au cœur de l'hiver 1941.) Le jour commençait à baisser, il faisait froid et brumeux. Alors que nous abordions "le camp des Juifs", nous aperçûmes un gamin d'une dizaine d'années, de pauvre et chétive apparence, qui paraissait gelé et pleurait, tournant sur lui-même, comme s'il était perdu, désemparé...

« "Qu'est-ce que tu as ? Pourquoi pleures-tu, mon petit ?

« — Je peux pas voir mon papa, nous répondit-il et, pressé de questions, il nous raconta qu'étant arrivé le matin par le train de Paris, il voulait voir son papa qui était dans le camp.

« — Tu es donc venu tout seul ? Tu n'as pas de maman ?

« — Si, dit-il, mais elle est malade et elle ne peut pas venir parce qu'elle n'a pas les papiers pour entrer au camp."

« Nous comprîmes que la mère, qui n'était pas juive, vivait avec un petit casquettier du Temple qui était là derrière les barbelés.

« Alors, ce pauvre gosse, voyant qu'on l'écoutait sans le rabrouer, nous raconta que, depuis le matin, il essayait d'approcher du grillage pour voir son père. Celui-ci, qui guettait une visite, l'avait aperçu, mais chaque fois que l'enfant pensait pouvoir lui parler, un gardien — un Français — le renvoyait en le menaçant.

« Quelle misère et quelle honte ! pensions-nous. Le pauvre gosse était désespéré, car il devait parler à son père et il voyait, avec angoisse, le jour baisser et arriver l'heure du train. On sentait la peine atroce de cet enfant et nous en étions bouleversés.

« A ce moment, un des internés nous fit un signe et le petit nous dit :

« "C'est mon papa..."

« L'homme avait suivi de loin avec intérêt notre attitude envers son garçon et se rapprochait insensiblement. L'enfant courut vers la frontière de fils aux épines d'acier. Le gardien l'aperçut et se précipita sur lui, le repoussant avec brutalité.

« "Salaud !" cria mon ami.

« Je lui dis : "Occupez-vous du gosse pendant que je vais parlementer avec cette brute."

« J'attendis que cet homme, aveuglé plus par une haine imbécile que par le devoir, eût tourné dans la direction Nord et je courus l'aborder.

« "J'ai vu votre manège, tout à l'heure, avec ce pauvre gosse sans défense et il m'a raconté votre persécution pendant toute cette soirée", lui dis-je. J'ajoutai : "Vous savez que les gens qui sont enfermés là vont partir en Allemagne et qu'ils n'en reviendront pas. Alors, vous ne pouvez pas un instant fermer les yeux ? Vous n'avez pas de cœur, vous devriez avoir honte. Sans doute, n'avez-vous pas de gosses ?

« — Si, répondit-il, mais c'est pas un sale petit youpin... et je n'ai pas honte.

« — Écoutez, lui dis-je, j'ai l'occasion de venir souvent en visite au camp, comme délégué de la Croix-Rouge — et je lui montrai ma carte avec autorisation de visite — ; je connais votre chef et je vous affirme que je vais le mettre au courant de votre attitude.

« — Oui, eh bien, vous pouvez toujours y aller, vous tomberez sur un fameux bec." Et il fit demi-tour...

« Moi aussi, mais j'avais eu le plaisir de voir le père et le gosse s'envoyer des baisers du bout des doigts, à la fureur étranglée du gardien.

« Le jeudi suivant, dès six heures du matin, en pleine nuit, j'étais de service Croix-Rouge avec mon équipe d'urgence sur les quais de la gare, pour le départ d'un train — de marchandises comme on disait — qui emmenait plusieurs centaines d'Israélites vers l'Allemagne.

« Nous n'avions pas grand-chose à leur distribuer, mais chacun de ces déportés put boire un quart de thé très chaud, un peu sucré. Nous avions grappillé une cinquantaine de paquets de tabac et les cigarettes ne manquaient pas, car bien des non-fumeurs nous remettaient leur rationnement et les fumeurs savaient se priver pour la Croix-Rouge. Nous avions cent couques de pain d'épice, cinq belles couques par wagon.

« Les soldats verts faisaient les cent pas tout au long du convoi, en faisant sonner les crosses de fusil sur le sol gelé.

« Les pauvres gens entassés nous criaient leur merci...

« Un moment, je crus reconnaître la silhouette du papa casquettier du dimanche précédent. Lui aussi m'avait reconnu ; il esquissa un sourire où il y avait autant de tristesse que de gratitude... Quand il voulut me tendre la main, je lui criai :

« "Tout s'est bien passé chez vous à Paris !" Je ne saurai jamais s'il entendit mes paroles car les gars de la Bahnhoff fermaient les portes à glissières et l'on ne vit plus que des yeux brillants où se reflétaient les rares lumières du quai... puis des doigts crispés qui agrippaient les rainures d'aération, au-dessous desquelles on pouvait lire — une fois de plus — comme à toutes les guerres précédentes :

« Hommes : 40.

« Chevaux en long : 8.

« Toujours ce bétail humain qu'on véhicule pour l'abattoir ! » Extrait de la plaquette *Vagabondages* de Luc Boncri, de Châteaudun (André Gibier édit., Pithiviers 1977).

L'HONNEUR A LA RETRAITE

« De mars 1941 à février 1942, le camp de Jargeau fut dirigé par un commandant de gendarmerie qui, jusqu'en septembre 1940, commandait la section de gendarmerie du Cher à Bourges. Nommé par le préfet du Loiret, il fut remplacé en février 1942 par le capitaine de gendarmerie C., commandant de la légion de Nancy, alors retraité. Etant donné la pénurie d'officiers en retraite, à partir de septembre 1942, c'est un douanier au rang d'adjudant qui prend le relais. Il sera remplacé le 2 août 1943 par le commandant F., auparavant commandant le détachement des douaniers du Loiret. Des personnels administratifs, jusqu'à 17 personnes en 1943, travaillèrent également derrière les barbelés.

« Quant aux "gardes auxiliaires" qui assurèrent la surveillance des internés, ce seront au départ des retraités de la gendarmerie ou de l'armée. Ils perçoivent 930 francs mensuels de l'époque, plus les allocations familiales. La préfecture, qui les nomme après enquête de moralité, les recrute par petites annonces. Des gardiens qui seront renforcés à certaines périodes par une brigade spéciale de gendarmerie de la 51ème Légion d'Orléans.

« A l'issue de la rafle du Vel' d'Hiv de juillet 42, le camp de Pithiviers est surpeuplé. Les gendarmes qui "servaient" à Jargeau y sont affectés. C'est alors que la préfecture décide de les remplacer par des douaniers. Au total, il y aura jusqu'à 90 gardiens à Jargeau. (...) Il n'y a jamais eu de problème pour recruter du personnel... » (Découpé dans *La République du Centre* du 25 juillet 1989, d'après un mémoire de Pascal Vion).

FUITES

« La Gestapo, sur dénonciation, vint chercher un réfractaire et demanda le chemin au mécanicien du bourg. Celui-ci répondit qu'il connaissait mal la région et qu'il devait se renseigner auprès de son épouse. Il chargea cette dernière de partir aussitôt en vélo prévenir l'intéressé, à deux kilomètres de là. Il retint les policiers juste assez pour que sa femme réussisse. Le réfractaire plongea dans un champ de blé et réussit à s'échapper. Si la Gestapo avait eu vent de cet acte de courage, songeons aux conséquences ! » (Lettre de M. Gaston Girard, conseiller général de Saint-Benoît-sur-Loire.)

FAUSSE SORTIE

« Ayant été autorisé à visiter son fils à la prison, mon beau-père se vit signifier sa propre arrestation dès son arrivée, sous le prétexte que ce fils s'était évadé le matin même. Quelle ne fut pas leur surprise mutuelle lorsqu'ils se retrouvèrent tous deux à la même table commune, à l'heure du "repas" !

« Après protestation auprès du directeur, on s'aperçut qu'un autre prisonnier s'était évadé mais qu'un camarade, pour lui laisser le temps de filer, avait donné l'alerte en fournissant une fausse identité. » (Lettre de Mme Badord-Grenat, d'Orléans.)

NE NOUS ÉCRIVEZ PLUS !

Dans l'année 1942, le préfet du Loiret se vit contraint d'adresser la circulaire suivante à tous les maires du département :

« Messieurs,

« J'ai l'honneur de vous signaler qu'au cours de ces derniers mois, le nombre des lettres anonymes et des dénonciations calomnieuses qui parvient chaque jour soit aux administrations françaises, soit aux autorités d'occupation, n'a cessé de croître.

« Ces pratiques créent une atmosphère insupportable de suspicion. Elles ont déjà amené maints incidents regrettables, du fait du profond malaise qu'elles font régner, et elles risquent de jeter la discorde parmi les Français en un moment où le pays a besoin de garder intactes toutes ses forces morales pour assurer son redressement.

« Les auteurs de ces lettres devront être avisés qu'ils s'exposent à des sanctions extrêmement graves. Les autorités administratives françaises feront faire des enquêtes de police comprenant éventuellement les expertises d'écriture, un contrôle des empreintes digitales, afin de rechercher l'origine des lettres anonymes et éventuellement d'en poursuivre ceux ou celles qui les ont écrites.

« Je me suis mis d'accord avec la Feldkommandantur d'Orléans pour que les lettres anonymes adressées aux autorités allemandes et n'ayant pas trait à des questions concernant la sécurité de

l'armée d'occupation, soient également remises aux autorités administratives françaises pour enquête.

« Je vous prie de bien vouloir porter les renseignements qui précèdent à la connaissance des populations de votre commune par tous les moyens dont vous disposez et notamment par l'intermédiaire du tambour municipal.

Signé : Martin-Sané, préfet délégué.

LE CAMP DE PITHIVIERS

Découpé en février 46 dans *La République du Centre,* qui venait de succéder au *Républicain Orléanais :*

« ... Pendant la guerre de 1914-18, deux immenses hangars avaient été construits, non loin de la sucrerie, face à la ligne de chemin de fer : ils servirent longtemps de magasins au parc d'artillerie d'Orléans et, à l'emplacement du camp actuel, de nombreux fours avaient été construits pour la fabrication du pain expédié aux armées.

« Au début de la dernière guerre, un de ces hangars avait été transformé pour les services de l'armée, la réception éventuelle, notamment, de tous les objets pouvant appartenir aux soldats tombés sur les champs de bataille pour y être triés et remis aux familles, mais ce service ne devait jamais fonctionner et ce furent ceux du ministère des Pensions, repliés à Pithiviers, qui s'y installèrent... pas pour longtemps, car dès le début de juin 1940, ils devaient partir à nouveau de l'autre côté de la Loire.

« Puis, quand, le 16 juin 1940, les Allemands prirent possession de la ville, vingt mille prisonniers français furent parqués, tant au camp qu'à la caserne La Haye et sur un terrain proche, sommairement aménagé.

« Jusqu'en février 1941, époque où ils furent embarqués pour l'Allemagne, nos infortunés prisonniers durent passer ainsi de pénibles et froides journées, dans de pitoyables conditions.

« Pendant trois mois, le camp devait servir, par intermittence, à mettre les chevaux réquisitionnés dans la région par les Allemands. C'est alors qu'Hitler fit donner l'ordre d'arrêter les Israélites ; 2.400 furent bientôt internés dans le camp de Pithiviers ; ils y restèrent jusqu'en septembre 1942 ; un premier convoi avait déjà été envoyé en Allemagne en mai, un nouveau train composé uniquement d'hommes partit en août, puis un troisième, comprenant les femmes et les enfants âgés de plus de 15 ans. Des scènes déchirantes se produisirent quand, de façon odieuse, les mères en pleurs furent séparées de leurs enfants en bas âge. Ne voulant pas que leurs bijoux tombent aux mains de ces tortionnaires, plusieurs d'entre elles préférèrent les briser et les jeter dans les fosses d'aisances. Enfin, au début de septembre 1942, les enfants qui étaient restés au camp, gardés par des femmes non déportables, furent installés dans des wagons à bestiaux, en un train complet, pour l'Allemagne d'où ils ne revinrent jamais. On se rappelle toutes les vexations que durent subir ces malheureux, parce que juifs, avant d'être expédiés vers les camps de torture et d'extermination : non contents de leur imposer l'étoile jaune, leurs bourreaux avaient fait défense à leurs familles et amis de les ravitailler ; bien mieux, interdiction était faite aux parents des internés d'aller dans les hôtels et restaurants. »

SILENCE

C'est dans ces camps, à Pithiviers, et à Beaune-la-Rolande, que furent internés la plupart des enfants juifs après la rafle du Vel'd'Hiv', les 16 et 17 juillet. Ces gosses avaient entre 2 et 15 ans lorsqu'on les entassa dans des trains de marchandises pour Drancy puis Auschwitz. Ils furent ainsi plus de 3 000 à être expédiés vers la mort. Les gendarmes français portèrent une terrible responsabilité dans ces atrocités. Les conditions de détention étaient abominables.

Il est évident qu'on détient toujours de terribles secrets, à Pithiviers ou à Beaune-la-Rolande. Et pourtant, personne n'a voulu témoigner malgré l'insistance de nos appels. La mémoire collective est-elle frappée d'amnésie quand les souvenirs se font trop cruels ? Et n'est-ce pas également un crime que de se taire ?

VIVE LES COLLABORATIONS !

« Pithiviers, Beaune-la-Rolande, Jargeau ont vu passer entre 1940 et 1944 des milliers d'hommes, de femmes et d'enfants qui avaient commis comme seul crime celui de ne pas faire partie de "la race élue". Pourtant l'occupant allemand a trouvé auprès de la haute administration française, de la police et de la gendarmerie de l'époque, des alliés zélés pour accomplir ses basses besognes. Sans parler des gardiens auxiliaires de ces camps, tous volontaires, qui souvent ont trouvé là le moyen d'entrer dans une administration sécurisante.

« Entre subir passivement la loi de l'occupant relayée par ses valets vichystes comme le Français lambda, et participer à l'instauration de "l'ordre nouveau", il y avait un grand pas que certains n'ont pas hésité à franchir. Faut-il en déduire qu'une certaine frange de Français ne voyait pas non plus d'un trop mauvais œil ce ménage chez ces nomades «voleurs de poules» chargés de tous les péchés du monde ? On comprend mieux dès lors le black-out latent sur les archives détonantes de cette époque qui participe à cette amnésie en forme d'amnistie générale. » (Commentaire de Christian Bidault, *La République du Centre,* 26 juillet 1989).

DÉCAMPÉS !

Le camp de Voves, comme ceux du Loiret, fut d'abord destiné à recevoir, dès juin 40, les prisonniers de guerre français. Il sera fermé en décembre puis rouvert de mars à juillet 41 : y seront alors parqués des prisonniers nord-africains. Au printemps 42, les détenus sont catalogués comme criminels politiques ; il s'agit principalement de résistants en majorité communistes, ou prétendus tels. A ces quatre à cinq cents internés s'ajoute une cinquantaine de « droit commun », pour la plupart des souteneurs.

Les prisonniers mettent très vite au point une organisation intérieure. Une direction collective se constitue ; chaque baraque élit son responsable. La première revendication porte sur la nourriture. Peu à peu se créent un bureau des internés, des activités culturelles et sportives (chorale, orchestre, troupe théâtrale), une université dispensant des cours de littérature, de langues, de géographie, d'histoire... Une radio clandestine permet aux détenus de suivre les événements. Les exercices de gymnastique ne sont en fait qu'une préparation déguisée en vue de s'échapper puis de rejoindre la Résistance.

Quatre-vingts détenus s'évaderont du camp de Voves grâce à l'aide du Front départemental des évasions individuelles.

L'un s'enfuira dans un tonneau, d'autres par petits groupes habillés en gendarmes. En novembre 43, la presque totalité des prisonniers est transférée au camp de Pithiviers. Ne restent à Voves que les « plus dangereux », une centaine environ. Ce sont eux qui entreprennent et réussissent la plus retentissante des évasions collectives. Ils creusent un tunnel de cent vingt mètres et sont quarante-deux à se faire la belle pour renforcer les rangs des Francs-Tireurs et Partisans d'Eure-et-Loir. Quelques jours plus tard, les 476 prisonniers restants seront transférés à Neuengamme, en Allemagne, d'où très peu reviendront en 45.

Quand ils gardaient les baraquements, les gendarmes français se montraient en général assez débonnaires. Mais il y eut des exceptions. Un lieutenant par exemple. C'est peut-être pourquoi on le retrouva peu après la Libération avec le grade de commandant puis de colonel ! (Informations de M. Paul Vigueur, secrétaire général des Anciens de la Résistance d'Eure-et-Loir.)

FAUX FRANÇAIS OU VRAIS BOCHES ?

Aussitôt après la guerre, un poète de Mer publia une plaquette intitulée *Cinquante mois sous les bottes.* Un des sonnets était consacré aux délateurs. Son titre : « Judas ! » Le versificateur savait à quoi cela rimait puisque sous le pseudonyme Michel Delestoile ne se cachait en vérité que... le curé de la paroisse ! Voici son poème (écrit en janvier 43) :

A la Kommandantur que de fois des Français
De faux frères ceux-là, des Boches vils laquais,
Dénoncent leurs voisins pour toucher une prime !
— On ne s'enrichit pas de l'argent de son crime !
En pensant à ces gens le rouge monte au front :
Pour mon pays j'ai honte ! Ah ! pour lui quel affront !
Ô race des Judas, des vendus et des traîtres,
A plat devant ceux qui pour un temps sont nos maîtres !
Ah ! vous ne savez pas ce que c'est que l'honneur,
Malheureux dévoués, pauvres êtres sans cœur !
Comment ? pour de l'argent vous vendez votre frère ?...

Vous complotez dans l'ombre avec un adversaire !
Vous ne méritez pas le titre de Français
Et l'on vous traitera de Boches désormais !

(Plaquette communiquée par M. André Prudhomme, de Mer.)

BEAUGENCY DURANT L'ANNÉE 43

« En janvier, recensement des hommes nés de 1912 à 1919 inclus. Il faut se présenter à la mairie muni de sa carte d'alimentation, du livret de famille et de ses papiers d'identité. Les départs ont lieu en février et en mars, on ne sait pas pour où.

« Les fêtes de Pâques donnent l'occasion d'organiser une kermesse en faveur des prisonniers. Des réfugiés lorrains arrivent fin avril ; ils n'ont guère de bagages et les enfants n'ont même pas eu le droit d'emporter leurs jouets. Ils sont contents de partager nos jeux.

« Fin mai : premier bombardement d'Orléans, de nuit. C'est un vacarme assourdissant et notre maison tremble comme si cela se passait tout près. Nous ne sommes pas rassurés.

« Les troupes allemandes sont cantonnées à l'hospice de la route de Vendôme, à l'école de garçons sur le mail et à la colonie de vacances. La classe a lieu rue Porte-Tavers, au numéro 5, et au 27 rue de la Cordonnerie.

« La lecture journalière se résume au *Républicain orléanais* et à l'hebdomadaire *Signal*. Les jeunes lisent *Tom Mix*, des récits illustrés où les Peaux-Rouges portent la croix gammée sur leurs coiffures de plumes !

« De nouvelles phalanges apparaissent : les "Groupes mobiles de réserve" pour lutter contre les maquisards, les "Waffen S.S." pour lutter contre le bolchevisme.

« Les récoltes doivent être déclarées. Nous allons chercher du blé dans les fermes, pour faire du pain. Mon travail consiste à moudre ce grain dans notre moulin à café. Le boulanger nous donne de la levure et nous cuisons la pâte dans le four de la cuisinière. C'est bon, le pain cuit chez soi, surtout quand on en manque !

« J'étais à Nevers, en vacances dans la famille, quand j'appris l'arrestation du capitaine Robert Goupil. Nous avons tous pensé : "Avec ce qu'il a fait, nous ne le reverrons jamais." Et nous ne l'avons effectivement jamais revu. » (Lettre de M. Yves Clairambaud, de Beaugency.)

NUANCES

« Les Groupes mobiles de réserve étaient des gardiens de la Paix (!) du ministre de l'Intérieur, et non une phalange comme la Milice. Casernés à Saint-Charles, ces jeunes gens attendaient la fin de la guerre et s'employaient à éviter le pillage des villes bombardées ou à garder les écluses. Mais la majeure partie du temps consistait à se baigner dans la Loire, à faire du sport ou du théâtre entre eux, l'hiver, dans une salle de la caserne.

« Il y a bien eu quelques opérations contre le maquis mais celui-ci était averti, je crois, par le médecin de la compagnie. Cela ne donna jamais rien. Il fallait cependant donner l'impression au gouvernement et à l'occupant que les GMR étaient utiles, sinon indispensables. L'esprit de policier n'y régnait pourtant guère. La preuve en est qu'il y eut 80 démissions après la Libération. Ceux qui restèrent passèrent, par décret gouvernemental, de GMR à CRS puis à gardiens de la Paix de commissariats. » (Lettre d'un correspondant anonyme.)

Nota : Reste à préciser si ces inoffensifs GMR — qui se plaisaient tant à être dans le bain ! — furent démissionnaires ou démissionnés. Il est exact néanmoins que plusieurs d'entre eux aidèrent les FFI à combattre les Allemands au pont de Saint-Hilaire. « Peut-être pour se dédouaner ! » susurre malicieusement un de mes informateurs.

Ceux du maquis

(Répertoire de Gilbert Moryn, 1944)

Le village écoutait la radio de Londres, en cachette évidemment, depuis juin 40. On jetait un œil prudent à l'entour puis, rasséréné, on verrouillait porte et volets et l'on collait enfin son oreille sur le haut-parleur du poste. Dès 41, on gobait bouche bée tous les messages codés destinés aux réseaux de la Résistance qui tentaient de se constituer ; on n'en comprenait pas le moindre mot mais cela suffisait néanmoins à partager un semblant de complicité. Et puis écouter la radio de Londres, n'était-ce pas déjà en soi une désobéissance à l'Allemand, sinon l'ébauche d'un acte de rébellion ?

Les autorités d'occupation se plaignirent au préfet des premiers faits d'insoumission caractérisée dès la mi-janvier 41. Rien de déterminant certes, mais des signes révélateurs. Il ne s'agissait pour l'instánt que de panneaux routiers rendus illisibles par grattage ou barbouillage. Diverses flèches de signalisation étaient arrachées ou retournées à l'inverse du bon sens pour égarer les troupes dans leurs déplacements. Des broutilles, sans plus. Pour l'instant du moins.

Le 4 avril, le V de la Victoire fut peinturluré à la hâte sur les pignons de plusieurs maisons du département, sur les affiches de propagande allemande, sur les bornes Michelin. A l'automne, ces graffiti se multipliant, le préfet demanda aux maires de *vouloir bien porter à la connaissance des autorités d'occupation les événements importants qui pourraient se produire sur le territoire de leur commune.* Autrement dit : dénoncer les agissements des « terroristes » supposés.

Ces actes, d'abord isolés, s'amplifièrent soudainement en 43, et s'aggravèrent. Cette année-là, l'Armée allemande subit de cuisants échecs en Russie et le moral de la troupe s'en ressentit immédiatement. Les soldats qui séjournèrent au village se firent plus pointilleux, comme nous l'écrivions dans un chapitre précédent. La tension s'accrut, au pays comme dans le monde entier. La peur mortifia les uns et l'espoir ranima les autres. Les dénonciations affluaient dans les Kommandanturs tandis que les mouvements de la Résistance s'intensifiaient dans les bois de Sologne et sur la Loire. On parlait maintenant du général de Gaulle — beaucoup moins du général Giraud — et de ses gaullistes. Ou de ses gaullards, on ne savait pas encore les nommer avec précision. On assurait que des patriotes rejoignaient clandestinement les forces de la France libre, à Londres. A mesure que les mois s'écoulaient, on devinait qu'un débarquement en règle se produirait bientôt, à Bordeaux ou ailleurs. Les Allemands n'avaient pas réussi à envahir l'Angleterre, l'Italie de Mussolini se fissurait, nos colonies d'Afrique du Nord chancelaient, le front russe craquait : tout ça signifiait nettement que c'était le début de la fin pour les Fritz. Les anciens combattants eux-mêmes commençaient à désavouer le régime de Vichy, trop compromis par les rafles du S.T.O. et les décrets racistes. « Pierre Laval embobine notre Maréchal », regrettaient-ils.

Le village eut alors la chance de recueillir des informations précises sur ce qui se passait sur le front russe, et ce fut bien la seule fois durant cette fichue guerre qu'on le mit au courant des événements réels. Ce fut de la bouche d'un Polonais qui servait dans la Wehrmacht et qui venait rendre visite à des compatriotes émigrés et installés dans un de nos hameaux. Ce qu'il raconta des combats fit frémir même ceux qui ne souhaitaient aucun bien aux « frisés » de son espèce. Il disait qu'en dernier ressort, les Allemands avaient dû enterrer leurs tanks dans la boue glacée et s'en servir de blockhaus. Apparemment, le pauvre type avait tellement marre de ces carnages qu'il ne prenait plus la peine de s'en cacher. Comme il paraissait loin, le temps de l'arrogance des vainqueurs invincibles !...

Durant la première moitié 44, les attentats du Maquis frappèrent plusieurs collaborateurs notoires et les saboteurs ne se contentèrent plus de maquiller les panneaux routiers ; ils coupaient désormais les voies ferrées, les ponts et les routes ; ils dynamitaient les pylones électriques, les transformateurs ; ils cambriolaient les perceptions ; ils dérobaient les tickets d'alimentation dans les mairies ; ils incendiaient les entrepôts de la réquisition ; ils pillaient les trains en partance pour l'Allemagne ; ils favorisaient l'évasion des détenus politiques... Membres des F.F.I. et des F.T.P. rivalisaient de hardiesse.

Hélas, cela entraînait parfois de terribles représailles sur la population et une forte proportion de « pères tranquilles » n'applaudissait aux exploits des partisans qu'à la condition que ces exploits n'eussent point lieu dans les abords. « Qu'ils restent sagement dans les bois, entendait-on, ou ils ne réussiront qu'à nous faire trinquer ! On supporte déjà bien assez de tracas comme ça. » Ailleurs, on chuchotait que les maquisards faisaient sauter les batteuses pour ne pas satisfaire aux réquisitions ordonnées par les autorités allemandes, et l'on réprouvait nettement ce genre d'agissements. La frousse bleue d'une riposte des Boches flanquait la colique à nombre de gens. On racontait tant d'horreurs sur les prises d'otages et sur les fusillades arbitraires !

De toute façon, il était flagrant que les affaires ne tournaient plus rondement du côté fridolin. A preuve, un matériel considérable — camions et canons — défilait sans discontinuer sur les routes. Le remue-ménage agitait la piétaille vert-de-grisée. Après deux ans d'absence, les Allemands revinrent à Mer le 23 août 43. On remarqua dans leurs rangs beaucoup de gamins de seize ans, des mômes sans poil au menton, des gosses qui méritaient plus des torgnioles qu'une cartouchée de grenaille. Cette occupation dura jusqu'au 24 octobre. Un contingent de sanitaires cantonna ensuite en ville pour n'en décamper qu'au 5 janvier 44.

Les groupes de la Résistance devenaient maintenant de plus en plus efficaces dans la région et, par conséquent, la répression allemande se faisait de plus en plus pesante. Certains prétendaient que Londres se méfiait aussi de ces corps francs qui comptaient trop de communistes dans leurs rangs. On entendait vaguement parler des arrestations effectuées dans les environs : celle de l'abbé Pasty, le curé de Baule qui cachait des armes dans son presbytère, celle de Robert Goupil, le directeur du cours complémentaire de Beaugency, qui planquait les réfractaires au S.T.O., celle des deux frères Dutems à Mer... On se doutait bien qu'il se tramait de terribles choses mais pour en savoir davantage, bernique ! En vérité, on n'apprit le pourquoi et le comment qu'après la Libération.

Il faut avouer que dans notre paisible commune (qui ne fut certainement pas seule dans son cas), personne ne pensa à dégager des solives son fusil démonté pour faire le coup de feu contre l'occupant. Je vous l'ai déjà dit : le village vivait un peu à l'écart des turpitudes de l'envahisseur. Guère de soldats allemands, pas de collaborateurs, quelques rares mouchards plus poussés par la haine d'un voisin que par conviction, point de résistants. Oh, bien sûr ! plusieurs jeunots au sang bouillant, un tantinet bravaches, jurèrent d'empoigner les armes mais cela ne resta qu'au stade des louables intentions tant que les Américains ne furent pas débarqués...

Et pourtant, si : il se trouva un authentique partisan dans le coin, mais cet homme préféra toujours l'ombre au grand jour, l'anonymat aux honneurs. On ne sut jamais rien de lui, ni son identité ni son action exacte. Était-il du village, était-il d'une commune proche ? Mystère ! Tout ce que l'on pouvait affirmer, c'était qu'un poste-émetteur fonctionnait souvent, la nuit, dans une maison abandonnée, entre Messilly et Lorges. Et ce poste, ce n'était certainement pas un fantôme qui le manipulait. Mais rien ne transpira jamais et l'énigme ne fut pas dévoilée.

A ce propos, puisque nous en sommes amenés à parler de Lorges, une commune joignante, notons qu'aucun du pays n'en vint à faire le rapport entre l'ancienne famille seigneuriale du lieu, les Montgomery, et le maréchal anglais Monty qu'on disait être un lointain descendant de la lignée. Au vrai, en ces époques-là, on avait d'autres soucis que ceux d'établir les liens généalogiques, aussi blasonnés fussent-ils.

Pour l'heure, c'était plutôt des largages nocturnes dont on causait à mots couverts. Oui, il y avait effectivement des parachutages dans les champs de Séris, vers Lussay, et en orée de la forêt de Marchenoir. Des habitants du bourg s'aventuraient peut-être là-bas pour récupérer les conteneurs et enterrer les toiles avant l'arrivée des patrouilles allemandes, mais il est difficile de le garantir car aucun d'entre eux ne s'en vanta jamais. Les langues vipérines — qui trouvent à médire sur tout — clabaudaient que certains de ces récupérateurs ne se privaient point de se servir en premier et que leurs bonnes amies se taillaient des corsages dans les toiles, les mâtines. Les armes parvenaient bien à leurs destinataires, des armes pas toujours adéquates d'ailleurs, mais l'argent et les denrées se volatilisaient en chemin. Rien, bien sûr, ne fut prouvé. On prétendait tellement de choses...

Donc, pas de résistants déclarés au pays avant la débâcle allemande, du moins si j'en crois ce qu'on a bien voulu m'en dire. En revanche, il y eut un bataillon de vauriens qui, peu avant la Libération, autour du village, profita outrageusement de la situation en se nouant un brassard du Maquis et en s'autorisant ainsi maintes exactions. Ça, c'était la fausse résistance, qui fit tant de tort à la vraie. Les chenapans rappliquaient à plusieurs dans les fermes isolées et, mitraillette en avant, rançonnaient les paysans. Ils raflaient du ravitaillement qu'ils revendaient au marché noir, quand ce n'était pas des sous directement. Une bande de ces brigands s'attaqua une nuit à une épicerie du bourg, qu'ils dévalisèrent impunément.

Dans les communes voisines...

Dans sa monographie consacrée à Meung-sur-Loire, l'abbé Jean Contant, ancien curé de Huisseau-sur-Mauves, décrit les parachutages d'armes et de munitions qui eurent lieu dans les champs de Langlochère. Nous en reproduisons ci-après quelques lignes :

Avertis par les messages de la radio, les hommes attendaient le passage de l'avion. Entre minuit et deux heures, on entend l'appareil qui tourne : le chef de secteur émet des signaux lumineux pour transmettre en morse l'indicatif du terrain.

L'avion a compris et se place en direction du vent pour que les parachutes et leurs conteneurs atterrissent dans le périmètre prévu.

L'avion délesté prend de l'altitude et met le cap sur l'Angleterre tandis que les résistants doivent transporter les lourds réservoirs dans les cachettes préparées. Besogne accomplie en silence pour éviter l'attention d'une patrouille ennemie et même des voisins bavards qui pourraient les dénoncer involontairement. Ces armes étaient envoyées sur Paris. A la demande de l'abbé Pasty, M. Edouard Gailly, industriel à Meung, fournit au groupe trois cents litres d'essence et fit dépanner une auto chargée d'armes en pleine nuit ! Les lignes de haute tension du transformateur de Chaingy furent sabotées. Quand l'ordre vint de faire sauter les pylones à minuit, il fut exécuté à l'heure prévue. (*Meung-sur-Loire,* Imprimerie Jeanne-d'Arc à Gien, 1975.)

L'abbé Jean Contant nous a adressé des documents poignants que, par discrétion, nous ne publierons pas. Toutefois, grâce à son envoi, nous avons pu retracer la terrible histoire du groupe 55 A, qui sévissait autour de Meung-sur-Loire. La voici :

En octobre 42, le major anglais Suttill fut chargé par le colonel Buckmaster, sous le pseudonyme de Prosper, d'implanter un réseau de résistance dans le centre de la France, avec mission de renseigner Londres sur les mouvements de l'ennemi, de lancer des opérations de sabotage, de réceptionner les parachutages d'armement, enfin de préparer le terrain au débarquement alors projeté pour le courant 43. Simultanément, le War-Office parachutait Pierre Culioli, *alias* Adolphe, sur les bords de la Loire qui lui étaient familiers puisque ses beaux-parents habitaient le petit bourg d'Avaray. Avec l'aide de l'opératrice radio Jacqueline, de son vrai nom Yvonne Rudellat, Adolphe organisa rapidement la plus importante section de la région orléanaise. Neuf groupes furent créés en Loir-et-Cher et deux autres dans le Loiret, soutenus par un nombre considérable d'antennes et de contacts divers.

Le groupe de Baule/Meung-sur-Loire se réunit autour de l'abbé Émile Pasty, curé de Baule, et des frères Flamencourt chez qui fut installé un poste-émetteur. Un sous-officier de l'Armée française établi à Meung depuis l'armistice, Maurice Lequeux, en assuma la direction. Mais hélas, dès le début 43, le contre-espionnage allemand réussit à s'emparer des codes et des quartz du groupe, peut-être par trahison ; dorénavant, la Gestapo n'ignorera plus rien des agissements de ce maquis et guettera le moment propice pour dévorer sa proie.

En juin, les largages de Sologne, mal effectués, aiguisèrent la surveillance allemande. Un ancien résistant nous disait l'autre jour que les drames de la Résistance étaient souvent causés par l'imprudence de ses membres. Ce fut le cas ici, quand deux conteneurs défectueux explosèrent. Le 21, Adolphe, Jacqueline et deux Canadiens parachutés furent interceptés à Bracieux pendant qu'un barrage, à Dhuizon, arrêtait les cinq convoyeurs d'une camionnette bourrée d'armes. Les arrestations se multiplièrent les jours suivants. Deux des responsables de la section craquèrent ; ils passèrent aux aveux et livrèrent les noms de leurs camarades. En se refermant sur eux, le piège broya les patriotes du réseau Buckmaster. Au terme du calvaire, il y aura la torture, la déchéance, le camp de concentration, souvent la mort.

En Sologne où la Résistance était particulièrement active, une dizaine d'otages furent condamnés par les Allemands, en représailles d'actes de sabotage, à être fusillés. Les tortionnaires ordonnèrent aux malheureux de courir et les fauchèrent d'une rafale de mitraillette. Un monstrueux divertissement.

L'un de ces otages ne fut touché qu'au bras. Il fit le mort et resta ainsi sans bouger pendant toute la nuit, au milieu des autres corps. Puis il se terra dans les fourrés durant plusieurs jours. Quand il fut enfin recueilli par des paysans sûrs, la fièvre lui brûlait les tempes et des vers grouillaient dans sa plaie nécrosée. Le rescapé se rétablit pourtant mais il ne fut plus surnommé que le « mort vivant ».

Un livre ne suffirait pas à énumérer tous ces effroyables épisodes et la gorge se serre lorsqu'on en évoque l'horreur. Combien de crimes furent perpétrés sous prétexte de guerre et de représailles ?

Témoignages

ENTRE FRANÇAIS

« C'était en 43 et au début 44. A Blois, ma mère tenait un magasin d'alimentation qui s'ouvrait avenue Maunoury, sur la cour de la caserne Maurice-de-Saxe, alors sous drapeau allemand. Nous n'étions pas collaborateurs, loin de là, mais il fallait servir les "vert-de-gris". A cette époque, il y avait à la caserne de vieux réservistes allemands qui pleuraient en nous montrant les photos de leurs femme et enfants ; ils nous disaient : "Ah ! la guerre, gros malheur !" Puis, cela nous étonna, nous vîmes arriver de très jeunes soldats, tristes et parlant parfaitement le français. Nous les questionnâmes. Ils nous expliquèrent alors qu'Alsaciens, ils avaient été enrôlés de force et encadrés, dans la caserne même, par des "purs" du régime nazi. De plus, ils ne devaient recevoir aucune nouvelle de leur famille.

« Mon père leur vint alors en aide. C'était, bien sûr, très risqué. Discrètement, les uns et les autres de ces jeunes gens passaient du magasin dans l'arrière-boutique ; ils nous donnaient l'adresse de leurs parents ou de leur épouse avec quelques lignes préparées à leur intention. La "boîte à lettres" fonctionna ainsi plusieurs mois, bénévolement cela va sans dire. Nous recevions à notre adresse les réponses pour nos petits Alsaciens. Je me souviens même qu'un jeune soldat a pu, chez nous, rencontrer furtivement, mais à plusieurs reprises, son oncle et sa tante, fonctionnaires des impôts, lesquels avaient demandé leur mutation à Orléans pour rester français. Puis, sans avertissement préalable, le régiment allemand a rejoint le front russe et nous n'avons plus jamais entendu parler de ces jeunes Alsaciens. » (Lettre d'une informatrice signant A.L.)

LES TROIS FONT LA PAIRE

« Un jeudi matin, j'accompagnais ma mère aux halles d'Orléans pour y vendre nos légumes, à l'aube. Nous allions par la route de Sandillon, en voiture à cheval. C'est là que nous vîmes de grandes inscriptions sur les murs et sur le pont de Biais à Saint-Jean-le-Blanc : "Vive Bucard !", "Vive De Brinon !", "Vive Darnand !", ainsi qu'un sigle inconnu et souvent répété.

« Mes parents et des voisins en parlèrent ensuite. De quoi s'agissait-il ? Un rassemblement de "collaborateurs" avait eu lieu, murmurait-on, dans une propriété de la région... Je crois que cette manifestation se passa en 1943 mais je ne peux pas en préciser la date.

« Mes parents n'approuvaient pas cette politique et ils disaient, à propos de Darnand (ex-cagoulard) et des renégats Doriot (ex-communiste) et Déat (ex-socialiste) : "Darnand-Doriot-Déat, trois D, trois dégoûtants." » (Lettre d'une correspondante dont nous tairons volontairement le nom.)

CINÉMA

M. Roland Berthon, d'Orléans, fut projectionniste au « Royal » de 1940 à 1949. Il se souvient fort bien de la conférence que Joseph Goebbels vint faire dans cet ancien cirque, vers le milieu de la guerre, pour les soldats allemands. Les ouvreuses avaient été renvoyées. Deux Français seulement assistèrent à la causerie : notre informateur et un électricien spécialisé en sonorisation de microphone.

Par la suite, les aumôniers allemands célébrèrent chaque dimanche deux messes dans cette salle, l'une catholique et l'autre protestante. En 43, il fut projeté, toujours pour les troupes d'occupation, un documentaire sur les problèmes de défense et de répression ; notre opérateur n'en vit rien car les officiers allemands avaient pris soin de lui bander les yeux. Il devait donc actionner son appareil à tâtons ! Lors de la conférence de Georges Claude, le 8 janvier 44, tous les fauteuils furent inspectés et le cinéma fouillé dans ses moindres recoins, par crainte d'attentat. Un immense portrait d'Hitler décorait alors le lieu.

De nombreux proscrits se cachèrent dans les sous-sols du « Royal » malgré la fréquentation allemande. Quand les Américains libérèrent la ville, ils firent main basse sur toutes les actualités cinématographiques ennemies et occupèrent à leur tour la salle pour y donner leurs propres films.

Nota : Le savant Georges Claude, l'inventeur de l'air liquide, résidait en Sologne. Il sera arrêté en août 44 par le groupe « Sologne-Loiret ».

SALLE CHAUFFÉE

« L'épouse d'un de mes camarades s'était trop compromise en l'absence de celui-ci, retenu prisonnier ; après la Libération, elle fut donc emprisonnée à Pithiviers. Elle me dit avoir rencontré dans ce camp le savant Georges Claude, arrêté par les résistants en Sologne, où il résidait. Ses calculs l'absorbaient toujours, même durant son internement.

« Le soir du 9 janvier 44, j'avais assisté à son intéressante conférence au cinéma "Le Royal". Trois ou quatre centaines d'auditeurs regardèrent la projection cinématographique exposant ses recherches sur l'énergie, puis ses expériences récréatives sur l'air liquide qu'il avait inventé. Bien que membre du groupe "Collaboration", il ne colora sa causerie d'aucune allusion politique. C'était un homme de belle prestance, aux cheveux blancs. Pour ma part, j'assistais à cette manifestation gratuite parce que la salle du cinéma était chauffée et qu'il faisait rudement froid chez moi. » (Lettre de M. Louis Tranchant, de Fleury-les-Aubrais.)

AVERTISSEMENT

«Arrêté par la Gestapo au début de l'année 44, je réussis, par miracle, à m'échapper de ses griffes. Je me suis réfugié à Neuvy-en-Sullias, chez un de vos correspondants, M. Alphonse Marois, dont on ne louera jamais assez le courage. Durant l'Occupation, Mme Marois et lui-même accordèrent spontanément asile à toute personne ayant maille à partir avec les autorités allemandes (juifs, résistants recherchés...). Il n'était donc pas question que j'aille me fourrer dans la gueule du loup en me rendant au "Royal". De toute manière, je n'avais nullement l'intention d'assister à la conférence de Georges Claude.

« Cependant, je vous signale un événement qui s'est produit alors, à savoir l'arrestation de Robert Lejarre. C'était un instituteur réfractaire au S.T.O. que j'avais eu l'occasion de rencontrer à Neuvy-en-Sullias, chez M. et Mme Vappereau, instituteurs en cette commune. Je n'ai jamais connu exactement ses activités dans la clandestinité. Ce que je savais, c'est qu'il se déplaçait, à bicyclette, toujours armé jusqu'aux dents. C'est ainsi qu'il se présenta aux portes d'un cinéma et que, fouillé, il fut immédiatement arrêté, puis déporté au camp de Neuengamme, d'où il fut libéré par l'armée américaine, disparaissant ensuite sans que personne n'ait su ce qu'il était devenu. Selon toute vraisemblance, il a dû mourir pendant son transfert sans avoir pu révéler son identité.

« Un fait qui me concerne personnellement est lié à cela. Venant de passer dans la clandestinité, j'avais chargé Robert Lejarre de me rapporter d'Orléans de faux papiers qui m'étaient indispensables. Ces faux papiers furent trouvés dans la chambre qu'il occupait, ce qui fut relaté le lendemain dans *Le Républicain orléanais*, avec l'indication du nom (Burgevin) qui y figurait. J'ai toujours pensé que cette précision avait été publiée sciemment pour prévenir le destinataire de ces documents. Il est évident qu'après l'arrestation de Robert Lejarre que je savais en possession de ces pièces, je devais prendre soin d'adopter un autre nom, et c'est tout à l'honneur du journaliste qui a attiré ma méfiance. » (Lettre de M. René Garreau, de Châteauneuf-sur-Loire.)

JEAN MOULIN

Comment était-ce possible, juste après la défaite de juin 40, que Jean Moulin, préfet, fonctionnaire au sommet départemental, se fût, du jour au lendemain, rebellé contre les autorités allemandes ? Comment et pourquoi devint-il l'un des premiers résistants de France ?... C'est à ces questions que M. Paul Vigueur, secrétaire général des Anciens de la Résistance d'Eure-et-Loir, répond :

« N'oublions pas que Jean Moulin fut, à deux reprises, chef de cabinet du ministre du Front populaire Pierre Cot, ce qui lui valut une solide réputation d'homme de gauche. Le docteur Mans, son ami, chez qui il alla se reposer après avoir été arrêté et torturé à Chartres, a donné ce témoignage : *Par sa présence aux côtés de Pierre Cot, il a touché aux problèmes gouvernementaux. C'est alors qu'il a pris conscience de la guerre à venir, de la maladresse française vis-à-vis de l'Espagne républicaine, et a eu une vue exacte de la catastrophe qui nous menaçait.*

« Jean Moulin a été, bien avant la guerre de 1939, dans le courant progressiste de l'Histoire : il fut antifasciste convaincu, parce que pacifiste ; il fut contre la non-intervention en Espagne et, avec la complicité de son ami Georges Cusin, directeur des Douanes, il réussit à faire passer clandestinement des avions de chasse, des pièces de rechange, du matériel militaire à l'armée espagnole. Et c'est André Malraux qui servit d'intermédiaire pour tous ces achats avant de combattre lui-même dans l'aviation des Brigades internationales. André Malraux était alors président du Comité mondial contre la guerre et le fascisme.

« A cette époque de résignation quasi générale qui conduisit à la capitulation de Munich en 38, il fallait un courage certain pour aller à contre-courant. Les antifascistes étaient une minorité, trop peu nombreuse... Et la défaite de 40 fut même qualifiée par Charles Maurras, de l'Action française, royaliste, de "divine surprise". Ce fut, pour beaucoup, comme une revanche sur le Front populaire.

« Oui, Jean Moulin, homme de gauche, rationaliste, d'un optimisme mesuré, fut à la lettre résistant avant 1940. L'arrivée des Allemands en juin 40 ne le prit pas au dépourvu. Il savait de quoi ils étaient capables. Mais il avait confiance en l'avenir, confiance qu'il essaya d'inculquer à son entourage d'abord, aux premières formations de la Résistance ensuite, ce à quoi il réussit dans sa tâche d'unificateur jusqu'au sacrifice final. »

QUESTIONNAIRE

Formulaire que recevaient les résistants colombophiles avec chaque parachutage de pigeons voyageurs.

Lisez soigneusement les questions suivantes et tâchez de nous obtenir autant de renseignements que possible.

Défenses ennemies.

a) Décrivez aussi amplement que possible les systèmes de défense dans votre région. Expliquez où se trouvent, par exemple, les postes de commandement, nids de mitrailleuses, emplacements de pièces lourdes, réseaux de fil barbelé, D.C.A., projecteurs, etc. Ajoutez aussi le poids lourd des ponts principaux et les destructions préparées. Un croquis détaillé des ouvrages militaires dans votre localité nous sera utile.

b) Indiquez les limites des zones interdites et les détails de tout nouveau règlement portant sur les préparatifs ennemis contre l'invasion de l'Europe par les Nations Unies.

Les troupes ennemies.

c) Quelles troupes y a-t-il chez vous ? Quels sont leurs insignes, leurs numéros ? Portent-elles une couleur distincte sur leurs pattes d'épaule ? Si vous connaissez les noms de leurs officiers et leurs rangs, donnez-les-nous.

d) Renseignez-nous sur les convois militaires. Indiquez la direction, le chargement et la composition des trains. Y a-t-il eu des départs ou des arrivées récents ? Dans ce cas indiquez si possible la provenance ou la destination des troupes. Ajoutez aussi, si possible en les dessinant, toutes les inscriptions et fanions sur camions, voitures, etc. que vous pouvez noter.

e) Quel matériel de guerre y a-t-il dans votre région ? Où se trouvent les dépôts d'essence et de munitions ?

f) Où loge le Boche ? Envoyez-nous son adresse, par exemple celui de son Quartier général, de son État-Major, de la Kommandatur et de la police allemande (c'est-à-dire Geheime Feldpolizei, Feldgendarmerie ou Gestapo).

g) Comment trouvez-vous le moral de ces messieurs ?

Autres renseignements.

h) Expliquez la situation exacte des aérodromes ou terrains d'atterrissage et signalez le nombre et type d'avions ou planeurs qui s'y trouvent, ainsi que l'insigne et l'immatriculation qui est particulièrement importante pour nous. Mentionnez aussi tout agrandissement et aménagement d'aérodromes.

Signalez toute installation, avec grilles rectangulaires métalliques, ou tout autre arrangement de fils rotatif, c'est-à-dire orientable, ainsi que tout mât métallique ou installation, ressemblant à un grand pavillon de haut-parleur.

i) Envoyez les noms de navires de guerre dans les ports, en rade ou en radoub. N'oubliez pas les sous-marins. Si vous habitez près d'une base navale ajoutez les noms des officiers supérieurs, les détails du matériel, les postes de guet, etc.

j) Signalez le résultat de nos récents bombardements en ajoutant aussi la date. Précisez aussi exactement que possible les emplacements navals ou militaires qui devraient être bombardés.

N.B. — Peut-être avons-nous oublié quelque chose d'important ? Vous pouvez toujours l'ajouter vous-même...

Radio.

En précisant la localité où vous habitez, renseignez-nous sur les points suivants :

1. A quelles heures et sur quelles longueurs d'ondes écoutez-vous la B.B.C. ? L'entendez-vous toujours clairement ?

2. Quelles émissions récentes de la B.B.C. vous ont particulièrement plu ou déplu ? Pourquoi ?

3. Quels autres postes écoute-t-on dans la région ? A quelles heures ? Pourquoi ? Signalez les émissions les plus appréciées.

4. L'ennemi a-t-il essayé de confisquer les radios dans la

région ? Par quels moyens ? En reste-t-il beaucoup en état de marche ? Y a-t-il des postes à batteries ?

5. S'il y a des stations de brouillage dans la région indiquez l'endroit.

6. Les consignes de la radio sont-elles connues de tous ? exactement ? rapidement ?

7. Manque-t-il aux émissions alliées quelque chose que vous avez besoin d'entendre ?

Faites tout ce que vous pouvez pour aider notre effort commun.

Merci. Courage. On ne vous oublie pas.

LE GARAGISTE

Mme Raymonde Fradet, d'Orléans, nous écrit que son mari, séduit par la contrée, s'était établi comme garagiste, en 1930, au carrefour des routes de Blois et du Mans. Dans le bourg de Baccon, en Petite-Beauce. Dès 40, les Allemands s'installèrent dans le château voisin de ce point stratégique et prirent possession du garage pour y entreposer deux canons. Refusant de jouer le réparateur sous leurs camions, au camp de Bricy, le garagiste s'en alla bricoler dans les fermes pour subvenir aux besoins de sa nombreuse famille. Il participa à plusieurs opérations de résistance en cachant des réfractaires au S.T.O. et en se livrant au ravitaillement clandestin.

« Hélas, poursuit Mme Fradet, nombreux habitants des alentours étaient en faveur de l'occupant qui payait le ravitaillement à prix d'or. Ils critiquaient méchamment ce mécanicien qui n'était pas né au pays, et qui devait probablement vivre de marché noir puisqu'on entendait parfois, la nuit, sa camionnette partir en douce, sans permis et sans lumière... Jamais il ne leur vint à l'idée que des parachutages avaient lieu à quelques kilomètres de là. C'est ainsi que, guidés par des "bons Français", les Allemands arrivèrent et mirent les menottes à mon mari qui avait eu tort de cacher et de nourrir tant de persécutés. Il ne revint pas de Mauthausen. Le pays l'a oublié malgré une plaque scellée sur sa maison. »

Nota : Le garagiste Fradet appartenait à la section « Prosper » du réseau Buckmaster.

CAMARADE !

Cette guerre gigantesque est la plus grande des Révolutions. Le chauvinisme mesquin et bourgeois est balayé. Le sort de notre pays est indissoluble...

Découpé dans la page de la Dépêche du Centre *(jeudi 13 mai 1944).*

IMPRUDENCES

« C'est le 12 janvier 41 qu'avec Jean Henry et Jean Balleux, nous prîmes contact avec la Résistance, en la personne de Robert Haudot qui se présenta à nous comme le responsable départemental du Comité De-Gaulle. Nous l'avions connu dans les Auberges de jeunesse et son recrutement s'exerçait principalement dans le milieu ajiste et parmi les grands du lycée. Il nous sembla trop bavard mais dans la fougue de notre jeunesse (nous avions vingt ans), nous étions si impatients d'agir ! Il nous montra des armes et nous exposa les bases de notre action future : surveillance des armées allemandes sur les mouvements locaux, recherche de renseignements, sabotages. En fait, notre activité se limita au premier point. Il nous raconta que d'autres groupes de son mouvement aidaient les prisonniers évadés à passer en zone libre.

« C'est seulement plus tard que j'appris que le groupe de Blois était intégré à "France-Liberté", antenne du Réseau du Musée de l'Homme ; ses débuts dataient de novembre 40.

« Mais en août 41, ce fut l'accident. Robert et plusieurs camarades furent arrêtés chez Bob Barré qui tenait un café au bas de la ville de Blois, non loin du fameux escalier Denis-Papin. Il avait sur lui, dit-on, la liste du réseau qu'un policier patriote parvint à subtiliser à temps. Robert fut interné au Cherche-Midi à Paris, puis au fort de Taloux près de Dijon. En juin 42, on le libéra à la suite d'une erreur du greffe !

« En janvier 43, après une tentative infructueuse de passage en Espagne, il revint à Blois où il participa à l'organisation des premiers maquis. En juin, il franchit les Pyrénées et réussit à rejoindre l'Afrique du Nord en novembre, après un séjour dans les geôles espagnoles. Un mois plus tard, il combattait sur le front d'Italie ; il accompagnera la 2e D.B. jusqu'aux portes de l'Alsace. Désigné pour l'école de Cherchell, il en sortira sous-lieutenant du Génie en 45.

« Pour mon compte, je ne repris contact avec André Faucheux (Victor), des F.T.P., qu'en mars 44. » (Lettre de M. André Prudhomme, de Mer.)

LES PETITES SŒURS DE SAINT-VINCENT-DE-PAUL

« Au sud de la commune de Huisseau-sur-Mauves se trouve le château de Prèlefort. C'est une imposante bâtisse entourée de communs au milieu d'un parc de plusieurs dizaines d'hectares, de pelouses, de bois, de douves et de rivières marécageuses. Cette propriété avait été achetée en 1937 par la mère supérieure des Filles de la Charité, qui possédaient déjà une école et une maison de retraite à Stains, dans la banlieue nord de Paris.

« Les travaux de restauration effectués et le réfectoire aménagé, une centaine d'enfants passèrent leurs vacances à Prèlefort dès la première année. Les parents venaient en visite et prêtaient leur concours à la bonne marche de l'établissement ; ils ne tardèrent pas à se lier d'amitié avec la population locale. En septembre 39, cet esprit de concorde soudait les habitants des alentours à ceux du château. Les enfants étaient là.

« Juin 40 : dans l'impossibilité de s'enfuir avec une centaine de pensionnaires — des enfants, des parents et des vieillards — les religieuses décidèrent de rester sur place avec d'autres familles du pays. La subsistance fut de la sorte assurée, et le pillage évité. La vie reprit doucement après l'armistice. Mais un jour de juillet, un prisonnier évadé, un missionnaire, arriva au château : c'était le père Rocher. Il songea aussitôt à résister et s'en alla trouver le beau-frère de l'amiral Musselier, à Préau, dans un hameau voisin.

« Grâce à la complicité des gens de la région, le père Rocher entreprit donc d'aider les prisonniers évadés. Il devint plus tard la cheville ouvrière du groupe organisé par l'abbé Pasty, curé de Baule. Le château restait ouvert toute l'année. Une camionnette faisait la liaison quotidienne entre Stains et ce qu'on appelait ici la "Colonie".

« A partir de 42, des enfants juifs furent accueillis parmi les petits pensionnaires de Prèlefort. Des réfractaires entretenaient le château, le potager et les Mauves. Les cultivateurs du coin s'occupaient du ravitaillement.

« Au printemps 43, la surveillance de l'occupant se resserra. Un matin avant le jour, la Milice entreprit de ratisser le secteur.

Des paysans furent requis pour guider les miliciens. Celui qui devait les conduire au château les fit tourner en rond pendant un bon bout de temps dans les bois et dans les marais. L'alerte était donnée au château et les miliciens n'y trouvèrent que le père Rocher et une sœur très âgée, chargée de la basse-cour. Les enfants étaient comme par hasard en promenade, et le personnel invisible. Les miliciens dirent au père Rocher qu'ils recherchaient des réfractaires et des résistants. "Vous tombez bien !" leur répondit malicieusement le missionnaire. Et désignant la sœur qui vaquait à ses occupations avec son tablier bleu et sa large cornette blanche : "Tenez, voilà un parachutiste !"

« Les miliciens comprirent qu'ils ne saisiraient personne. Ils demandèrent à leur guide de les reconduire à la mairie, où leurs semblables devaient déjà les attendre, eux aussi bredouilles.

« Mais le plus dangereux n'était point passé. Le groupe fut démantelé en juillet 43. Entre-temps, les bombardements avaient commencé. Un transformateur électrique fut détruit en septembre, près de Chaingy, par une escadrille française. Les avions arrivèrent en rase-mottes par le lit de la Loire, plus bas que la cime des arbres de la berge. Les bombardements se firent ensuite de plus en plus violents. Des bombes tombèrent par deux fois sur la commune de Huisseau sans faire de victimes, mais il en fut tout autrement à Beaugency et à Meung.

« En juillet 44, un dimanche matin, des troupes allemandes arrivèrent dans la nuit et investirent la ferme de Venelle. Là se trouvaient le fermier, sa famille et trois "ouvriers". Le premier, un cheminot réfractaire, s'en tira avec de faux papiers. Le second disparut dans l'étable, sous des bottes de paille. C'était un jeune Lorrain qui devait servir dans l'armée allemande ; profitant de l'arrêt du train qui l'emportait, il y avait sauté aux environs de Saint-Ay et gagné à pied cette ferme où il travaillait depuis. Le troisième, un Marocain, fut arrêté et emmené. Un autre ouvrier agricole, qui se rendait à la ferme pour y prendre son travail, fit demi-tour et alerta le voisinage. Un cultivateur courut prévenir le château de Prèlefort. Il était temps : vingt-huit réfractaires s'y cachaient. Hommes et effets s'engloutirent dans les marais en quelques minutes. A leur arrivée, les Allemands ne virent que les sœurs et les enfants, agenouillés dans la chapelle devant un vieux prêtre qui célébrait la messe.

« Vers midi, sans que l'on n'ait jamais su ni pourquoi ni comment, des avions alliés fondaient en piqué sur les hameaux de La Châllerie et de Préau que les Allemands fouillaient toujours. Les appareils étaient à double fuselage, rapides et efficaces dans les attaques au sol. Les Allemands déguerpirent en emmenant leur prisonnier marocain. Le lendemain, Orléans était de nouveau bombardé. La prison fut touchée et le Marocain en profita pour prendre la fuite. Le surlendemain, il était de retour à la ferme.

« Nous fûmes libérés par les Américains le 15 août. Les pertes étaient lourdes dans ce petit coin de Prèlefort. La quasi-totalité de la population, quelles que fussent ses opinions, se tenait aux côtés de la Résistance et des bonnes sœurs du château. La mère supérieure réussit encore à sauver des aviateurs alliés et des résistants au moment de la libération de Paris. Elle reçut la médaille de la Résistance des mains du général de Gaulle. » (Lettre de M. Alain Pellé, ancien maire de Huisseau-sur-Mauves.)

LES TERRORISTES

« C'était un peu avant la Libération. Je rentrais chez moi au milieu de la nuit et j'étais obligé de passer le pont au croisement des routes. Je vis arriver une voiture militaire allemande tous phares éteints. Ses pneus crevés faisaient un bruit infernal. Un officier en descendit en hurlant : "Terroristes ! Terroristes !" Il alerta tout le quartier puis obligea l'aubergiste à prévenir la gendarmerie et la mairie tandis que son unité occupait un château des environs. Je pus rentrer chez moi mais je me demandais bien ce qui allait se passer.

« Peu de temps après, tout le pays fut réveillé par l'arrivée des troupes allemandes qui voulaient savoir qui étaient et où se cachaient les "terroristes". Les soldats menaçaient de prendre des otages. Tout le pays tremblait. Par chance, un officier voulut bien tenir compte que l'attentat n'avait pas eu lieu sur le territoire de notre commune, mais plus loin, dans la forêt. Ce n'était pas une patrouille qui était tombée dans une embuscade, mais une estafette de retour d'une mission. Les maquisards l'avaient attaquée ; un des convoyeurs, blessé, s'était enfui en braillant à travers bois pendant que l'autre repartait à toute vitesse avec ses pneus crevés.

« Cela n'eut pas d'autres suites pour la commune. Heureusement ! » (Lettre de M. Albert Trembleau, de Vienne-en-Val.)

RÉTICENCES

Une lettre de notre ami l'abbé Pierre Nollent, curé d'Artenay, nous confirme que les interventions de la Résistance ne soulevaient pas toujours l'enthousiasme dans les campagnes. Maints racontars se disaient sur le compte des maquisards, selon lesquels ils volaient dans les fermes, versaient du pétrole sur les pommes de terre qu'on leur refusait ou que l'on cachait, dérobaient les bicyclettes et ne se souciaient pas des représailles qu'ils faisaient encourir à la population.

COUCHÉS DANS LE FOIN

« Parmi les ravitailleurs se mêlaient des dirigeants de la Résistance de la région, notamment un capitaine qui profitait de ses missions pour nourrir sa famille. Par lui, nous avons vécu une partie des opérations menées à bien ou à mal dans le secteur de Chilleurs-aux-Bois.

« Notre ferme surplombe les alentours. Ce capitaine traçait donc ses plans de chez nous. Ils eurent comme effet l'attaque par les maquisards, fin juillet-début août 44, d'une ferme voisine. Plusieurs Boches y trouvèrent leur compte, au désarroi du fermier et de sa famille qui furent mis en joue par les S.S. Après cette action, des camions bourrés de soldats, mitraillette au poing, patrouillèrent dans la commune.

« Nous avons eu leur visite. Papa se cacha dans un meulon d'orge tandis que mon frère se glissait à plat ventre sous l'auto. Une mitrailleuse sur l'estomac, maman répondit avec fermeté à leurs questions, mais négativement. Cette nuit-là, papa et mon frère couchèrent dans une tranchée creusée au fond du jardin car ils craignaient des représailles. » (Lettre de Mme Lucette Pellerin, de Mareau-aux-Bois.)

UN AGENT TRÈS SECRET

« Personne au pays ne sut jamais qui il était, ni d'où il venait.

« Arrivé à Chanteau en 42 ou 43, il s'installa dans la ferme de la Bouverie, qui était vacante, avec une vache pour tout attirail. De quoi vivait-il ? Mystère !

« Chaussé de sabots, à pied, il se rendait de temps en temps à Orléans. On chuchotait qu'à ses occasions, il allait à la Kommandantur. On le disait hollandais, ou quelque chose comme ça. Il parlait bien le français et l'allemand, et paraît-il d'autres langues encore.

« Comme tous les hommes de Chanteau requis par les Allemands, il prenait son tour de garde pour la surveillance des voies ferrées. Étrange coïncidence : c'est pendant qu'il était de faction que le pont de Goumier sauta, coupant ainsi la voie. Sans perdre de temps, toujours chaussé de ses sabots, il se rendit à Orléans et avertit la Kommandantur. Aucune suite ne fut donnée à l'affaire.

« Le petit groupe local de maquisards envisageait de le supprimer, pour éviter les dénonciations. C'eût été une sacrée bourde !

« En août 44, quand un régiment américain vint cantonner en forêt, à proximité de la ferme où demeurait notre suspect, la première visite du commandant fut pour ce mystérieux personnage. Ils discutèrent longuement en anglais. Puis notre bonhomme disparut comme il était venu, avec sa vache, sans tambour ni trompette. Il ne nous laissa que ses sabots. » (Lettre de M. Aristide Dion, de Chanteau.)

Tempête sur les cordes

(Répertoire de Michel Warlop, 1942)

Tandis que les résistants s'apprêtaient à lancer leurs coups de main et à harceler les troupes d'occupation, d'abord timidement puis avec de plus en plus de hardiesse au fur et à mesure que les positions allemandes vacillaient, les forteresses volantes alliées commençaient leur ronde infernale qui devait remuer ciel et terre. Tout cela préludait à un déploiement aérien de plus vaste envergure, chacun en était convaincu. « Le débarquement ne va plus tarder », assurait-on en suivant des yeux la trajectoire des zincs, comme on suivait autrefois les envolées de canards sauvages qui annonçaient les rudes saisons. « Pourvu qu'ils ne nous lâchent pas quelques crottes au passage, suppliait l'un. Et l'autre répondait : — Non, c'est encore la gare des Aubrais qui va écoper. »

Les raids aériens avaient, dès le début des hostilités, soulevé bien des craintes, et cela à juste raison. Le 11 mai 40, l'offensive allemande se précisant sur le futur Benelux, les préfets de la région rappelèrent aux maires que la population civile se devait d'appuyer les services de police chargés de la surveillance du territoire national, en liaison étroite avec les autorités militaires et les brigades de gendarmerie, afin de déceler les atterrissages éventuels de parachutistes ennemis. On se souvient en outre que selon les bobards de la « drôle de guerre », les espions de la « cinquième colonne » descendaient eux aussi des nuages, souvent travestis en bonnes sœurs ou en curés, et qu'il en était résulté un joli affolement dans le pays. Plus tard, ce fut toujours de là-haut que les mitraillages des chasseurs allemands semèrent une panique meurtrière sur les routes de l'exode.

Il convenait donc de tout mettre en branle pour ne plus essuyer de telles attaques aériennes. Le 6 juin 40, en pleine débâcle, les véhicules automobiles ne durent plus se signaler que par lampes D.P.R., par lampes-dode ou par phares partiellement masqués. Après l'armistice, la lumière bleue remplaça les ampoules trop lumineuses et les volets furent soigneusement calfeutrés afin d'obscurcir certains périmètres du territoire et désorienter ainsi les pilotes ennemis, lesquels pilotes ennemis ne venaient plus d'Allemagne mais d'Angleterre.

Le 20 janvier 1941, toujours dans le but de banaliser les campagnes, le préfet du Loiret informait les maires *que les sonneries des cloches dans les différentes communes du département seront dorénavant suspendues sur ordre des autorités d'occupation. Cette interdiction sera notamment justifiée en cas d'alerte lorsqu'il s'agira de procéder au repérage des avions par le son.* L'été suivant, les préfectures redoublèrent de précautions. On craignait maintenant que les escadrilles britanniques ne répandent des engins incendiaires dans les moissons de la Beauce. Ces machins-là, des petites plaques en celluloïd, contenaient du phosphore. On disait que les départements du nord-est de la France étaient déjà la proie des flammes.

En cette année 41, il est bon de rappeler que les Angliches ne jouissaient pas d'une très haute estime ; on ne leur avait pas pardonné Dunkerque et la personnalité du Maréchal aveuglait encore beaucoup de monde. Les attentistes s'esquichaient prudemment. Les cultivateurs ne rigolèrent donc pas en entendant ces menaces d'incendie et les Allemands surent habilement en profiter. Entretenir la peur ne pouvait que servir leurs intérêts. En octobre, les préfectures prièrent les maires de créer des services volontaires de « gardes-messiers », c'est-à-dire de renforcer les équipes de pompiers amenuisées par l'absence des prisonniers. Ça oui ! rien ne justifiait, sapristi, de réduire les récoltes — déjà si chétives — en cendres ! On ouvrit donc l'œil.

Mais en fait d'engins incendiaires, ce fut principalement une pluie de tracts qui arrosa les alentours du village à partir de 43, et cela ne mit le feu qu'aux esprits. Les avions laissaient des traînées de papiers qui voltigeaient paresseusement au gré de la galerne. Les environs reçurent ainsi leur lot de « courrier de l'air », de brochures sur les combats des armées interalliées, de chansons satiriques, de recommandations et de proclamations. Les gens se dépêchaient d'en ramasser le plus possible. Pour les lire d'abord, pour les conserver ensuite afin d'allumer la cuisinière ou empaqueter les colis de ravitaillement. Dame ! le papier devenait tellement rare. Les journaux n'avaient alors qu'une seule page.

A tout avouer, ces averses enchantaient plutôt les paysans car elles faisaient bisquer les Allemands et les tournaient en bourriques, sans compter qu'elles informaient également sur l'évolution de la guerre.

On en discutait entre soi et on supposait mille choses quant à la suite des événements. Tel tract conseillait de s'éloigner des villes, c'était donc qu'un bombardement était imminent. Ou tel autre à la prudence, c'était alors que le débarquement venait d'être repoussé de plusieurs jours, peut-être de plusieurs semaines. Bref, on tombait d'angoisse en incertitude.

Un gars du coin buvait un coup au bistrot de la place, dans un bourg voisin, quand deux officiers allemands vinrent s'attabler au fond de la salle. Puisqu'ils ne semblaient rien comprendre de notre parler, notre dégourdi s'amusa, espiègle en diable, à les narguer en racontant qu'il savait bien, lui, dans quels champs venait d'être semée une profusion de tracts, mais qu'il ne leur dirait point, tralalère. Et il blagua sur ce ton pendant une bonne demi-heure, tout fiérot de se moquer de cette paire d'andouilles qui, décidément, ne pigeaient rien à rien aux subtilités de notre langage. Quand il eut bien diverti la galerie, les deux Allemands se levèrent de table et l'empoignèrent par le revers de son paletot. « Alors comme ça, lui déclarèrent-ils dans un français sans accent, vous savez où sont semés des tracts anglais ? Très bien ! Nous vous ordonnons d'aller les ramasser immédiatement. Si vous en oubliez un seul, il vous en cuira ! » Notre finaud, abasourdi, ne put qu'obéir en tremblant. Sapristi ! Ses fanfaronnades auraient pu se terminer beaucoup plus mal. Et il perdit sa journée de travail à parcourir les champs en tous sens pour mener sa corvée à bien. Ce n'était vraiment plus pour lui le moment de débiter des balivernes ou de jouer au mariolle, vous pouvez m'en croire !

Parfois, ce n'était pas des tracts qu'on récoltait mais des écheveaux de bandelettes métalliques destinés à tromper la D.C.A.

Maintenant, les avions alliés ne déversaient plus seulement de la paperasse : ils larguaient aussi des bombes. On avait beau prétendre que les Américains peignaient dessus les rondeurs de leurs vamps, notamment celles de la pulpeuse Rita Hayworth, cela ne séduisait plus personne. En explosant, une bombe ne triait point ses victimes : elle déchiquetait mêmement les soldats allemands et les civils français. « Bon sang ! grommelèrent certains paysans, voilà-t-y pas que les Ricains se mettent à nous canarder comme les Grisous l'ont déjà fait en 40 ! On n'en sortira donc jamais de tout ce cirque ? » Et pour beaucoup du village alors, en ces premiers jours du printemps 44, le beau

Un tract aérien (recto et verso).

CONSEILS AUX FRANÇAIS

VOICI le texte complet d'une communication diffusée de Londres par un porte-parole du Haut Commandement Interallié :

" Voici un résumé des conseils que nous croyons utile de donner aux Français en ce moment. Il comporte, d'une part quelques recommandations nouvelles d'une grande importance, et d'autre part un rappel des recommandations déjà données et que nous vous demandons de tenir constamment présentes à l'esprit.

" Gardez-vous de toute interprétation fantaisiste de nos paroles, qui n'ont aucun sens caché. Ceux qui se conforment à nos conseils servent la cause des Nations Unies, et plus particulièrement celle de la France.

PREMIERE RECOMMANDATION

" Dans toute la mesure du possible, évitez de demeurer dans le voisinage de bâtiments qui abritent un état-major allemand ou qui servent de caserne ou d'entrepôt aux troupes allemandes.

" De même, éloignez-vous autant que possible des centres de communication importants, et notamment des voies de garage et ateliers de réparation de locomotives.

" Les usines et établissements travaillant pour l'Allemagne, les dépôts et installations des sous-marins allemands, les grands centres industriels en général, doivent également être considérés comme particulièrement exposés aux attaques. Et vous savez quels sont les risques que courent les habitants des zones côtières.

DEUXIEME RECOMMANDATION

" Les nombreux Français qui se voient contraints de rester dans le voisinage d'endroits susceptibles d'être attaqués devraient, autant que possible, confier leurs familles aux soins de parents ou d'amis habitant des localités moins dangereuses. D'autre part, ceux qui doivent rester devraient réclamer sans cesse des mesures de protection adéquates contre les attaques aériennes.

" Il ne s'agit pas seulement de réclamer des abris convenables dans lesquels vous descendrez dès la premiere alerte. Nous vous demandons également d'insister jusqu'à ce que votre protection soit assurée d'une manière active, et renforcée au fur et à mesure que la puissance des bombardements augmente.

TROISIEME RECOMMANDATION

" Faites tout pour aider secrètement ceux qui, en France, ne cessent d'opposer aux Allemands une résistance active. Mais n'oubliez pas que l'ennemi surveille avec une attention croissante, et qui trahit sa nervosité, toutes les communications qui s'échangent entre Français: vos lettres risquent d'être ouvertes, vos communications téléphoniques d'être surprises. Observez donc la plus grande discrétion pour ne pas trahir à l'ennemi, par inadvertance, les secrets de la résistance.

QUATRIEME RECOMMANDATION

" Acccuillez avec la plus grande méfiance les bruits que l'on pourra faire courir d'un débarquement allié. Les Allemands peuvent faire courir de tels bruits dans l'espoir de voir les éléments de résistance se découvrir.

" **Enfin, recommandation capitale,** et que nous ne saurions vous rappeler trop souvent:

NE DEVANCEZ PAS LES INDICATIONS ULTERIEURES QUI VOUS SERONT DONNEES PAR LA RADIO DE LONDRES OU PAR LA RADIO AMERICAINE.

" Restez à l'écart de toutes les opérations préliminaires.

" Le jour où les armées de la libération auront besoin de votre concours actif, vous en serez prévenus ! "

rôle ne revint pas aux futurs libérateurs. Les Boches restaient des envahisseurs contraignants, évidemment, et on leur gardait rancune pour bien des méfaits, mais ils avaient instauré l'ordre après la débâcle, ça comptait, tandis que les Américains et les Anglais n'apportaient encore que le tourbillon et la foudre. Les sympathies allaient bien sûr s'inverser dans les mois à venir.

Quiconque hébergeait un pilote allié s'exposait à la déportation. Les résistants du Vendômois organisèrent alors un camp-refuge dans la forêt de Fréteval qui accueillit, de mai à août 44, 152 aviateurs recherchés par les « Frizous ».

Fort heureusement, notre village restait trop insignifiant pour servir de cible aux bombardiers mais hélas, un déluge de fer et de feu ne tarderait plus à s'abattre sur les villes de la Loire.

Une autre espèce de bombe éclata dans les journaux à la mi-mars 44. Ce fut la « nouvelle affaire Landru » qui poussa le docteur Marcel Petiot à la une des faits divers. Le commissaire Massu, chargé de l'enquête, servira de modèle à Georges Simenon pour son célèbre Maigret. Le calorifère du « luciférien docteur », au 21, rue Le-Sueur à Paris, aurait brûlé 63 cadavres, pour la plupart des juifs en fuite. Arrêté, torturé puis libéré par la Gestapo qui le soupçonnait d'être un authentique passeur, Petiot participera à la libération de la capitale dans les rangs de la Résistance, sous un nom d'emprunt, puis à l'épuration. Deux agents de la sécurité de la France libre l'interpelleront le 31 octobre à la station de métro Saint-Mandé-Tourelles. Son procès — retentissant — s'ouvrira en mars 46 devant la cour d'assises de la Seine. L'accusé sera défendu par Me René Floriot, et guillotiné le 26 mai suivant. A ce moment, un film faisait recette : *L'Assassin habite au 21*, tourné par Henri-Georges Clouzot en 42. L'année suivante, ce même cinéaste avait réalisé *Le Corbeau* sur la France des lettres anonymes, et cela lui vaudra quelques ennuis à la Libération, les Allemands s'étant servis de ce film pour mener une propagande anti-française. En vedette de ces deux titres : Pierre Fresnay.

Dans les communes voisines

C'est dans les environs de la forêt d'Orléans que la Luftwaffe essuya une défaite restée certainement unique dans ses annales. Un dimanche de février 42, l'équipe de Fay-aux-Loges affrontait en match amical, sur son terrain de football, celle d'Ascoux. Soudain, sur le puissant shoot en chandelle d'un joueur arrière, le ballon vint torpiller... un avion de reconnaissance allemand qui survolait les parages en rase-mottes ! Ce tir inattendu fut si brutal qu'il endommagea sérieusement l'hélice au point d'obliger l'appareil, un Fiescler-Storch, à se poser en catastrophe, à quelques mètres de là, sur la touche pourrait-on dire.

Le but ne fut pas homologué car il s'avéra que les deux pilotes n'étaient pas en service commandé ; ils furent emmenés menottes aux poignets par la Feldgendarmerie de Bricy (appelée pour arbitrage) devant laquelle ils eurent sans doute toutes les peines du monde à se disculper d'un si piètre score ! (Information de M. Luc Cerrajero, neveu d'un des joueurs, de Fay-aux-Loges).

M. Albert Trembleau nous dit que deux autres avions se sont écrasés près de Fay-aux-Loges : l'un, anglais, à Champ-de-l'Orme et l'autre, allemand, à Dhui.

Témoignages

AVIONS ANGLAIS ET OBUS ALLEMANDS

« C'était, si je me rappelle bien, en 42. J'avais un neveu qui, à 18 ans, son apprentissage de mécanicien terminé, se trouvait être requis comme beaucoup d'autres pour aller travailler en Allemagne. Comme il ne voulait à aucun prix se laisser faire, il réussit à s'échapper au moment d'embarquer en gare d'Orléans. Il vint se réfugier chez moi, à Fay-aux-Loges.

« Mais je ne pouvais pas le cacher pendant longtemps et il ne devait pas retourner chez ses parents, leur maison étant surveillée par la Gestapo. Le maire et le secrétaire de mairie de sa commune étaient des résistants ; ils le connaissaient bien et ils savaient comment lui procurer de faux papiers d'identité. Ils l'envoyèrent ensuite avec quelques camarades dans une usine de chargement d'obus à Salbris, occupée par les Allemands, avec mission de les renseigner sur ce qui se passait par là et, au besoin, saboter le travail avec la complicité d'un chef d'équipe.

« Quand il fut prévenu que l'aviation anglaise allait détruire l'usine, mon neveu se sauva en pleine nuit et traversa la Loire à la nage. Il revint chez moi retrouver sa cachette et y resta jusqu'à la Libération. Mais entre-temps, le secrétaire de mairie payait de sa vie les faux papiers qu'il fournissait aux réfractaires. » (Lettre de M. Albert Trembleau, de Vienne-en-Val.)

LA DANSE MACABRE

« En 43 ou 44, les Alliés passaient au-dessus du pays pour aller bombarder Turin, Gênes et les autres villes d'Italie. Ils lâchaient parfois leurs bombes sur le camp de Bricy et la D.C.A. tirait sur eux. Un jour, un avion tomba à Huêtre, à trois kilomètres de chez nous. Un des aviateurs sauta en parachute mais les deux autres furent tués. Les Allemands, triomphants, les ramenèrent ici, dans les pavillons près de notre ferme. Les *Frauleins* militaires, qui tenaient compagnie aux officiers, dansèrent sur le corps des Américains en chantant des airs allemands. Les Boches nous dirent que c'étaient des juifs, des capitalistes. Après avoir été exposés devant un pavillon, les cadavres furent enfin inhumés au cimetière de Boulay. » (Lettre de Mme Alice Tourne, de Bricy.)

LE TROU DE SOURIS

« Habitant à quelques kilomètres des Aubrais, nous descendions à la cave dès que les sirènes hurlaient : c'était un réflexe immédiat. Nous guidant péniblement à la vague lueur d'une "baguette éclairante" (petite réglette brune d'un amalgame de détritus quelconques et de vieille huile, je crois bien), nous restions assis contre un mur. Nous écoutions le terrible ronflement des avions, le fracas des explosions, cherchant à en déceler la direction... Qu'allions-nous apprendre le lendemain, combien de victimes ?

« Des bouteilles tintaient, entrechoquées par les vibrations. La flammèche de notre baguette, fumeuse et nauséabonde, dansait en crépitant. Et notre cœur bondissait dans notre poitrine... Eh bien, le croirez-vous ? Je me suis surprise, une nuit, pendant un moment de calme, à sursauter et à me serrer contre maman en percevant... le trottinement menu d'une souris ! » (Lettre d'une informatrice désirant garder l'anonymat.)

LES CHAMPIGNONS DU CIEL

« Le 7 janvier 44, je ne fréquentais pas l'école parce que je souffrais d'une profonde brûlure gangreneuse au pied. L'amputation venait d'être évitée de justesse grâce aux sulfamides, médicaments d'avant la pénicilline. Par cette journée glaciale, le soleil brillait dans un ciel sans nuages. Nous déjeunions paisiblement en écoutant la B.B.C. Soudain, le vrombissement d'une escadrille américaine attira notre attention. Un groupe d'une douzaine d'avions glissait dans les airs à très haute altitude et les carlingues miroitaient au soleil. Une explosion se produisit presque aussitôt, comme un raté de moteur, et un appareil se détacha de l'escadrille qui continua sa route comme si de rien n'était. L'avion réduisait sa vitesse. Pas de doute : il était en difficulté. Peut-être avait-il été touché par la D.C.A.

« Sautillant sur ma jambe valide, j'ai suivi les membres de ma famille. L'avion perdait toujours de l'altitude. Nous vîmes alors tomber une chose noire, bientôt surmontée d'une corolle blanche. Un parachutiste. Quelques secondes plus tard, un second sauta, puis un troisième. Les moteurs de l'avion pétaradaient dangereusement et l'on pressentait la catastrophe. Sept parachutes s'épanouissaient maintenant dans le ciel...

« Une déflagration retentit. L'avion venait d'exploser en vol. Les débris tombèrent à la verticale et percutèrent le dernier parachutiste. Celui-ci s'abattit en chute libre parmi la ferraille.

Une colonne de fumée noire monta du côté de Vrigny, à quelques kilomètres seulement.

« Comme de gros champignons, les parachutistes descendaient doucement, déportés par un léger vent hivernal. Ils planèrent longtemps au-dessus de la forêt pour atterrir sans encombre vers La Cour-Dieu.

« Beaucoup de curieux se précipitèrent sur les lieux du drame mais personne ne put s'approcher des débris fumants pour secourir d'éventuels survivants. Il n'y en avait pas. Le dernier parachutiste était accroché aux arbres de la forêt ; deux aviateurs s'étaient écrasés au sol et deux autres furent découverts carbonisés dans l'acier déchiqueté. Ceux qui se trouvaient là virent un horrible spectacle et effectuèrent une macabre tâche.

« Ces cinq aviateurs furent enterrés au cimetière de Vrigny tant que dura la guerre. Les autorités américaines les rapatrièrent plus tard. Aujourd'hui, leur place est vide mais leurs casques demeurent pour marquer l'emplacement de leur sacrifice. » (Lettre de Mme Lucette Pellerin, de Mareau-aux-Bois.)

TOMBÉ DES NUES

« Le 30 avril 44 fut pour nous, dès 10 heures du matin, une journée chargée de décisions et de risques. Voici les faits :

« Au retour d'un bombardement nocturne, une forteresse volante américaine se trouva en difficulté et se laissa distancer par son escadrille. Elle était sérieusement touchée par la D.C.A. allemande. Nous la vîmes éclater sur la commune. Les débris de l'appareil furent projetés dans l'espace. Son équipage s'écrasa au sol, sauf un aviateur qui parvint à sauter en parachute.

« Perdu dans un endroit inconnu de lui, ce survivant demanda à un fermier de l'orienter. Ce dernier, ne comprenant pas que les Allemands lanceraient aussitôt leurs recherches, lui indiqua le chemin du bourg. Deux étudiants qui se rendaient sur le lieu de la chute, croisèrent l'Américain qu'ils reconnurent à sa tenue de pilote. Ils le dissimulèrent en bordure d'un bois, dans un champ de seigle, et ils revinrent m'en faire part.

« Les voitures allemandes commençaient à fouiller les routes des environs. Nous devions être prudents. Personne n'acceptait de recueillir cet aviateur, par peur. La nuit suivante, nous le cachâmes dans une maison inhabitée avec quelques couvertures et du ravitaillement, faute de mieux.

« Quand M. René Garreau rentra d'une mission de renseignement, il fit le nécessaire pour que l'aviateur puisse gagner la Sologne où un groupe du maquis le prit en charge à Vienne-en-Val. C'est un fermier qui l'emmena là-bas après l'avoir camouflé au fond de sa charrette. Le trajet, long d'une quinzaine de kilomètres, grouillait de patrouilles ennemies !

« Ce groupe de Sologne fut plus tard dénoncé ; quatre de ses membres seulement revinrent de déportation. Le traître fut exécuté à la Libération. » (Lettre de M. Alphonse Marois, de Neuvy-en-Sullias.)

LES CAMPS DE FRÉTEVAL

Organisé, avec l'aide du réseau Comète, par un bureau spécial de l'Intelligence Service, un camp de regroupement fut secrètement installé en forêt de Fréteval, au printemps 44, afin de secourir les aviateurs alliés dont l'appareil avait été abattu dans la grande région.

Cent cinquante-deux fugitifs y trouvèrent refuge du début mai au 13 août, jour de l'arrivée des troupes américaines. Les fermes des environs assuraient un ravitaillement discret, de sorte que la plupart des villages voisins n'apprirent l'existence de ce maquis qu'à la Libération. Les "colis" récupérés qui, auparavant, étaient réexpédiés en Angleterre via l'Espagne ou la Bretagne, restèrent désormais cachés en sous-bois dans l'attente du proche débarquement. Un second camp fut créé en juin, quand les missions aériennes s'intensifièrent. Les liaisons radios avec Londres se faisaient chez des patriotes sûrs.

Aussi romanesque que cet épisode puisse paraître, malgré les incessants convoyages, les innombrables allées et venues et l'animation qu'un tel rassemblement ne pouvait qu'occasionner, bien qu'il fût clandestin et que l'extrême prudence demeurât de rigueur, malgré cela les Allemands n'eurent jamais vent de la présence de ces deux camps !

On va se faire sonner les cloches
(Répertoire de Fred Adison, 1937)

Dans le tome précédent, nous vous avions invités à diriger vos pas, l'espace d'un chapitre, vers le petit village d'Herbilly qui se situe à deux ou trois lieues de nos maisons, en bordure de la Loire. Là-bas, nous y avions rencontré un personnage important de la Grande Guerre : le maréchal Maunoury[1]. En ce mois de mai 44, les regards convergèrent à nouveau vers ces parages, mais il ne s'agissait plus de bayer d'admiration devant la fière image d'un héros... Avant d'aborder ce tragique épisode, accordez-nous un bref répit et laissez-nous vous conter une cocasserie de la petite histoire régionale qui, plus farce que mélodrame, constituera une pause distrayante dans notre lugubre récit.

Or donc, au lendemain de la Révolution, le hameau d'Herbilly, bien que rattaché administrativement au bourg voisin de Courbouzon, revendiquait avec force le titre de paroisse à part entière, de même que Thuis, un autre écart en rive du fleuve sans cesse grignoté par les crues[2]. Cette commune regroupait ainsi trois paroisses distinctes. Le cas restait exceptionnel car ailleurs, une commune de la République correspondait sensiblement à une paroisse de la Royauté ; c'était déjà le changement dans la continuité.

Les inondations avaient réglé le problème de Thuis en le dévastant mais il en était tout autrement d'Herbilly. Outre son église, ce village s'enorgueillissait toujours de son école, de son presbytère et de sa perception, de sorte que ses habitants ne voyaient pas d'un bon œil la suprématie du bourg voisin. Il

Relire 1. notre ouvrage précédent *Ils sont partis en chantant,* chapitre : «Le général d'Herbilly »,

2. *Le Catalogue des méfaits et des étrangetés,* chapitre : « Les méfaits qui n'ont pas de coupables... ».

s'ensuivit une rivalité qui, de grogne en rogne, éclata bientôt au grand jour en une véritable guerre de clochers.

La situation devint subitement explosive lorsque le 21 septembre 1813, l'église d'Herbilly fut vendue aux enchères, pour la somme de mille francs, à la riche famille Deschamps qui la pervertit et la transforma en une vulgaire grange. Les bancs, les prie-Dieu, les ex-voto, les objets du culte et le produit de la vente servirent à restaurer et à enrichir l'église rivale de Courbouzon. Les paroissiens d'Herbilly, scandalisés, furent pourtant obligés d'assister à la messe dans l'église du bourg, à contrecœur évidemment, puisque le salut de leur âme passait désormais par cette contrainte vexatoire. Toutefois, les fidèles prenaient garde de marquer une certaine distance méprisante vis-à-vis des quasiment impies qui profitaient de leur désagrément ; ils ne s'asseyaient que sur « leurs » bancs, que sur ceux qui venaient de « leur » église, et au besoin, ils en délogeaient les Courbouzonais qui s'y étaient étourdiment hasardés.

Les passions s'embrasèrent à la fin de l'année 1840, et voici par quel biais :

En ces temps-là, un bedeau carillonnait les baptêmes au marteau, et non pas à la corde. Un certain Antoine Gentils — qui ne l'était, gentil, vraisemblablement que de nom — trouva plus tapageur de remplacer l'habituel maillet de bois par une lourde et solide masse de fer. Et hardi que je te cogne sur la cloche à tour de bras ! Oh, pour ça, on l'entendit de loin, son annonce baptismale ! De si loin que le bronze ne résista pas à la méthode et qu'il se fendit. D'où le sobriquet de « Cloche fêlée » dont on affubla aussitôt le sacripant.

Mais désormais, l'airain de Courbouzon ne sonnait plus les matines et les angélus sans soulever les railleries des gens d'Herbilly. Aussi les ouailles du bourg s'en plaignirent-elles aux autorités compétentes, lesquelles autorités crurent judicieux d'ordonner un rapide transfert de cloches : celle d'Herbilly, intacte mais silencieuse, serait décrochée et pendue dans l'église fréquentée de Courbouzon tandis que celle de Courbouzon, utilisée mais discordante, serait dépendue et accrochée dans le clocher désaffecté d'Herbilly. Un simple tour de passe-passe.

C'était minimiser les fiertés chauvines. Les gaillards de Courbouzon furent reçus à coups de fourche lorsqu'ils s'amenèrent avec leur grelot cassé pour chiper la campane convoitée. « Sacrebleu, non ! rugirent les autres, on ne vous regardera pas échanger notre "Anne-Louise" contre votre maudite sonnaille en demeurant les bras croisés ! » Et la dispute prit l'allure d'une sacrée échauffourée où les triques s'abattirent sur les échines comme corbeaux sur les semailles. Les bonnes femmes n'étaient pas les moins acharnées ; non contentes d'exciter les hommes à plus de révolte, elles repoussèrent héroïquement les assaillants par une volée de pierres, drue et assommante. C'était là un système de défense efficace mais aussi une excellente occasion de débarrasser les terres de leur pierraille tout en cailloutant les champs d'en face. Les deux partis, l'un reculant et l'autre progressant, finirent par se retrancher de part et d'autre d'une nouvelle frontière, en l'occurrence le ruisseau du Coulvrin. L'état de siège fut proclamé dans les villages adverses et désormais irréconciliables.

Cette bataille rangée prit une telle ampleur que les gendarmes du canton s'en émurent. La veille de Noël, la maréchaussée tenta de faire procéder à l'échange des bourdons ; elle dut renoncer à cette folle entreprise car le tocsin rameutait déjà, sur la place d'Herbilly, une foule pour le moins hostile aux bicornes.

Le lendemain de Noël, les autorités déployèrent les grands moyens, c'est-à-dire la troupe. Le lieutenant Robert, officier à Blois, rassembla deux brigades du chef-lieu, auxquelles il adjoignit trois compagnies du 20e régiment de ligne et la brigade de Mer. Le 27 décembre au matin, cette armée encercla le village endormi, qu'elle investit sans coup férir. Les huit instigateurs de l'émotion furent arrêtés et gardés en prison jusqu'à ce que la hargne eût enfin fondu dans le quotidien routinier. L'enlèvement de la « Anne-Louise », d'un poids de 716 livres, se fit alors sans broncher. Elle ne fut rendue à sa tour d'origine que douze ans plus tard, par décret du prince-président Louis Napoléon, à seule fin de sonner le tocsin.

Ces mémorables chamailleries laissèrent néanmoins d'irrémédiables et sourdes rancœurs en ce pays de Loire d'ordinaire si calme. La paroisse d'Herbilly se sépara du bourg de Courbouzon, par pétition, au profit de Mer dès 1845. Pendant la conquête de l'Algérie, les paroissiens d'Herbilly furent surnommés les « Bédouins » parce qu'ils devaient se déplacer pour assister à la messe, pareils aux nomades berbères qui se rendent à la mosquée, tandis que ceux de Courbouzon devinrent plus prosaïquement les « voleux d'cloches ». Et il faudra attendre près d'un siècle pour que les jeunesses des deux villages se fréquentent à nouveau. Le premier mariage de la réconciliation ne sera célébré qu'à l'approche de la Seconde Guerre mondiale !

On m'a du reste certifié que de nos jours stagnaient encore quelques inimitiés sous la pesante chape des ans. Doit-on en déduire que le temps qui file ne parvient guère à émousser les querelles des générations passées ?

Que reste-t-il de nos amours ?

(Répertoire de Charles Trenet, 1943)

Nous voici de retour à Herbilly au printemps 44. Le village avait enfin tiré un trait sur ses homériques batailles de clochers pour n'être perturbé que par la guerre, la vraie de vrai. Les Allemands occupaient Mer, à quatre kilomètres de là, et souvent, en passant devant la statue du maréchal Maunoury, on ruminait les prophéties du vainqueur de l'Ourcq.

Ce monument, rappelons-le, avait été inauguré le 15 août 1928 par le maréchal Pétain, celui-là même que le général de Gaulle appelait maintenant le « Père la Défaite » dans tous ses discours retransmis par la B.B.C. Or ce monument n'était pas orienté n'importe comment. Bien qu'il se trouvât au bord du trottoir, il ne faisait pas face aux passants, qu'il semblait dédaigner. La raison en était simple : pendant longtemps, le maréchal Maunoury avait recommandé de garder toujours les regards fixés vers l'Est ; c'est de là-bas que viendrait le danger.

Le statuaire l'avait donc sculpté tourné vers l'Allemagne, vigilant, encadré d'un moblot et d'un poilu, tous trois surveillant de leurs yeux de granit une lointaine et imaginaire ligne bleue des Vosges... Mais depuis, notre rempart Maginot avait été contourné et il n'était plus nécessaire de regarder si loin pour voir grouiller l'ennemi héréditaire. Le Teuton était là, parmi nous, et l'on tremblait d'entendre le martèlement de ses bottes et les pétarades de ses véhicules motorisés.

En cette nuit du dimanche 7 mai vers 11 heures, Émile, un jeune homme de vingt ans, se baguenaudait par hasard sur la route de Courbouzon. Il circulait à vélo, sans lumière bien entendu, et tout en pédalant, il repensait peut-être au sabordage de Toulon auquel il avait assisté, pour ne pas dire participé en tant que marin engagé volontaire. Depuis, il travaillait aux chemins de fer pour se soustraire au S.T.O. ; de temps en temps, à Paris, il prêtait la main aux résistants dans leurs distributions de tracts. Il s'accordait ces jours-là quelque repos chez ses parents, à Mer. Il ne prévoyait pas que dans les semaines prochaines, il deviendrait agent de liaison entre divers groupes du maquis et que, pour cela, il devrait plusieurs fois franchir la Loire en de périlleuses équipées...

Mais en cette heure indue, le jeune Émile roulait dans la nuit engourdie par le froid. Tout paraissait calme ; il allait certainement gelarder à la levée du jour. Le garçon pesait fort sur les pédales autant pour se réchauffer que par souci de vitesse. Oui vraiment, il faisait frisquet sur ces bords bocagers du fleuve. L'hiver n'en finissait pas et c'était à se demander si la belle saison ne boudait pas notre contrée à cause de la présence de ces...

Soudain, le bourdonnement d'un avion déchira le silence. Aussitôt suivi d'une traînée de feu qui cingla les ténèbres, au-dessus du rideau des arbres. Un éclair gigantesque, l'explosion, le souffle à écorner les bœufs... le village d'Herbilly n'existait plus !

Émile crut un instant être frappé de berlue. Non, ce n'était pas possible ; il fallait se pincer pour réaliser le cataclysme. Allons donc ! il venait de faire un cauchemar dont il n'était pas encore réveillé...

Point de cauchemar, hélas. Le village d'Herbilly venait bel

et bien d'être soufflé dans un vacarme d'apocalypse. Le bourg voisin de Courbouzon, dont les maisons avaient été bougrement ébranlées elles aussi, commençait à éclairer ses volets. Des têtes à la mine incrédule, encore tout ébouriffées de sommeil, apparurent aux fenêtres. Le curé fut un des premiers à sauter du lit ; il vit Émile passer à guidon rabattu, l'arrêta et grimpa sur le cadre de son vélo. Ils foncèrent ainsi vers Herbilly où le curé prodigua les premières assistances pendant qu'Émile donnait l'alarme dans Mer. « Vite, hurlait-il, vite ! Des pelles et des pioches ! Herbilly vient d'être sinistré ! » Au vrai, ses cris étaient superflus car tout le pays, sur dix kilomètres à la ronde, en avait sursauté. Les vitres étaient brisées jusqu'à Villexanton, à plus de deux lieues de là ; l'ami André Prudhomme, qui s'y trouvait, nous dit : « Je fus brusquement réveillé par un grand bruit. Les portes furent secouées brutalement, comme si des chenapans voulaient les fracturer. J'ai d'abord craint un cambriolage. Je me suis précipitamment levé et je suis sorti, sans comprendre. La tragique explication ne fut connue que le lendemain matin. » Les carreaux de Saint-Dyé avaient également volé en éclats mais à Mer, pourtant plus proche, l'onde de choc n'avait pas causé autant de dégâts. A Courbouzon en revanche, les portes des granges étaient dégondées, les paillers éparpillés, les toitures endommagées. Mais ce n'était rien en comparaison de la calamité qui venait de frapper Herbilly.

Émile (pas celui du vélo, un autre) était marié depuis une semaine avec Alice, une fille de Huisseau-sur-Cosson. Dans la journée, les deux tourtereaux étaient revenus du pays de l'épousée, à bicyclette. Le voyage et les coquineries les avaient rompus de fatigue, si bien qu'ils dormaient depuis une heure et demie quand le drame se produisit. Alice ne fit qu'un bond. Plus de murs autour d'elle, plus de plafond sur sa tête, mais un superbe clair de lune à peine estompé par un nuage de poussière. « Ben ça alors, s'écria-t-elle, je vois la cour comme si j'y étais ». Elle se tourna vers son mari qui dormait toujours. En vérité, son Émile ne ronflait plus : la dépression lui ayant coupé le souffle, il venait de perdre connaissance pour quelques instants.

C'était pour eux un miracle de s'en tirer vivants, avec

seulement quelques égratignures. Une grosse poutre et une armoire les avaient protégés d'une avalanche de plusieurs tonnes de gravois. Ils parvinrent à se glisser hors des décombres et à échapper aux risques d'éboulement. C'est alors seulement, une fois sauvés, que la peur leur tenailla le ventre. Et Alice regretta longtemps ses cadeaux de mariage dont elle ne retrouva jamais la moindre pièce parmi les ruines de la maison.

La cour était jonchée de débris sur vingt centimètres d'épaisseur. Dans une encoignure brûlait une bombe incendiaire. Les portes de la grange, arrachées de leurs gonds, étaient plaquées dans le fond du bâtiment et le toit s'était écroulé par-dessus. La mère d'Émile geignait dans la cour : elle s'était levée en entendant les bourdonnements de l'avion, juste pour voir s'élever une fusée rouge de détresse et se faire taillader le visage par les brisures d'une porte vitrée (elle perdra d'ailleurs un œil).

A l'entour, les villageois en chemise de nuit, trop occupés qu'ils étaient à se dégager des décombres et à éteindre leur incendie, ne mesuraient pas encore l'étendue du désastre. Les sauveteurs des environs arrivèrent sur ces entrefaites et s'employèrent sans attendre à déblayer les gravats. *Les secours vinrent rapidement de Mer et de Courbouzon*, écrira un témoin, M. René Vitry. *Pour les habitants de ce dernier village, l'affaire de la cloche était bien oubliée car cette nuit-là et les jours suivants, ils se dévouèrent avec ardeur pour venir en aide à leurs voisins.* Les soldats allemands rappliquèrent peu de temps après. Malgré le couvre-feu rigoureux, les gens accouraient et se pressaient de secourir le village sinistré. On retira les premiers morts. Parmi ceux-ci, un couple de Parisiens retraités qui revenait à Herbilly avec la régularité des hirondelles. Il s'y était installé huit jours plus tôt pour échapper aux bombardements de la capitale. Le bonhomme avait l'habitude de boire du lait dans la nuit ; la bouteille déposée au pied de son lit n'était pas cassée. C'était la seule chose restée intacte dans cette maison éventrée.

La grand-mère d'Émile fut retrouvée vivante sous l'effondrement de son toit, et c'était là encore un miracle. En tombant, les poutres s'étaient enchevêtrées sur son lit et la paille du grenier l'avait garantie en un salutaire baldaquin. D'autres maisonnées n'eurent malheureusement pas cette chance inouïe. On déplora treize morts : sept dans la population et six dans l'équipage de l'avion. Mais à propos que s'était-il réellement produit et quel mauvais sort avait donc provoqué ce sinistre ?

Depuis plusieurs jours déjà, on voyait des avions passer à haute altitude, qui allaient bombarder les arsenaux de Salbris. A la minuit du 7 au 8 mai, un quadrimoteur Lancaster de la R.A.F., transportant cinq tonnes de bombes à air liquide, fut touché par les tirs de la D.C.A. de Châteaudun. L'avion perdit bientôt de la hauteur et accrocha une ligne de haute tension entre Josnes et Villexanton, où un bout de sa queue fut retrouvé plus tard. Les gardes-voies du pont de Lussay le virent tourner au-dessus de leur tête. Se sachant en perdition, les aviateurs cherchaient probablement à se poser en rase campagne. Le destin en décida tout autrement et l'appareil s'abîma en plein centre d'Herbilly. En explosant, sa cargaison creusa un cratère de huit mètres de profondeur.

Les corps déchiquetés de six membres de l'équipage se dispersèrent dans le chaos. Le buste tronqué du chef de bord fut retrouvé au sommet de l'église détruite, un autre cadavre sous l'harmonium, un troisième dans un jardin, les autres dans les champs. Un septième aviateur avait réussi à sauter en parachute mais il se blessa en atterrissant sur les toits du château de Chantecaille et les Allemands le capturèrent. Un second parachute fut aperçu dans les environs d'Herbilly mais sans personne à côté. Il se peut donc qu'un huitième Anglais, sain et sauf, ait pu disparaître grâce à l'aide de la Résistance locale.

Les Allemands ramassèrent les six dépouilles et les emportèrent à la mairie de Courbouzon avant de les inhumer dans le cimetière de Blois, d'où leur famille les retirera après la Libération.

Les restes des victimes civiles furent également déposés dans la mairie de Courbouzon. La célébration des obsèques eut lieu en l'église de Mer le jeudi suivant, sous la présidence de Mgr Charrat, représentant l'évêque de Blois, atteint de cécité. L'enterrement se fit dans le cimetière du village sinistré. MM. René Aucourt, préfet du Loir-et-Cher, et Angelo

Chiappe, préfet régional, tinrent à visiter les vestiges d'Herbilly, à suivre l'office religieux et à prononcer un discours invitant à l'union derrière le maréchal Pétain. Toute occasion de propagande était bonne à exploiter...

Le malheur d'autrui attire toujours beaucoup de monde. Dès le lendemain de la catastrophe, on vit la foule des curieux se trimbaler dans les ruines comme cela s'était jadis déroulé après le cyclone de Cravant* Certains de ces promeneurs n'hésitèrent pas à chaparder et à récupérer ce qui méritait encore de l'être, notamment des auges et des portes de grange.

Dans les jours qui suivirent le sinistre, les gens d'Herbilly fauchèrent toutes les roselières des alentours pour couvrir de joncs et mettre hors d'eau leurs bâtiments restés debout mais dont la toiture avait été soufflée.

Deux moteurs de l'avion furent retrouvés en contrebas du bourg, un troisième repêché dans les marais. Le quatrième dut rester au fond de l'entonnoir. Il est courant, m'a-t-on dit, de relever encore de nos jours des morceaux de carlingue dans les champs environnants.

Hormis les pertes humaines, le bilan était lourd : trente-trois maisons et dépendances détruites ; autant de bâtiments partiellement endommagés ; la chapelle, l'école et un magasin à pompes dévastés ; la tour et l'ancienne église désaffectée en piteux état. La propriété des Maunoury, la « Grand-Cour », fut épargnée.

La plupart des familles sinistrées s'installèrent à Courbouzon et à Mer dont les fermiers, saisissant le prétexte, préférèrent abriter sous leurs remises les réfugiés que le matériel allemand. Des subventions exceptionnelles furent allouées pour la reconstruction du village, qui débuta immédiatement. Émile et Alice purent regagner leur maison (neuve) en 1950. Mais plus rien ne fut comme avant et les habitants eurent bien du mal à reconnaître leur hameau. Avec la nouvelle implantation des maisons, certainement plus logique que l'ancienne, et la suppression des cours communes, la vie quotidienne et la mentalité

* Relire notre ouvrage *Ils étaient de leur village,* chapitre : « Le cyclone de Cravant ».

changèrent petit à petit. Les familles ne se sentirent plus liées entre elles ; dès lors, chacun eut tendance à se cloîtrer chez lui sans se préoccuper de son voisinage. La notion de communauté villageoise ne fut plus qu'un pieux souvenir. Ainsi en est-il souvent de nos lotissements actuels.

Le 16 avril 1947, Mrs Margaret Chambers Hughes, une riche Américaine dont le mari sera plus tard, en 53, nommé ambassadeur de l'O.T.A.N. à Paris, émit le vœu de devenir la marraine d'Herbilly. Ancienne infirmière de l'Armée U.S., elle se trouvait à Blois durant les bombardements de juin 40, époque dont elle conservait une vive nostalgie. Elle se rendit le 18 juillet dans « son » village et le pays lui fit fête. Charmée par tant de cordialité, elle finança la restauration de l'ancienne église et l'électrification de la fameuse cloche Anne-Louise. Elle fit encore distribuer des pneus de vélo, du tissu et du mobilier. C'est ainsi qu'on peut toujours constater que les intérieurs d'Herbilly possèdent tous les mêmes « meubles américains » ! Les enfants reçurent des jouets à chaque Noël et des cartes de vœux à chaque 1er janvier.

Le 29 novembre 1952, la bonne marraine convia cinquante de ses jeunes filleuls à un voyage à Paris. Après s'être inclinés sur la flamme du Soldat inconnu, les gamins demandèrent à se recueillir sur la tombe de leur maréchal. Cela leur fut refusé car la famille Maunoury n'avait pas été avertie. « En vérité, me susurra un filleul de mes amis, la raison était tout autre : plus personne ne se souvenait où le maréchal reposait. Était-ce au Panthéon ou aux Invalides ? »

Témoignage

TROUVAILLES

« Ma grand-mère, qui est sortie indemne du sinistre, m'a rapporté que si mon père s'était trouvé là, il aurait été tué ; une grosse poutre en effet avait fracassé son lit. A cette époque, papa avait été envoyé en Allemagne. Cela lui a sans doute sauvé la vie. Mes grands-parents n'ont pas été blessés mais leur maison fut entièrement détruite.

« Aujourd'hui encore, trente-sept ans après, il arrive souvent que l'on retrouve dans les champs des fragments de bombes ou des restes de fuselage. Ce sont des morceaux d'aluminium dont une face est recouverte d'une peinture noire maintenant écaillée. L'avion était principalement fabriqué en aluminium et peint en noir pour les raids de nuit. Ce camouflage devait le protéger de la D.C.A.

« Il y a quelques années, en labourant, mon père eut la surprise de sentir son soc de charrue heurter quelque chose de dur, une pierre sans doute. En creusant un peu, il s'aperçut que ce n'était pas une pierre mais un objet métallique. En creusant un peu plus, il en sortit une plaque d'acier d'environ 40 × 70 cm. Il s'agissait d'un élément de blindage qui, m'a-t-on dit, se trouvait derrière le siège des aviateurs pour les protéger des balles et des éclats. Il avait été projeté à près de huit cents mètres du point de chute de l'appareil par la formidable explosion du chargement de bombes. » (Lettre de M. Jean-Pierre Bury, de Nanterre.)

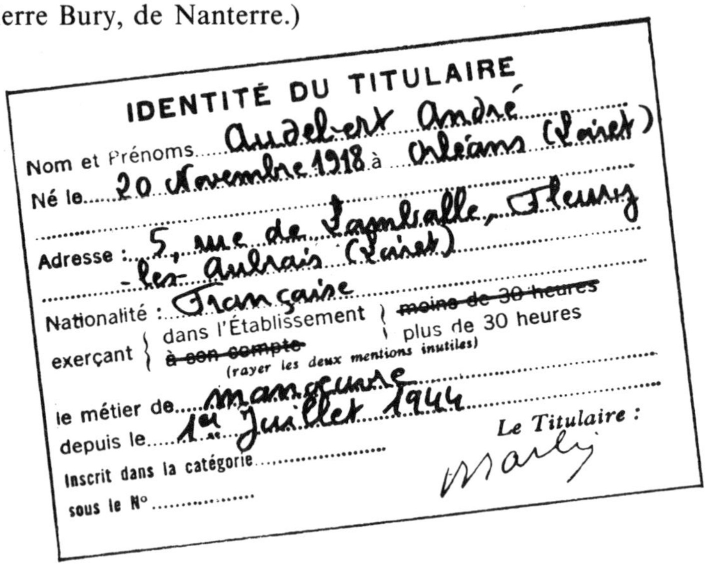
IDENTITÉ DU TITULAIRE

Nom et Prénoms ..... Audebert André

Né le 20 Novembre 1918 à Orléans (Loiret)

Adresse : 5, rue de Lamballe, Fleury-les-Aubrais (Loiret)

Nationalité : Française

exerçant { dans l'Établissement { ~~moins de 30 heures~~ / plus de 30 heures ; ~~à son compte~~ (rayer les deux mentions inutiles)

le métier de manœuvre

depuis le 1er Juillet 1944

Inscrit dans la catégorie ....

sous le N° ....

Le Titulaire :

Ce document est un faux certificat de travail établi par la Résistance. La date de naissance et la profession ont été changées afin de soustraire le titulaire au S.T.O.

L'aurore

Verlaine

(Répertoire d'Alix Combelle et du Jazz de Paris, 1942)

Le bombardier anglais qui rasa Herbilly ne fut pas le seul à se cracher dans la région. Un second s'écrasa le 1er juillet 44 au lieu-dit La Plaine-Huchepin, sur la commune de Beauvilliers, tuant sept aviateurs polonais sous l'uniforme de la Royal Air Force ; un autre se pulvérisa dans les champs, entre La Croix-Neuve et les Cent-Planches, sur les derrières de Séris*.

Là, on ne déplora aucune victime civile, oh ! bon Dieu merci, mais la mort avait donné un rude coup de faux dans l'équipage. Curieux et fouinards s'agglutinèrent encore une fois autour de l'épave comme des mouches sur un étron. Beaucoup d'entre eux en profitaient pour remplir leur musette de bouts de chrome qu'ils espéraient revendre plus tard. Plusieurs du hameau d'Isy, tout proche, s'empressèrent eux aussi d'inspecter les débris tordus pour y dénicher leur bonheur. Un gadouillot trouva un butin inespéré : une botte d'aviateur. Il chercha aussitôt l'autre et il la découvrit sous un

* Cet avion, touché par la DCA de Châteaudun lui aussi, s'abattit au lieu-dit Les Marnières. "Quatre hommes furent retrouvés morts dans les débris de l'avion dont les morceaux étaient éparpillés sur plus d'un hectare : deux Anglais, un Canadien et un Australien qui reposent, loin de leur pays, dans le cimetière local. Leur mise en terre et d'autres affaires pas très glorieuses révélèrent le caractère collaborationniste du maire, de l'instituteur et même du curé de l'époque." (D'après un article paru dans "La République du Centre" du 24 septembre 1980, sous le titre : Séris, un village bien tranquille).

amas de ferraille. Mais il hésita à s'en saisir, notre gadouillot, et pour cause : le pied sectionné du pilote la garnissait encore !

Jeannot et son oncle s'y rendirent également mais la chance les desservit. Car trop affairés qu'ils étaient à farfouiller, ils n'entendirent pas approcher la patrouille allemande et ils se firent stupidement surprendre dans leur repréhensible récupération. Les Schleus ne furent pas tendres, crénom pas ! Ils leur bottèrent magistralement l'arrière-train avant de les entraîner à la Kommandantur de Mer où ils les molestèrent encore. Nos deux bonshommes restèrent emprisonnés à Blois pendant un mois et il s'en fallut d'un poil qu'ils ne fussent fusillés comme otages. Ils ne durent leur salut qu'à l'arrivée des Américains. Entre-temps, les corps des quatre aviateurs anglais avaient été inhumés dans le cimetière de Séris, où ils reposent toujours. Ce genre de pillages par des naufrageurs d'occasion fut certainement courant car l'abbé Pierre Nollent, d'Artenay, nous écrit que *les effets des morts à l'abandon furent quelquefois convoités et il fallut se fâcher pour qu'ils soient respectés. Pour certains élus qui puaient la peur, quelle histoire !*

L'oncle Pierre travaillait comme ouvrier agricole dans une ferme de Crémoux quand l'avion anglais capota derrière Séris. Quelques jours plus tard, il apprit qu'un voisin, le brave cantonnier Marcel Breton, cachait un aviateur britannique dans son grenier. Le bonhomme n'avait pas hésité un instant à le recueillir, malgré les risques que cela comportait pour sa nichée de dix gosses. Il se débrouilla au mieux, tout seul, et réussit à contacter une filière du Perche. Un beau matin, l'aviateur et le cantonnier enfourchèrent deux vélos et, le plus innocemment du monde, se rendirent jusqu'à Vendôme où des résistants les attendaient, sans plus s'effrayer des patrouilles allemandes qui, à ce moment, devenaient particulièrement nerveuses. Le cantonnier revint au soir, sa mission menée à bien, mais il ne fit jamais étalage de cette aventure tant celle-ci lui paraissait fort naturelle ! Encore un héros qui s'ignorait, au contraire d'autres qui ne firent rien que parader quand tout péril fut écarté...

Ce n'est pas un avion qui s'abattit dans les abords immédiats du village, mais une bombe. Dans une luzernière. Elle n'explosa pas. Le propriétaire du champ était cependant bien ennuyé car il savait qu'elle éclaterait un jour ou l'autre et qu'elle ravagerait à coup sûr sa récolte de foin. Il prit donc son courage à deux mains et, la chiasse aux tripes, attela son cheval à ce gros pétard pour le traîner jusque sur l'accotement. Cela peut paraître incroyable mais le funeste engin n'explosa pas malgré la manœuvre qui ne se fit point sans dangereuses secousses. Le cultivateur recouvrit ensuite la bombe sous une épaisse couche de paille et y mit le feu. Notre artificier amateur réussit son exploit ; ce fut l'unique détonation qui troubla la quiétude de la commune en ces périodes de bombardements intensifs. Un petit carré d'herbe arrachée sur l'accotement, voilà tout le dommage dont on eut à souffrir.

Il fallait maintenant être aveugle pour ne pas se rendre compte que les Allemands filaient un mauvais coton. Ce mois de mai fut des plus rigoureux et la neige s'attarda jusqu'au printemps. Les soldats qui défilaient au bourg se faisaient de plus en plus jeunes, dix-sept ans à peu près, ou de plus en plus vieux, et tous crevaient visiblement de fringale. Un soir entre chien et loup, quatre ou cinq de ces garnements mal fagotés dans leur uniforme, des Polonais à ce qu'il sembla, furent aperçus à rôdailler autour des cours du Plessis. Édouard soupçonnait bien qu'ils manigançaient quelque connerie et il se tint sur ses gardes. La nuit était tombée en effet lorsqu'une fusillade crépita du côté de ses paillers. Édouard allongea le nez dans les ténèbres, mais point trop avant cependant par crainte de choper un coup de flingue. Les freluquets se tenaient tout près, cachés derrière les meules, à chuchoter dans le noir. Le lendemain matin, un rapide examen fit apparaître les pertes de la nuit : deux canards tués autour des gerbiers avec des balles à blanc, en bois. Les chenapans avaient abandonné les douilles au milieu des plumes ensanglantées. Voilà donc ce qu'était devenue la fière armée du Reich triomphant : une bande de morveux faméliques et apeurés, des voleurs de poules en débine réduits à chaparder dans les basses-cours pour ne pas mourir de faim ! L'issue de la guerre ne laissait plus le moindre doute...

Les sanglots longs
des violons
de l'automne
blessent mon cœur
d'une langueur
monotone.

C'est par ce poème de Paul Verlaine que la B.B.C. annonça aux partisans que l'offensive anglo-américaine venait de se déclencher sur les côtes de la Manche. On se doutait depuis bientôt un an qu'un débarquement se préparait en Angleterre et ce fut sans grande surprise qu'on apprit par la radio de Londres, le jour même du 6 juin, que les Alliés avaient pris pied sur les plages de Normandie. Dès lors, le général Charles de Gaulle supplanta totalement le maréchal Philippe Pétain dans l'estime populaire, et cela souvent sans aucune transition.

Mais l'approche des libérateurs ne suffisait pas à rassurer nos gens des campagnes, bien au contraire, car les bombardements se déchaînaient tout autour et faisaient tiquer les populations menacées par l'averse. Les usines, les gares et les ponts de la Loire sautaient les uns après les autres. « Les Ricains ne nous font pas de cadeaux, grognait-on, et ils vont bien finir par nous ficher en l'air ! »

A Mer, on descendait sans originalité dans les caves dès qu'un avion ronronnait au lointain. Chacun priait pour sa vie. Plusieurs dévots se cotisèrent afin d'édifier un calvaire de façon que le Bon Dieu consente à préserver la ville de la fureur alliée. Le calvaire fut effectivement consacré le 28 mai 44 lors de la fête de la Pentecôte, trois semaines après le sinistre d'Herbilly. Et la ville fut épargnée par miracle, mais pas le pont de Muides.

La miséricorde divine ne se montra pas aussi clémente en d'autres endroits. L'objectif prioritaire des bombardiers alliés était les artères de communication, principalement les ouvrages ferroviaires car leur destruction entraverait les renforts ennemis dans leurs déplacements vers la Normandie. Le viaduc de Beaugency fut donc condamné à être coupé par l'aviation puisque peu de temps avant, la Résistance locale avait échoué dans son dynamitage. Les Balgenciens redoutaient de devoir essuyer un pilonnage serré et ils ne se trompaient pas. La recommandation d'évacuer le pourtour du viaduc, sur un rayon de trois cents mètres, fut notifiée au conseil municipal dans la semaine précédente mais de nombreux entêtés refusèrent de s'éloigner : « Ah, non ! ronchonnèrent-ils, on ne part point. Pas question d'endurer un deuxième exode et d'abandonner nos maisons aux pillards, comme ça s'est passé en 40 ! »

Une escadrille de reconnaissance survola la ville dans la matinée du 13 juin. Le lendemain au point du jour, une seconde vague de chasseurs sillonna le ciel. A neuf heures sonnantes, c'étaient les forteresses américaines qui, à haute altitude, lâchaient leur flopée de bombes sans trop se soucier de la précision. En une demi-heure à peine, la partie nord de la ville, sur une largeur de deux cents mètres, ne fut plus que ruines et désolation. On dénombra soixante-sept victimes civiles, dont vingt-trois enfants. Et tout ce chambardement ne servit à rien car ce chemin de fer, pour important qu'il fût, était déjà rendu inutilisable à Blois et Orléans ! « Les Amerloques bousillent tout à tort et à travers, s'insurgeait-on désormais. Ils savent que plus ils détruiront, plus ils auront à reconstruire. On voit bien que ce n'est pas leurs familles qui paient les pots cassés ! » Et il est vrai que le bombardement du viaduc de Beaugency, dans la contrée, provoqua un profond crève-cœur.

Par la suite, la ville devait encore subir dix-huit attaques aériennes. Son pont sur la Loire fut touché à deux reprises, le 30 juin et le 8 juillet.

Quand les ponts furent coupés, ce furent les dragueurs qui assurèrent le passage du fleuve.

Au village, la réquisition n'en continuait pas moins d'exiger ses inflexibles impositions. L'armée allemande avait un impérieux besoin de chevaux et les ordres de livraison tombaient comme giboulées en carême.

Chez Sarah, l'écurie abritait encore une paire de puissants chevaux. Félix, le mari, n'avait jamais châtrer ses bêtes car il prétendait qu'un cheval entier restait plus vigoureux. Le seul inconvénient était qu'un tel animal mordait et ruait dès qu'on l'approchait des hongres.

L'un de ces chevaux fut inscrit comme étalon à la révision et l'autre « bon à couper chez le vétérinaire ». Mais Jean, le fils, s'empressa de déchirer l'ordre de castration sans en rien dire à son père. Quand ce dernier se rendit de bonne foi à la réquisition, le jour convenu, son cheval entier sema une satanée cavalcade parmi le troupeau. Cette fois-ci, après une sévère réprimande, Félix reçut en main propre l'ordre de castration. Il n'y avait plus moyen de déroger à l'obligation par un faux-semblant. Ce fut finalement la débâcle de l'occupant qui sauva *in extremis* les deux canassons.

Témoignages

PASSAGE DU MARÉCHAL A ORLÉANS, EN MAI 1944

« Estimant assez probable un débarquement allié en France au début de mai 1944, les Allemands désiraient contrôler de près les agissements du Maréchal et exigèrent qu'il vînt résider, sous leur surveillance, au château de Voisins, près de Rambouillet, où il ne demeura en fait que trois semaines.

« Ce déplacement eut donc lieu contre sa volonté, le gouvernement et le corps diplomatique restant à Vichy.

« La maréchale l'accompagna, ainsi que le capitaine de vaisseau Tracou, directeur du Cabinet, le docteur Ménétrel et moi-même en qualité d'aide de camp.

« Les départements traversés en zone nord tinrent à saluer son passage, et notamment le Loiret où, alertées, des populations nombreuses se pressaient sur le parcours. Une halte eut lieu dans l'après-midi à la préfecture d'Orléans ; il s'y trouvait M. A. Chiappe, préfet, M. Simonin, maire, et Mgr Courcoux, évêque du diocèse.

« Une foule chaleureuse applaudit le Maréchal, ainsi qu'en témoignent les photographies que je possède. Au départ, il tint à s'arrêter devant la statue de Jeanne d'Arc*. Son seul objectif était alors d'empêcher les Français de se dresser contre d'autres Français, au moment du débarquement allié. » (Lettre de M. le

* La tourmente de 40 n'avait pas réussi à désarçonner notre Pucelle de bronze, alors qu'il n'y avait autour que ruines, mais un obus avait arraché son épée. Tout un symbole.

lieutenant-colonel Louis de Longeau-Saint-Michel, de Saint-Michel.)

BATEAU

« Les messages personnels de la B.B.C. n'étaient pas de l'hébreu pour tout le monde. Un mercredi de l'été 44, je rencontrai en ville quelqu'un qui me connaissait. Il me demanda ce que je devenais. Je lui répondis que je préparai des milliers de rations pour les gens d'Orléans. "Demain, ajoutai-je, je serai à la cantine scolaire Saint-Marceau." Et lui me rétorqua de but en blanc : "Si tu arrives à passer le matin, il te faudra le soir trouver un bateau vers Saint-Loup ou aller jusqu'à Jargeau pour traverser la Loire car les ponts seront dans le fleuve !" » (Lettre de M. Louis Tranchant, de Fleury-les-Aubrais.)

DANS UN MOUCHOIR

« Par un bel après-midi de l'été 44, je travaillais dans les champs au lieu dit "Les Bordes" près de Saint-Jean-le-Blanc, à quelques mètres seulement de la voie ferrée Orléans-Vierzon. Soudain, j'entendis et je vis venir au-dessus d'Orléans une escadrille de bombardiers alliés, peut-être une dizaine d'appareils, volant à haute altitude. Lorsqu'ils furent en aplomb de la Loire, ils virèrent légèrement, suivirent la voie et amorcèrent leur descente.

« J'étais inquiet. Ils passèrent au-dessus de ma tête puis ils firent demi-tour au-dessus de La Source. Je compris que leur objectif devait être le pont du chemin de fer, encore intact, ou la voie elle-même. Je déguerpis à toutes jambes à travers champs et je me coulai dans un fossé à cent mètres de là.

« Toujours en descendant, la formation revint en file indienne et survola exactement la voie. Quand le premier avion fut au-dessus du château de Saint-Jean-le-Blanc, il tira une longue fusée blanche en direction du pont. Quelques secondes après, les chapelets de bombes se détachèrent dans un fracas épouvantable en soulevant un nuage de fumée et de poussière. Le pont était totalement détruit, avec une grande précision et heureusement sans victimes. Les jours suivants, les trains venant du sud déposèrent leurs voyageurs à Saint-Jean-le-Blanc. Ceux-ci devaient regagner Orléans à pied pour poursuivre leur voyage. » (Lettre de M. André Girault, de Saint-Denis-en-Val.)

UNE ARCHE A L'EAU

« Vers 10 h 30, le temps était calme et le ciel sans nuages. Mon attention fut attirée par un ronronnement d'avion en direction de Châteauneuf. Soudain, deux bombardiers légers à double fuselage de la Royal Air Force piquèrent droit sur la Loire. Ils survolèrent le fleuve à basse altitude sur un kilomètre environ. Entre Jargeau et Saint-Denis-de-l'Hôtel, ils lâchèrent une première bombe qui explosa dans le lit, à une cinquantaine de mètres avant le pont. Une deuxième déflagration retentit presque simultanément. Cette fois-ci, le pont était touché. Une partie de la troisième arche s'écroula dans la Loire tandis que le reste pendait au bout des câbles sectionnés.

« Les deux bombardiers reprirent aussitôt de l'altitude et disparurent vers le nord. L'opération n'avait demandé que quelques brefs instants. Le pont était heureusement désert à ce moment-là. » (Lettre de M. Marcel Chambolle, de Férolles.)

FEU D'ARTIFICE

« Le bombardement de la gare des Aubrais fut réellement spectaculaire. Réveillés en pleine nuit par les moteurs des escadrilles alliées, nous nous levâmes tous les quatre. Un éclair permanent éblouissait nos chambres et la cuisine. Quelque chose d'anormal se produisait. La forêt d'Orléans semblait illuminée par mille lampions. Nous apercevions les formations aériennes dans le ciel clair comme en plein jour et leur ronronnement présageait un raid sévère. La D.C.A. allemande, de Chartres, crachait ses balles traçantes multicolores mais elle ne parvint pas à toucher un seul avion. Au milieu de ce gigantesque feu d'artifice, les premiers lâchers de bombes firent trembler le sol. La gare de triage des Aubrais fut pilonnée dans un fracas qui se répercutait jusqu'à nous. Nous pensions avec angoisse aux victimes de cette destruction. » (Lettre de Mme Lucette Pellerin, de Mareau-aux-Bois.)

CHASSE A L'HOMME

« Vers la fin de juillet 44, solitaire au milieu des ruines de ma maison, je récupérais les morceaux de bois et quelques tuiles intactes quand deux jeunes cyclistes survinrent en me disant : "Vite ! Cachez-nous, ils nous suivent !" Je leur ai indiqué un profond cratère de bombe au fond du jardin. Ils s'y sont tapis avec leurs vélos et se sont recouverts avec des branchages d'arbres cassés.

« Peu après, un camion bleu a stoppé devant mon portail. Une douzaine de garçons vêtus de bleu foncé en ont jailli. Ils ont inspecté les maisons voisines mais pas la mienne. Je leur aurais demandé s'ils venaient pour me donner un coup de main à déblayer mes décombres. Dans l'équipe, j'ai cru reconnaître un ancien élève à qui j'avais servi la soupe dans les cantines scolaires. Ce gaillard-là s'est mis à pisser dans le fossé, il n'en finissait pas, puis il est remonté dans le camion qui est reparti. J'ai vu les lascars repasser un quart d'heure après, bredouilles. C'étaient des miliciens (assassins, comme on chantait).

« Mes deux gars étaient blêmes de trouille, au fond de leur trou. Ils m'ont dit qu'ils venaient, en pédalant, de Fougères ; ils essayaient de rejoindre leurs familles à Paris. Avec l'approche des troupes américaines, les Allemands et leur clique devenaient enragés. Les fuyards emportaient du beurre que la chaleur avait fait couler. Pour les faire rire, je leur ai dit qu'ils auraient dû le mettre en bouteille.

« Un peu avant la tombée de la nuit, je leur ai fait traverser les lignes du chemin de fer et je leur ai indiqué une adresse sûre pour y passer la nuit, en face de la mare à Cercottes. Autour de nous, c'était dantesque : une locomotive debout, des wagons retournés, éventrés, des rails tordus, des débris partout, des trous et des buttes. » (Lettre de M. Louis Tranchant, de Fleury-les-Aubrais.)

PELLES, PIOCHES ET BELOTE

« En juin 44, jeune cultivateur de 20 ans, j'étais exempté du S.T.O., mais en revanche requis par les Allemands pour participer au déblaiement de la gare des Aubrais récemment bombardée, et ceci pendant une semaine.

« Nous nous sommes retrouvés quatre ou cinq jardiniers comme moi pour effectuer ce travail à la fois éreintant et périlleux. Il y avait également beaucoup d'étudiants.

« Partis de bonne heure de Saint-Marceau à vélo (et quels vélos !), nous nous retrouvions à huit heures pour pointer à l'école Jules-Ferry de Fleury. Nous devions obligatoirement nous munir d'une pelle et d'une pioche. Puis, sous la garde de soldats allemands armés, nous nous disposions en colonne de 300 ou 400 travailleurs et nous nous rendions à pied jusqu'à la gare détruite.

« L'endroit était dans un état épouvantable, complètement retourné. Tout s'était enchevêtré en un amas inextricable : rails, wagons, fils, traverses. Bref, il ne restait rien d'intact. Le travail de notre armada consistait à rétablir une voie vers le nord afin de permettre le passage des trains. Sur le tracé prévu, un engin avait déjà écarté les gros obstacles et quelques cheminots allemands et français jouaient du chalumeau de-ci de-là. Nous devions, à la pelle, recharger le ballast entre les traverses que nous avions récupérées à droite et à gauche. Il fallait 40 à 50 bonshommes pour amener sur place un rail miraculeusement épargné. Besogne pénible, en pleine chaleur, et dangereuse à cause des bombardements redoutés. Nous n'avions surtout, nous autres, les quatre ou cinq copains, aucune ardeur pour cette tâche. Les sentinelles devaient constamment nous houspiller, sans grand succès d'ailleurs.

« Nous quittions le chantier à midi et, en longue procession, nous allions chercher notre repas à la mairie de Fleury. Après une demi-heure de queue, nous nous installions sous les arbres de la place et nous déjeunions. Il ne nous restait plus alors qu'un quart d'heure avant la reprise du travail. Le manche de nos pelles était encore notre meilleur soutien en ces jours difficiles.

« De temps en temps, l'un de nous disparaissait dans les vergers saccagés pour y piquer un petit somme. Les alertes étaient bien venues, si l'on peut dire, car au coup de sirène, tout le monde se dispersait dans la nature et ne revenait que très lentement, souvent pas avant le pointage du soir. Le jardinet du monument de la rue du 11-Octobre était notre planque préférée. Nous chipions parfois, au hasard d'un wagon éventré, une musette de vis, de boulons et d'écrous.

« Les derniers jours, nous réussissions même à enterrer nos outils sur le chantier et à disparaître un à un sans être remarqués dans la masse. Nous nous retrouvions à l'ombre pour taper la belote.

« En une semaine, une centaine de mètres fut néanmoins posée. Nous vîmes arriver une locomotive pour tasser et vérifier le ballast ; le travail était tellement bâclé que la progression de la machine, au pas, frôlait le déraillement à chaque tour de roue. Personne n'osait demeurer à côté. Cet essai présentait une attraction pleine de suspense. Je crois que la voie ne fut jamais rétablie et qu'aucun convoi ne l'emprunta avant la Libération. Les seuls avantages de cette mémorable semaine furent que nous étions bien payés — surtout pour le peu d'ouvrage que nous abattions — et pas mal nourris. » (Lettre de M. André Girault, de Saint-Denis-en-Val.)

LE GRAND CHAMBARDEMENT

« La grande peur de 44 débute par une campagne de mensonges. Les journaux mêlent dans leurs colonnes les "attentats terroristes" et les crimes crapuleux. Le procédé est simple, on ne fait pas le détail. Ainsi se gonfle la crainte des "bandits à mitraillette". Les paysans se barricadent dans leur maison tous les soirs. C'est dans cette tension générale qu'est annoncé le débarquement allié.

« A ce tournant décisif, tout le monde ment avec une frénésie redoublée. Les Allemands mentent, les Anglo-Saxons mentent, le gouvernement de Vichy ment. Mais les bombes, en s'écrasant sur notre sol, font encore plus de bruit que toutes ces balivernes réunies. Le grand martyre civil est commencé et la destruction s'étend sur le pays.

« Déjà bombardées par les Allemands en 40, les villes de la Loire le sont de nouveau par les Anglo-Américains en 44. Ceux-ci, pour atteindre leurs objectifs avec un minimum de risques, pratiquent le fameux "tapis de bombes" qui consiste en l'arrosage d'un rectangle déterminé. Les sinistrés courent sur les routes et les quartiers les plus menacés sont évacués.

« A peine avons-nous le temps d'apprendre la destruction de

Saumur et d'Angers que c'est déjà notre tour. Non pas en grand comme sur les villes mais par essais isolés. Un train est immobilisé sur la petite voie ferrée qui va vers Lorris : un mort et un blessé. Le 26 juin, c'est presque l'anniversaire de son bombardement en 40, la ville de Sully est rasée aux trois quarts et le bourg de Saint-Père a totalement disparu. Il y a beaucoup de morts.

« Maints incidents alimentent la panique collective. Des bombes semblent tomber sans motif. On dit à tort ou à raison qu'elles se décrochent si un bombardier vire trop sèchement.

« Une nuit, le passage des avions se prolonge sans discontinuer pendant une heure. Un Lancaster s'est écrasé près de Lorris. C'est un véritable miracle que le quadrimoteur se soit planté à 40 mètres d'une ferme. Le champ est jonché de caissons, de tuyaux, de fils et de cylindres. Cinq corps affreusement déchiquetés sont retirés de sous la carlingue. En flambant, les quatre mille litres de carburant ont cuit la terre. La queue de l'avion a été projetée à 300 mètres plus loin, avec l'équipement du mitrailleur arrière. Des débris traînent dans un rayon d'un kilomètre.

« Les formations de forteresses volantes se succèdent nuit et jour. Les chevaux s'emballent dans les traits de la faucheuse et les chiens hurlent à la mort. Les coups sourds des explosions se font entendre tandis que des fumées noires montent en direction de Gien, d'Orléans, de Salbris, de Beaugency...

« Le lundi 14 août, 90 camions de S.S. encerclent le carrefour d'Orléans, situé dans la forêt près des Bordes, et y mettent le feu. Durant toute la soirée, nous entendons le crépitement des mitrailleuses. La fumée obscurcit le ciel. Une partie des patriotes parvient à s'échapper mais l'autre périt sous les balles ou dans les flammes. On dénombrera plus de soixante-dix morts.

« A partir du 16 août, jour de l'entrée des Américains à Orléans, la déroute allemande se précipite. Les victorieux de 40 se transforment en fuyards. Tous les véhicules leur sont bons ; ils volent les bicyclettes mais ne se risquent pas hors des routes, déjà peu sûres pour eux, car la Résistance est là. Le dimanche 20, la première voiture américaine traverse Bray-en-Val. Pour nous, l'occupation est finie. » (Lettre de M. André Farnault, d'Orléans.)

Le vieux château

(Répertoire de Pills et Tabet, 1932)

Au village, ce fut une division de S.S. qui investit le château de Cerqueux, notre petit Versailles à nous que le maire désigné rêvait de transformer en colonie de vacances.

Le mot Cerqueux venait de ce qu'on trouvait jadis, en cet endroit, de nombreux cercueils de pierre, des sarcophages. Le château actuel est construit sur l'emplacement d'une ancienne motte féodale dont on retrouve divers vestiges dans les souterrains. Le domaine dépendait de l'abbaye de Beaugency, puis du Logis Sardini de Blois. Les cèdres magnifiques, sur le devant du château, ont été plantés en 1814 par le sieur Libron, chirurgien-major de l'Empire retiré à Josnes après les Cent Jours. Ce glorieux personnage, un des premiers décorés de la Légion d'honneur, fut plus tard élu maire de la commune. Détail surprenant : il se trouvait autrefois, dans les communs, une magnanerie (on peut encore y voir quelques mûriers gigantesques). Il faut en déduire que l'élevage du ver à soie n'était pas exceptionnel dans les parages puisqu'une seconde magnanerie se tenait dans la maison de Sarah, au hameau du Plessis ; mais c'était il y a longtemps.

Un parc splendide agrémentait alors le château. A en croire la tradition orale, il aurait été dessiné par Le Nôtre, rien de moins ! Malheureusement, et cela nous replonge dans notre sujet, ce parc fut littéralement saccagé par la division de S.S. qui séjourna en ces murs. Les démons jetèrent les meubles dans les douves et se plurent à tout esquinter. Bien content encore qu'ils ne cherchèrent noise à personne des alentours !

A la Libération, le propriétaire, M. Roger, un descendant du gendre du chirurgien-major, fut contraint d'abattre les chênes qui restaient. Une scierie de Oucques-la-Joyeuse s'y installa pendant deux ans et fournit en planches les maisonnées de la commune. Les bâtiments menaçant ruine, la famille Mestivier les acheta pour une bouchée de pain dans l'intention de les raser. Mais finalement, séduit par la demeure, M. Mestivier père entreprit de la restaurer à grands sacrifices. Aujourd'hui, le site est classé et le château loué en plusieurs appartements. Les cèdres sont toujours là et le passage de cette satanée division de S.S. n'apparaît plus, dans les mémoires, que sous la forme d'une tribulation de la petite histoire.

Suivez le guide...

Feu le doyen de la commune, Léon Breton, 95 ans, nous disait naguère que dans son jeune temps, les gamins qui revenaient de l'école s'amusaient à ramasser les fruits des mûriers dont les branches dépassaient des enclos de Cerqueux. La présence de ces arbres, peu courants en nos régions, ne cesse de surprendre.

Ces mûriers ont été plantés par le médecin-général Barthélémy Libron, chirurgien-major de la Garde impériale mis en demi-solde par la Restauration, au lendemain de son mariage avec la maîtresse des lieux, Julienne Gieck.

Ancienne servante devenue châtelaine après avoir su s'attacher les bontés ancillaires de son vieux maître Paul-René Dupont de Veillenne, au point de s'en faire épouser, Julienne était tombée en veuvage dans le mois qui avait suivi ses noces. Son second mari, d'une vingtaine d'années plus jeune qu'elle, s'adonna vraisemblablement à la sériciculture pour tromper l'oisiveté de sa retraite forcée. Et c'est pour nourrir son élevage de vers à soie qu'il planta les magnifiques mûriers dont les épaisses ramures ombragent toujours les abords du château. On lui doit également les magnifiques cèdres du domaine.

Barthélémy Libron fut élu maire de Josnes en 1820. Veuf à son tour, il se remaria avec la très jeune Thérèse Marie-Claudine Ledfey, une demoiselle de bonne famille blésoise.

Ainsi donc, le château de Cerqueux comprenait sur son aile gauche, façade côté sud, une magnanerie qui constituait le pendant de l'orangerie installée dans l'aile droite. Toutefois, Mme Jeanne Mestivier, la propriétaire actuelle, née avec le siècle, n'a jamais vu le moindre cocon dans ce bâtiment.

Fillette, elle venait pourtant au château puisqu'elle y apportait le courrier du soir au retour de classe et qu'une de ses tantes travaillait aux cuisines. Mme Mestivier ne se souvient que des huit ou dix orangers que Maurice Roger, le châtelain d'alors, faisait rentrer à l'aide d'un chariot aux approches des froidures.

« Après la guerre, dit-elle, quand nous avons acheté le château qui se lézardait de partout, il ne subsistait plus rien à l'intérieur de la magnanerie, sinon un grand appareil en fer, tout rongé de rouille, qui devait servir autrefois à l'aération des claies. On prétendait que l'élevage avait été décimé jadis par une maladie. »

Ce fut sous le règne de Louis XI, lorsque la ville de Tours accueillit de nombreuses soieries, que les premiers élevages apparurent en nos contrées de Sologne, du Val de Loire et de Petite Beauce. Mais la culture des mûriers n'offrant qu'un piètre feuillage, sans doute parce que les paysans ne savaient pas tailler ces arbres comme il convenait, la région ne donna qu'une « soie de pauvres » dont le maigre rapport entraîna une rapide reconversion des installations. La flacherie fit le reste. En conséquence, la tentative de Barthélémy Libron ne fut probablement qu'une lubie de châtelain en mal de passe-temps...

Le château de Cerqueux est l'un de ces endroits fort discrets dont on ne fait guère cas ordinairement. Il mérite pourtant le détour. Le nom du lieu viendrait de Sarcolium, qui aurait désigné, à l'origine, une nécropole gallo-romaine. Le domaine du Grand-Cerqueux semble fort ancien puisque mention en est faite dès le milieu du XIIe siècle, à travers son seigneur Odon d'Allonne qui « institua, en aumône et expiation, une rente perpétuelle de six mines de blé froment, à prendre sur sa métairie de Charcuit (disparue aujourd'hui) sise en la paroisse de Jaulne». Les métayers de Petit-Cerqueux, quant à eux, devaient consentir au châtelain, à la même époque, une redevance d'un pain de 4 deniers parisis, un septier d'avoine et une poule payables au cimetière de Josnes le lendemain de Noël. Cerqueux dépendait alors de l'abbaye de Beaugency.

Le château appartint successivement, par le jeu des mariages, des héritages et des acquisitions, à plusieurs familles parmi lesquelles les Foville, Texier et Dupont de Veillenne. La bâtisse actuelle date de 1750 mais d'importantes modifications sont intervenues au cours des années : entre autres, les toits à la Mansard furent endommagés par la grêle à la fin du XVIIIe siècle, et supprimés.

C'est en 1814 que Julienne Gieck - ou Jeanne-Julien Giet -, devenue veuve du chevalier Paul-René Dupont de Veillenne, épousa en secondes noces Barthélémy Libron.

En 1846, la propriété revint à son gendre, l'avocat blésois Emile Roger ; elle sera vendue au lendemain de la dernière guerre à un cultivateur du hameau voisin, Rémi Mestivier. Les bâtiments se délabraient au milieu d'un parc bouleversé.

Bien que d'abord promis à la démolition, le vénérable édifice fut sauvegardé par celui-là même qui l'avait acheté pour le raser. Mais une telle restauration, doublée d'un entretien constant, exige de lourds sacrifices de la part des propriétaires. Décidément, la vie de château n'est plus ce qu'elle était ! De nos jours, le manoir de Cerqueux est aménagé en plusieurs logements de location. Mme Rémi Mestivier occupe quelques pièces du rez-de-chaussée. Depuis la lointaine époque du sieur Libron, le vent de la Petite Beauce a soufflé dans les branches des mûriers. Le château est inscrit à l'Inventaire des Monuments historiques et son escalier en fer forgé est classé. Mais ces mesures symboliques ne suffisent pas à protéger indéfiniment les vieux murs contre les outrages des ans.

C'est la fête au pays

(Répertoire de Maurice Chevalier, 1944)

En 40, les armées conservaient encore des chevaux comme dans les conflits d'autrefois mais quatre ans plus tard, tous les engins militaires s'étaient motorisés. Ce n'était plus vraiment la même guerre qui se continuait sur le terrain.

La première quinzaine d'août amorça de façon probante la retraite de l'armée allemande, ou plus exactement de ce qu'il en restait. Jour après jour, la radio annonçait l'irrésistible progression des Alliés. Le village s'attendait à être réveillé un de ces quatre matins par le raffut des chars américains qu'on disait maintenant tout proches. C'est alors qu'une poignée de garçons, au village, cria bien fort qu'ils « faisaient » de la résistance. Mais à la réflexion, on se demanda à qui ils pouvaient résister avec tant d'acharnement puisque les soldats allemands n'avaient pas attendu leur engagement pour, eux, se désengager.

Les derniers « Frizous » restés en poste au village furent deux ivrognes irrécupérables. Leur mission consistait à escalader les échelles du clocher et, de là-haut, à surveiller la plaine environnante. Ils auraient pu se rompre le cou plus de cent fois chacun tant les bitures leur flanquaient le tournis. En bas, les gens les regardaient évoluer en tremblant car personne ne tenait à ce qu'ils dégringolent de leur perchoir. Un accident de ce style aurait été immanquablement considéré comme un attentat par la Kommandantur et notre paisible village se serait aussitôt retrouvé catalogué comme un nid de dangereux terroristes. Heureusement donc, aucun de nos sacs-à-vinasse ne loupa un échelon. Ils furent relevés la veille du passage des Américains, ce qui nous priva d'être vraiment libérés par défaut d'occupants !

Depuis le 11 août, un défilé désordonné de jeunes soldats allemands s'étirait sur la route nationale en traînant des poussettes, des brouettes, des remorques, bref un équipement hétéroclite qui n'était pas sans rappeler notre propre débâcle de 40. Et pourtant, il convenait de ne pas trop se fier à cette apparente débandade de la troupaille car plusieurs unités s'incrustaient toujours sur certaines positions, décidées qu'elles restaient à se battre jusqu'à la fin et à se replier sur la rive gauche de la Loire, en Sologne, après avoir coupé les ponts que les Américains n'avaient pas bombardés.

Les premiers chars américains abordèrent le village le jour du 15 août dans l'après-midi, sur l'heure du goûter. Ils venaient de Marchenoir. Comme ils étaient prévenus qu'il n'y avait rien à tirailler dans les parages, ils filèrent vers la Loire sans même ralentir l'allure au milieu du bourg. On n'en aperçut quasiment rien. On se sentit comme qui dirait frustré : après les Allemands qui ne nous avaient qu'incomplètement occupés, c'étaient maintenant les Américains qui ne faisaient même pas le simulacre de nous libérer ! Pour voir de plus près à quoi pouvaient bien ressembler nos libérateurs, notre maréchal-ferrant dut enfourcher sa motocyclette et aller jeter un coup d'œil à Beaugency.

Le village s'attendait bien à ce passage mais personne n'avait imaginé qu'il serait si rapide. Depuis plus de quatre ans qu'on guettait ça ! On aurait certainement aimé prendre le temps de savourer cette victoire tant souhaitée, faire les choses dans la tradition, avec pavoisement, discours et fanfare ; or voilà que les Ricains ne laissaient pas le monde se retourner et qu'ils étaient déjà loin sur les routes de Beaugency et de Mer. C'était besogner à la va-que-je-te-pousse. Par malchance, on ne parvenait plus à mettre la main sur notre maire pour dûment célébrer ce jour de gloire depuis longtemps espéré... Finalement, on se contenta de défroisser les quelques drapeaux qu'on gardait en cachette au fond des greniers et on les accrocha aux fenêtres comme pour un 14-Juillet. « Faut point trop s'emballer, recommandèrent certains sourcilleux incurables. Imaginez que les Boches lancent une contre-offensive et qu'ils reviennent par ici, on aurait foutrement bonne mine avec nos drapeaux ! »

Mais les Boches ne revinrent plus, tant mieux, et les cloches purent enfin carillonner la bonne nouvelle. Nos patriotes de la dernière heure — les véritables partisans les baptiseront « résistants de septembre » — s'empressèrent de peinturlurer, mais seulement à la nuit noire, de grandes croix de Lorraine blanches sur plusieurs murs du bourg, avec cette exhortation : « Français, debout, au combat ! » Après quoi, ils jouèrent à la guéguerre en s'attribuant du grade à tire-lagirot sans que personne ne les prît réellement au sérieux. Certains d'entre eux tentèrent de soutirer quelque chose à des commerçants qui s'étaient laissés aller à de menues complaisances envers l'ennemi, mais devant la réticence presque unanime de la population, ils n'insistèrent guère.

A Beaugency, plusieurs filles furent ainsi chahutées et, paraît-il, tondues. Rien de bien reluisant dans tout cela. Souventes fois, c'étaient de sordides règlements de compte qui n'avaient qu'un lointain rapport avec une flétrissure justifiée. Une de ces « femmes indignes » se mariera d'ailleurs plus tard avec un officier de la Résistance.

Les jours suivants, d'autres convois U.S. traversèrent le bourg en longues colonnes. Les soldats jetaient à la volée des tablettes de sem-sem-gomme (ainsi nommait-on encore le chewing gum), du chocolat et des cigarettes. Les enfants jubilaient sur les trottoirs en tendant les menottes vers cette manne. Les Américains distribuaient aussi de l'huile de table et du lait. Mais avouons-le : cette prodigalité ne parvenait pas à faire oublier les bombardements de Beaugency sous lesquels de nombreuses connaissances avaient péri. Les drapeaux se retirèrent peu à peu des fenêtres et l'allégresse retomba vite à plat. Les gens en avaient assez de tout ce fourbi pour s'enflammer une nouvelle fois. La première joie calmée, il ne restait plus qu'à se remettre au boulot, panser ses plaies et rattraper tous ces affreux mois de discordes et de privations. Toutes les difficultés étaient pourtant loin d'être aplanies...

La fête au pays était déjà finie. La guerre, elle, ne l'était pas.

Dans les communes voisines, en Sologne...

Le lendemain de la traversée de notre village, le 16 août, l'armée du général Patton délivrait Blois et Orléans. Cela ne signifiait pas pour autant que tout danger était écarté. Des divisions allemandes se retranchaient derrière les levées de la rive gauche du fleuve et couvraient le repli vers l'Est des autres troupes en déroute. C'est alors qu'intervinrent les groupes du maquis dans le pays de Raboliot.

Les consignes reçues de l'état-major allié étaient formelles : la résistance locale, sitôt le débarquement réussi, devait tout mettre en œuvre pour empêcher les unités ennemies de contrer l'avance des libérateurs d'abord, pour désorganiser leur retraite ensuite. Les maquisards de Sologne se lancèrent donc à corps perdu dans cette guérilla. Ils barbouillèrent les bornes kilométriques et les signalisations routières, dressèrent des barricades à l'orée des villages et tendirent de nombreux traquenards dans les bois. La riposte ne se fit malheureusement pas attendre ; elle fut impitoyable, sanglante, cruelle. Les miliciens secondaient les sections allemandes dans leurs ultimes représailles, traquant sans merci les réfractaires et participant à l'anéantissement des camps de la Résistance, au profond des forêts. Il s'ensuivit que les accrochages entraînèrent de terribles conséquences sur la population solognote. Nous signalerons quelques-unes de ces tragédies à titre d'exemples :

Le 7 août, la ferme abandonnée de La Bissoudre, près de Salbris, fut attaquée par les Allemands. Le lieu semblait abandonné et rien, sinon une dénonciation, ne pouvait laisser deviner à l'occupant qu'il s'agissait d'un dépôt de munitions destinées au maquis. Sept partisans tombèrent les armes à la main.

Le 16, les F.T.P. se lancèrent à l'assaut d'un pont devenu un important point de mire, un enjeu considérable. Un gars s'écroula dans des circonstances assez confuses. « Nous ne savions pas toujours manier parfaitement nos armes, reconnaît un ancien résistant, et plusieurs accidents se produisirent certainement. Les Allemands nous arrosaient depuis l'autre berge du fleuve. »

Dans l'après-midi du 21, toujours à la suite d'une probable dénonciation, une compagnie allemande ratissa les bois de Chambord et investit le village.La veille, un groupe de F.F.I. y avait fêté une victoire anticipée. Les officiers nazis hurlèrent l'ordre d'incendier le château, sous prétexte que s'y réfugiaient des francs-tireurs, et de brûler plusieurs maisons du bourg. Le vieux curé parvint néanmoins à apaiser la fureur ennemie (il était d'origine alsacienne et parlait couramment l'allemand). Mais cinq otages furent exécutés sur les pelouses du château, et cinq autres à La Ferté-Saint-Cyr. Il y aura un rescapé dans les deux cas. L'un se cachera toute la nuit en s'allongeant sur le mur d'enceinte du parc, et le second, grièvement blessé, rampera sur plusieurs kilomètres avant de parvenir à la porte d'un docteur.

On apprit alors que cette colonne infernale, la « Schnelle Abteilung 602 », commandée par le major Robert Leye, était un élément S.S. de la sinistre division « Das Reich », tristement célèbre depuis le carnage d'Oradour-sur-Glane. Dans la matinée, elle avait commis ses méfaits tout près de là, à Mont-près-Chambord, en représailles d'un engagement de la résistance locale : deux fermes incendiées, un F.F.I. tué et treize otages fusillés, dont un F.T.P.

Le lendemain, cette diabolique colonne poursuivit ses ravages à Ligny-le-Ribault. Dans la contrée, comme presque partout en pays solognot, le maquis était équipé par les parachutages de mitraillettes Sten et de mortiers anglais. Les fusils de chasse complétaient le fourniment. Le ravitaillement se faisait grâce aux paysans. Là encore, il semble que la dénonciation ait rempli son rôle néfaste.

Les trente-sept hommes du commandant Robert Thénard, chef du maquis « Sologne-Loiret », se postèrent en embuscade à deux kilomètres devant le bourg de Ligny. Mais les événements tournèrent immédiatement à leur désavantage, avant même que ne fût tiré le premier coup de fusil. Visiblement, les Allemands étaient bien renseignés sur ce qui les attendait. Ils capturèrent deux éclaireurs F.F.I., le maréchal des logis Gérard de Fontenay et Yves Angenault, puis un ouvrier agricole de 17 ans, Marcel Chesneau, qui passait par hasard. Tous les trois furent fusillés près de la scierie de Villabry tandis que les chars « Tigre » ouvraient le feu sur les maquisards, qui décrochèrent aussitôt. Un quatrième homme, César Finance, chez qui avaient été distribuées les armes du groupe, fut abattu à l'entrée du bourg.

Le village investi, les S.S. fouillèrent les maisons et rassemblèrent tous les habitants qu'ils purent agripper, une quarantaine au total. Ils les enfermèrent dans l'église et menacèrent de les passer par les armes à la moindre détonation suspecte. Entre-temps, ils canonnèrent une remise qu'ils savaient remplie d'explosifs : toujours cette preuve d'une dénonciation. Trois autres malheureux furent exécutés au carrefour de la Détourne : deux cantonniers, Raymond Piat et Léon Poupa, jugés dangereux terroristes parce qu'ils venaient de ramasser des tracts, et un jeune homme qui se dirigeait vers le bourg pour y acheter des médicaments pour sa mère malade. Le curé Larty et le maire, le comte Vasselot de Regné, se proposèrent de remplacer les otages retenus dans l'église, ce qui leur fut refusé.

Les paysans qui travaillaient dans les champs des alentours se gardèrent bien de rentrer au bourg ; ils se cachèrent dans les fermes environnantes. Ils n'osèrent reparaître que dans la soirée du lendemain, après le départ des Allemands. Les otages furent relâchés vers 19 heures, après trente-six heures d'une interminable attente. En cette fin d'août 44, le petit bourg de Ligny-le-Ribault avait bien failli devenir un deuxième Oradour. Deux jours plus tard, le 25, ce sera le paisible village de Maillé, en Touraine, que des bourreaux nazis anéantiront sauvagement : trente-huit hommes, quarante-deux femmes et quarante-quatre enfants massacrés, mitraillés, éventrés à la baïonnette, assommés à coups de crosse, écrasés à coups de botte, déchiquetés à la grenade...

Les atrocités commises par les Allemands durant leur débâcle ne s'arrêtèrent hélas pas là. Dans une autre bourgade de Sologne, ils arrêtèrent un jeune maquisard dans les poches duquel ils trouvèrent des brassards F.F.I. Un ordre claqua aussitôt et les mitrailleuses crépitèrent. Le garçon s'écroula les reins coupés par une rafale. Les tortionnaires, furieux, voulaient ensuite incendier la bourgade au lance-flammes mais le maire sut les en dissuader lorsqu'il jura que leur pauvre victime n'était en vérité que l'idiot du village. Ce qui était faux, bien entendu.

A Huisseau-sur-Cosson, un jeune homme fut frappé à mort ; à Tigy, cinq otages furent tués et quarante-deux maisons réduites en cendres ; à Nouan-le-Fuzelier, un garçon fut sommairement exécuté pour s'être montré avec un brassard tricolore ; à Lamotte-Beuvron, un cultivateur inoffensif fut lâchement assassiné dans son champ ; à La Ferté-Saint-Aubin, cinq F.F.I. et un abbé furent abattus alors qu'ils venaient parlementer ; à Romorantin, libéré par les résistants le 20 août mais réoccupé le lendemain par les troupes allemandes avec l'appui des miliciens, six maquisards furent froidement fusillés. La capitale de la Sologne ne sera évacuée par les dernières unités ennemies que le 2 septembre ; Salbris recouvrera la liberté un jour plus tard. On peut alors dire que la Sologne sera enfin délivrée du joug nazi.

La liste des martyrs de la férocité hitlérienne venait de terriblement s'allonger en Sologne, durant ce mois d'août 44. Et rien ne saura jamais justifier tant d'inhumanité, ni la rage de perdre une guerre, ni les actions parfois brouillonnes des maquisards, ces « soldats de l'ombre » qui, dans leur empressement souvent imprudent, ne désiraient que hâter la libération de leur pays.

Témoignages

MINES DE RIEN

« Au moment du débarquement de Normandie, j'étais employé comme chauffeur à la laiterie de Fay-aux-Loges. Ce jour-là, je collectais le lait des fermes échelonnées sur la route de Donnery, avec mon camion. La barrière étant baissée, je dus attendre au passage à niveau. Un train était annoncé.Une locomotive passa, suivie à quelques minutes d'un important convoi de marchandises.

« Dans la ferme d'après, ma belle-sœur tout apeurée m'apprit que le chef du district venait de désamorcer sept mines disposées sur la voie. Je continuai ma tournée jusqu'au bourg de Donnery. Un laitier m'attendait sur la place de l'Église. Ce n'était pas le même que d'habitude et je reconnus René Vinchon, le mari de l'aviatrice Adrienne Bolland. Il s'impatientait de ne pas me voir arriver. N'ayant rien entendu, il me demanda si je n'avais pas remarqué quelque chose d'anormal au passage de la gare. Je lui dis qu'un train de marchandises était passé et ce que ma belle-sœur m'avait confié. René Vinchon sauta alors dans sa voiture en me disant : "C'est raté !"

« J'ai compris que c'était lui qui avait posé les mines dans le but de faire sauter le convoi de munitions roulant vers la Normandie. Il repartit au château d'Allonnes, chez le grand-père d'Adrienne ; là se tenait le quartier général du colonel O'Neil, le commandant des maquis de la région.

« On sut plus tard que le train avait sauté vers Artenay. » (Lettre de M. Albert Trembleau, de Vienne-en-Val.)

TRENTE ANS APRÈS...

« Une pierre du viaduc de Bonneval, rue Basse-du-Mail, porte, finement gravée, la date : 1914. Travail patient d'un G.V.C. qui, alors, ne pouvait pas se douter que 26 ans plus tard, un Allemand, mobilisé comme lui mais devenu ensuite Führer, passerait là en train blindé pour se rendre à Montoire, où l'attendrait un maréchal de France...

« Le 5 juin 1944 vers 18 heures, passant sous cette arche, je vis pour la première fois un avion à double queue étoilé de blanc. Il survolait la voie. Le lendemain, ce fut le jour J !... Et le 6 au soir, le gros bombardement de la gare de Châteaudun. » (Lettre de M. Jean Guégan, de Bonneval.)

LES JOURS LES PLUS LONGS

A Mer.

8 mai 1944 : Sinistre d'Herbilly ; bombardement du camp de Michenon.

6 juin : On parle de débarquement.

30 juin : Le matin, vers 7 heures ou 7 h 30, bombardement du viaduc par de petits avions (canadiens ?). Surpris, place de la Halle, je me mets à l'abri dans les sous-sols de l'ancien Temple, en passant par chez Rémy Marionneau.

4 août : Mauvaise nuit, avions, six bombes. Presque chaque jour passage de forteresses volantes en rang serré.

8 au 10 août : Le bruit court de la libération de Vendôme. Les troupes allemandes exténuées passent, surtout des jeunes. On les sent découragés ; ils campent dans la périphérie de Saint-Marc, Montcellereux, sous les arbres, à cause des avions. Ils réquisitionnent les diables, les brouettes, jusqu'aux voitures d'enfant. Ils n'ont plus l'allure martiale. On dit les Américains à Saint-Calais. La nuit les panneaux indicateurs sont camouflés. Les troupes allemandes tournent en rond. Nous commençons à peindre des drapeaux alliés avec les moyens du bord.

Dimanche 12 août et lundi 13 août : Hervé, gendarme, me confirme que les Américains sont à Marchenoir. Le fils Ferrand, postier à Vendôme, téléphone de cette ville (libérée), à Mer (occupée) : bizarre !

Les troupes allemandes passent en auto, un guetteur sur le marchepied, les autres ont le doigt sur la gâchette de leur fusil : peur de la Résistance ? Il vaut mieux ne pas avoir l'air content de les voir partir... On attend.

Mardi 15 août : Le matin, partant à l'office, on m'annonce que les Allemands réquisitionnent les véhicules, rue Barreau, venant vers le centre de la ville. Je retourne cacher mon vélo et ma remorque. A la fin de la messe, par la grande porte de l'église restée ouverte à cause de la chaleur lourde, je vois entrer Mme Cavaillez qui dit deux mots à l'oreille de M. Lablée, lequel les répète à ses voisins. Bientôt tout le monde sait, on dit : « Les voilà ! » Il est question des Américains. Tout le monde sort aux portes. Attente vaine. Deux voitures blindées américaines sont en effet arrivées par Bellevue, venant de La Chapelle-Saint-Martin. Ce n'est qu'une patrouille de reconnaissance qui ne cherche pas le contact ; elle prend la rue Basse, Bas-Huet, la rue Haute et repart en direction de Séris, sous les acclamations de ceux qui sont sur le passage. Dans le centre du pays, nous n'avons rien vu. Les Allemands, eux, ont pris la direction de Muides. Il est midi, Granger tient des conciliabules avec mes voisins. Les F.F.I. sortent en armes et rejoignent leurs postes en groupes séparés...

L'après-midi, vers 16 heures, il se passe un événement à la mairie. M. Bonniol, maire, est cassé et remplacé par un nouveau maire, M. René Dutems, assisté de M. Riveran (instituteur public) et de M. Le Douarin (instituteur privé), ses adjoints. Les gendarmes ont quitté leur poste pour rejoindre le maquis ou les Américains. Une légère pagaille en ville. Déjà, depuis quelques jours, on peint la nuit des croix gammées sur les maisons de certaines gens. Fusillade à la Grenouillère : les F.F.I. cachés dans les buissons tirent sur un convoi, les Allemands abandonnent une remorque. Un violent orage éclate, trombes d'eau. Le pont de Muides saute. Un poste de commandement est installé à la mairie ainsi qu'un poste de secours.

Mercredi matin 16 : Deux jeeps américaines place de la

Mairie. Très peu de monde autour. Nous admirons le matériel. Une femme embrasse un soldat en lui disant : « Bonne chance, mon petit. » Très émus, tous.

Un sergent américain, en reconnaissance vers le pont de Muides, est obligé de faire le mort toute la journée sur le sable. Chaque fois qu'il remue, il est mitraillé par une sentinelle placée sur une partie du pont.

Le soir, un F.F.I. est tué au Goulet-des-Prés : c'est un petit Duplan de Villemuzard. Un blessé de Binas. L'Américain rejoint les nôtres. On parle d'un retour des Allemands.

Jeudi 17 : Dans la Grand-Rue, on attend les Américains. Toutes les filles sont aux portes avec des gerbes de fleurs. Deux camions passent, les filles leur jettent des fleurs en criant : « Vive l'Amérique ! » A la grande surprise des occupants au nombre desquels je reconnais le fils de mon voisin Ferrand cité plus haut. Ce sont tout simplement les F.F.I. de Vendôme qui viennent renforcer ceux de Mer. Arrêt devant l'église. Tout le monde chante *La Marseillaise* : instant très émouvant. Nous commençons à comprendre que nous sommes libres. Les drapeaux sortent un peu partout. Depuis le matin les F.F.I. sont égaillés dans le Val ; il y en a aussi de Marchenoir et Oucques. On parle de la prise de Blois.

Vendredi 18 : Les Allemands canonnent le Val. Alerte, on signale la venue d'une colonne ennemie venant de Menars. Fausse alerte, le canon cesse de tonner dans l'après-midi.

Samedi 19 : Calme, sauf quelques obus tirés le matin en direction de Mer. Bombardements lointains. Obsèques de Duplan. On demande aux riverains du Goulet-des-Prés et de Montcellereux d'enlever leurs drapeaux pour éviter des représailles. On craint un moment que les Allemands n'allongent leurs tirs.

Dimanche 20 : Calme. Depuis le 15 août, après avoir couvert d'une traite la route de Beauce (du Mans à Orléans), les Américains foncent. Par ici on n'en voit que de petits détachements. On annonce la prise de Versailles.

Lundi 21 août : Coups de canon dans la soirée, coups de feu dans la nuit.

Mardi 22 août : Fusillade la nuit. Un Allemand est vu près de l'église, la sentinelle du poste se fait peur, l'homme disparaît, on dit même deux hommes.

Dans l'après-midi les gars amènent deux Allemands prisonniers, en loques. Ils ne se nourrissaient que de pommes et se cachaient le jour ; ils sont pris près de Pomme-Gorge ; est-ce les mêmes que cette nuit ?

On dit que le fils Itasse passe la Loire à la nage pour se renseigner sur les Allemands. On est sans nouvelles de la Sologne. Du cimetière de Mer, on voit les points d'impact quand les canons tirent, heureusement sans victimes.

Mercredi 23 août : Bombes et coups de feu par intermittence. Les Allemands tirent sur la Touche. La ferme est atteinte par quatre obus rapprochés (un bon tireur qui tire à vue). Dans l'après-midi, je suis place du Mail ; j'ai l'impression que des obus passent au-dessus de Mer.

De 4 à 8 heures, les Allemands tirent. Les Américains répondent du haut de la crête de Buray et réduisent certaines de leurs pièces au silence... Riposte. Obus allemands sur la ferme du Mousseau et sur la Raudière où une vache est tuée. On voit un peu plus de soldats américains ; ils prennent leurs repas à *l'Hôtel du Commerce.* Leur casernement est dans les carrières près du champ de tir à Beaudisson.

Vendredi 25 août : Dans la nuit, comme les précédentes, ronde d'avions (ou le même qui tourne). Les troupes de Muides donnent bien l'impression de troupes de couverture pour protéger une retraite, elles ménagent leurs munitions. Coupe de cheveux à Mme G... J'ai posé des carreaux chez Mme Gasselin mère, au coin de la rue du Temps. Un poste de garde était en face de la maison Malassiné. La nuit un Allemand égaré est passé par là ; ils ont tiré dessus, l'ont raté mais ont cassé plusieurs carreaux.

C'est à la fin août que Muides a été libérée.

1er septembre : Dans l'après-midi, six personnes sont amenées par les gardes de Marchenoir à la Garenne de Talcy.

2 et 3 : Les F.F.I. en fête.

Mardi 5 : Dissolution des F.F.I. et le soir, remobilisation pour Romorantin. (Notes de Maurice Jereaume, transmises par M. André Prudhomme, de Mer.)

NOTES RAPIDES PRISES SUR L'INSTANT
par l'abbé Nollent, curé de Boigny
(revues et complétées en juin 1981).

Samedi 5 août : La bataille commencerait en forêt.

Lundi 7 août : Dans le courant de l'après-midi, les enfants des écoles de Clichy repliées à Charbonnière, découvrent dans le bois des hommes qu'ils croient endormis. Leurs surveillants reconnaissent que ce sont des cadavres. Leur temps de surveillance terminé, ils préviennent le directeur M. Saltel qui, après inspection du terrain, va au plus court alerter le presbytère, et tout se déclenche. Le curé sera obligé de se fâcher pour que les choses se passent décemment avant la nuit (voir : *Au temps de l'héroïsme et de la trahison*, de Paul Guillaume, page 202, et planches XLIII et XLIV ; *Au fil des ans* de Pierre Brûlé, corrigé et complété par P. Nollent, pages 20, 21, 22).

Mardi 8 août : Le soir vers 9 h 30, le canon tonne. A Orléans, on annonce que le Feldkommandant...

Mercredi 9 août : Canon vers l'ouest. Depuis plusieurs jours les convois défilent. Aujourd'hui c'est le grand déménagement. M. Prot, propriétaire de Charbonnière, domicilié à La Salle, a vu des soldats à pied implorer les camions de les prendre à bord. Les employés allemands des chemins de fer auraient reçu l'ordre depuis plusieurs jours, de regagner l'Allemagne par leurs propres moyens. Sur la route, peu de circulation le soir. Le jour des camions se cachent sous les arbres du parc autour du château de Charbonnière, où sont les enfants de Clichy.

Mercredi 16 août : Le matin, je vais à La Fontaine ; il y a là un reste de division S.S. en semi-déroute.

On me dit : « Hier au soir, les Américains étaient à Josnes, mais les avions n'avaient pas ordre d'aller plus loin. » Une batterie de La Motte tire sur Ingré-Ormes. Le pont Royal porte des chicanes et quelques mitrailleurs — une pièce de 37 environ pointe vers les abattoirs ; elle est située proche de la gare Saint-Marceau. Le pont est traversé sans difficulté ; je suis au 37 du faubourg Madeleine vers midi. Tous attendent avec impatience dans la ville où l'hôpital a vu partir le dernier Allemand ; la porte y fut fermée par une religieuse. Dans le faubourg Bourgogne, une sanitaire roule à plat. Vers une heure de l'après-midi, retour à Boigny. Le tantôt à l'école de la Bretauche, arrêt. Un avion mitraille Bionne ; les enfants regardent par la fenêtre ses évolutions, avec explications. Ils se sentent rassurés. Puis vers Bionne par La Motte-Saint-Euverte. Dans le chemin de terre, les Allemands s'écartent pour me laisser passer. Aux Gauchers, les Caplan n'osent sortir. A Bionne aucune réponse au coup de sonnette où doivent se trouver Pierre Chenesseau et ses enfants. Le mitraillage visait un camion de munitions, il est sur la berme sud, à mi-côte ; les munitions fusent par-dessus les maisons ou les arbres. Retour par les Gauchers, tranquilliser les Caplan et la Bretauche.

Visite à Charbonnière, tranquilliser les enfants de Clichy. A la grille, arrêt pour causer avec le jardinier et autres ; passent une demi-douzaine d'Allemands demandant la route de Paris, ils viendraient à travers bois de vers Bricy.

A deux heures les Américains, nous dit-on par la suite, sont devant Saint-Paterne qui vient d'être touché ; un tank a brûlé tout à côté.

Nuit assez calme.

Le pont Royal saute.

Jeudi 17 août : Le matin je vais à Orléans par Saint-Marc. Les premiers Américains sont au presbytère. Beaucoup dans la ville, mais ils ne sont pas là pour s'amuser. Du Val le canon tonne sur Saint-Jean-de-la-Ruelle.

On annonce un débarquement en Provence ; Leclerc en Normandie. Personne au 37 faubourg Madeleine, ni au 87 faubourg Saint-Jean qui a pris un coup de seringue.

Manifestation à la gare, puis devant la statue de Jeanne d'Arc qui a été écornée (elle avait eu son épée brisée en 1940). En tête un général américain, un officier de la Résistance, l'évêque, derrière, le nouveau préfet, un secrétaire de la préfecture, Lucet, etc., grande foule.

Le tantôt les Allemands tirent sur toute la ville, du Val où ils restent. Un avion vient les mitrailler. Les F.F.I. (qui ont pris Saint-Jean-de-Braye, dégagé Saint-Loup depuis hier au soir) défilent dans la ville. Un groupe passe avec une vingtaine de prisonniers allemands ; il est très acclamé. On dit à la préfecture que Leclerc est à Paris — débarquement en Pas-de-Calais. Un point noir, des jeunes ont reçu des fusils et ne savent pas s'en servir. Ne frisera-t-on pas l'agitation révolutionnaire ?

Nota : L'abbé Pierre Nollent fut le vice-président de l'association des déportés internés patriotes du Loiret.

BOMBES ET BONBONS

« Le village de Bricy, proche du camp d'aviation, fut évacué à cause des bombardements continuels des Alliés. En mai, nous avions déjà expédié tous nos enfants dans la famille de mon mari, en Eure-et-Loir, à seize kilomètres de là. Nous étions restés seuls à la ferme, mon père, mon mari et moi. En juillet, nous partîmes aussi après avoir liquidé à bas prix une partie du bétail. En août, mon mari voulut revenir avec les chevaux pour essayer de sauver la moisson ou plutôt ce que les bombardements en avaient laissé. Mon père et moi l'aidions de notre mieux. Un jour, papa coupa les fils du téléphone allemand qui passaient sur nos champs et qui gênaient le passage de la moissonneuse-batteuse. Il fut arrêté et emmené à la prison d'Orléans. Il y vit beaucoup de gens arrêtés dans les mêmes conditions, dont un jeune garçon de quinze ans qui n'avait rien fait. Tous furent envoyés en Allemagne, après trois jours, sauf mon père qui fut relâché à cause de son grand âge. Il revint à pied à la maison.

« Les bombardements continuaient. Nous faillîmes être tués dans la démolition de notre maison et nous perdîmes un de nos trois chevaux. Nous rentrâmes chez ma belle-mère rejoindre le restant de la famille mais nous emportâmes de l'avoine ramassée en vrac pour nourrir nos lapins si précieux. Mon fils, âgé de douze ans à l'époque, était chargé de les soigner. Il découvrit un détonateur de bombe dans cette avoine (on en trouvait partout dans les champs) et il s'amusa avec en essayant de le démonter à notre insu. L'engin éclata, lui coupant la main droite et le défigurant. Il baignait dans son sang quand je l'ai ramassé.

« Nous l'avons emporté en tapissière, sur un matelas, à Patay, à sept kilomètres de là. Le docteur Legris, ne pouvant l'opérer, lui fit une piqûre et nous envoya à l'hôpital d'Orléans. C'était le 11 août. Le docteur, ainsi que beaucoup d'autres, avait démonté son auto afin que les Allemands ne la lui confisquent pas. Il ne put donc pas nous conduire. Ce fut M. Gilbert, le maire, qui se dévoua pour nous emmener dans sa camionnette restée en état de circuler. Nous n'avons jamais oublié son geste.

« Mon fils saignait beaucoup mais il ne perdait pas connaissance. Il me demandait sans cesse où nous étions, si c'était encore loin. Les Allemands, qui refluaient, nous ont arrêtés dans le faubourg Bannier puis, voyant notre blessé, nous ont laissés passer.

« A l'hôpital d'Orléans, mon fils fut admis d'urgence et aussitôt opéré par le docteur Simonin, le maire, assisté de son gendre, le docteur Peytavin. Il fut trépané et amputé de sa main mais de manière à pouvoir être appareillé plus tard. Cela dura presque trois heures, insupportables pour nous. M. Gilbert attendait pour ramener mon mari.

« En rentrant de nuit à Patay, ils virent en gare un train de munitions. Les Allemands faisaient évacuer la ville. En retournant à pied chez sa mère, mon mari entendit le train sauter. On y voyait aussi clair qu'en plein jour.

« Pendant ce temps, je restais au chevet de mon fils. Le personnel de l'hôpital se limitait à quelques bonnes sœurs. Les obus de D.C.A. passaient au-dessus de nous. Nous devions raser les murs quand nous sortions dans les cours car des éclats tombaient partout. J'ai vu arriver M. Dessaux qui avait, je crois, sauté sur une mine ; c'était épouvantable de le voir. Il en est mort.

« Cela cessa après trois jours. Les Américains étaient là. Ils vinrent rendre visite aux blessés et leur offrirent du chocolat, si rare, et des bonbons. Mon fils, qui avait repris connaissance et se rendait compte de son état disait : "Ils m'apportent des bonbons à présent qu'ils m'ont tué !"

« Le personnel et les docteurs revinrent ; la vie de l'hôpital reprit son cours. Je dus partir chez des amis orléanais. Au bout de quinze jours, nous pûmes ramener notre enfant chez ma belle-mère et nous sommes rentrés au village. On essaya de relever un peu nos ruines et de nous réorganiser. Les gosses revinrent tous fin septembre, pour l'école. » (Lettre de Mme Alice Tourne, de Bricy.)

SECRETS D'ALCÔVE

« Aux environs du 15 août 44, deux chasseurs bombardiers anglais harcelaient une colonne allemande, qui répliquait par un tir nourri de D.C.A. Après plusieurs piqués, l'un des appareils fut touché. Une fumée noire se dégagea son arrière pendant qu'il se dirigeait vers la clairière de Chanteau. Il se délesta d'une bombe qui n'explosa pas.

« L'avion volait très bas. On vit le pilote monter sur l'aile droite et se lancer dans le vide. Son parachute ne s'ouvrit qu'à hauteur de la cime des arbres.

« Le pilote blessé se rendit tant bien que mal vers le château d'Ambert, en pleine forêt, où il fut hébergé et soigné par la propriétaire, Mme Lecomble. Au même instant, cette dernière aperçut un détachement allemand qui arrivait à toute allure. Elle n'eut que le temps de faire entrer son protégé dans sa chambre. Le château et ses environs étaient déjà investis.

« Dans un prompt réflexe, cette brave dame fit coucher le pilote dans son lit et elle s'allongea à ses côtés. Pendant ce temps, les Allemands fouillaient le château. Quand ils ouvrirent la porte de la chambre, Mme Lecomble se souleva légèrement et cacha ainsi son compagnon. Les soldats bredouillèrent quelques excuses et se retirèrent sur la pointe des pieds. L'aviateur anglais était sauvé ! » (Lettre de M. Aristide Dion, de Chanteau.)

LES COUSINS D'AMÉRIQUE

« Dans la nuit, le ronflement des moteurs nous réveillait. C'étaient les forteresses volantes qui revenaient. En comparant le bruit de l'aller et celui du retour, nous pouvions évaluer leurs pertes.

« Nous suivions la progression des armées alliées par la B.B.C. Intensément, nous attendions le moment où elles parviendraient chez nous. Un de mes camarades avait confectionné tous les drapeaux des pays ligués contre le Grand Reich et il se promettait de les arborer le jour venu...

« Tous, nous avions l'impression que plus rien ne serait comme avant. Les files de camions américains ont traversé le village ; les soldats nous jetaient à profusion des gâteaux, du chocolat, des cigarettes, des conserves... Les Canadiens nous étonnèrent et gagnèrent tout de suite notre sympathie. Dame ! ils parlaient en français et, surtout, ils le parlaient avec le même accent et les mêmes mots que nos grands-parents ! » (Lettre de M. Yves Legrand, de Barjouville.)

SANS BRUIT

« Pour nous, le contact avec les Américains fut beaucoup plus cordial qu'avec les Ostrogoths venus de l'Est en juin 40. Ils arrivèrent de nuit. Ils étaient équipés d'un formidable matériel. Ils campèrent en forêt, près de la ferme, sans réveiller personne. Ce n'est qu'au petit matin que l'on s'aperçut de leur présence.

« Ils vinrent nombreux à la ferme et ils me demandèrent avec insistance : "Egg ! Egg !" Je finis par comprendre qu'ils désiraient acheter des œufs. Puis qu'ils seraient heureux de manger des tomates. Ils aimaient aussi le lait ; certains en avalaient un litre sans reprendre respiration !

« Parmi eux, il y avait un pasteur. Me montrant la croix épinglée à sa veste, il me réclama du vin, mais du vin pur, pour sa messe. Tout cela se fit par le truchement d'un interprète parlant un français impeccable et pour cause : il était Français et son régiment équivalait à une sorte de légion étrangère américaine !

« Ils quittèrent le campement sans faire plus de tapage qu'en arrivant. Avant de repartir, ils firent une ample provision d'eau potable à laquelle ils ajoutèrent quelques pastilles. Ils craignaient la pollution, déjà. » (Lettre de M. Aristide Dion, de Chanteau.)

LE CHAGRIN...

« C'était enfin la Libération. Les premiers blindés américains venaient d'arriver et stationnaient au pays. Depuis quelques jours, le canon tonnait sur la Loire, dans la région où nous avions toute notre famille.

« Voulant recueillir des nouvelles et savoir ce qui se passait là-bas, je partis à bicyclette à travers la campagne en évitant les grandes routes. Je m'apprêtais à franchir la nationale, en lisière d'un bois, quand surgit devant moi un camion que je connaissais bien. Il en descendit un groupe de maquisards très excités : ils venaient de se battre quelque part sur les bords de la Loire et avaient reçu l'ordre de rejoindre Orléans, où se rassemblaient tous les maquis.

« Ils poussèrent, en les rudoyant, deux très jeunes soldats allemands, les mains liées et les yeux bandés, et pénétrèrent sous bois avec eux. Plusieurs coups de feu retentirent. Les maquisards réapparurent et leur camion repartit en direction d'Orléans.

« Je suis rentré dans le bois. Il s'y trouvait les cadavres des deux Allemands, lâchement exécutés. Mais pourquoi donc fallait-il faire ce que nous avions tant reproché aux Boches ? » (Lettre de M. Albert Trembleau, de Vienne-en-Val).

... ET LA PITIÉ

« Le commandant de la Résistance qui habitait près de chez nous voulait voir mon mari tout de suite. On venait de le prévenir que deux soldats allemands se cachaient dans les buissons, sur le duit. Les gens qui passaient sur le pont les voyaient très bien. C'était vers la fin de la guerre ; on avait déjà vu beaucoup de gros camions, sur les quais, transportant des prisonniers allemands. Le commandant voulait voir mon mari, qu'il appelait le "petit pêcheur", pour lui demander une de ses barques afin d'aller jusqu'au duit. Tous deux prirent un bateau et n'eurent aucun mal à arrêter les fuyards, des gamins misérables à voir.

« Entre-temps, les gens qui rentraient du travail s'attroupaient sur le quai. Devant cette foule qui grossissait à vue d'œil, les deux prisonniers devaient se demander quel sort les attendait sur la berge. Enfin les voici débarqués, le visage blanc et décomposé par la peur. Personne ne disait mot. Qu'allait-il leur arriver ?

« Un bruit se fit derrière moi. Un homme se détacha du groupe et fouilla dans sa poche. On aurait entendu nos cœurs battre. Cet homme marcha droit vers les pauvres gosses et leur tendit un paquet de cigarettes. Tout le monde applaudit au même moment. Ce fut un moment inoubliable. Puis le commandant rangea la barque et emmena ses deux prisonniers. » (Lettre de Mme Camille Desbuards, d'Orléans.)

ÇA VA, ÇA VIENT

« Replié à Marcilly-en-Villette, j'ai regagné Orléans à pied en compagnie d'un camarade de lycée, réfugié dans le même village de Sologne. Nous étions tout heureux de voir les maquisards ressortir au grand jour, avec leur mitraillette et leur brassard tricolore.

« A Orléans, les Jeeps et les Dodges des Américains sillonnaient les rues libérées depuis un ou deux jours seulement. De nombreux GMC stationnaient sous les marronniers des mails. Ils étaient très entourés d'adultes et d'enfants qui se voyaient offrir par les G.I. des cigarettes blondes pour les uns, des plaquettes de chewing-gum pour les autres. L'eau, qui faisait totalement défaut, était distribuée à la population par des camions-citernes.

« Mais Orléans devait encore connaître quelques alarmes. Des divisions entières d'Allemands, dont la retraite était coupée par la rapide avance américaine au nord de la Loire, ne tardèrent pas à refluer au sud du fleuve jusqu'à Saint-Marceau. Les drapeaux tricolores précocement mis aux fenêtres furent immédiatement retirés.

« Avec de nombreux curieux orléanais contenus dans les ruelles du quai Cypierre par les soldats américains, je pouvais sans danger observer les mouvements des Allemands sur l'autre rive, quai de Prague. Des officiers nous prêtaient leurs jumelles. C'est ainsi que je pus apercevoir un parlementaire allemand, drapeau blanc à la main, traverser un pont Royal en piteux état et venir négocier la reddition de ses troupes.

« Peu de temps après, on assista au transbordement d'interminables colonnes allemandes sur la rive nord de la Loire. La plupart des officiers avaient encore leurs armes mais beaucoup de troupiers ne possédaient que leur gourde. Ce n'était plus l'arrogance de juin 40 !

« J'ai vu un soldat allemand pleurer comme un gosse parce que des Américains voulaient lui prendre sa guitare. Les prisonniers étaient ensuite conduits dans un camp de transit à Beaugency, où ils étaient désarmés et recensés.

« Parlant un assez bon anglais, j'accompagnai en Jeep des soldats de couleur américains qui se rendaient dans ce camp afin de récupérer des trophées de guerre : revolvers d'officier, épées ou poignards. Avant d'entrer dans Beaugency, ils s'arrêtèrent chez un commerçant pour troquer un poste-radio contre des tablettes de chocolat et autres denrées précieuses. Je leur servais d'interprète. Mais en ressortant de la boutique, ils eurent la désagréable surprise de constater que leur véhicule s'était envolé. Qu'à cela ne tienne ! ils en "empruntèrent" un autre et, ni vu ni connu, filèrent sur Beaugency.

« Les petits services que je rendais, étaient récompensés par des boîtes de rations de campagne "K". C'était pour moi une véritable providence après une si longue période de restrictions. Jusqu'alors, l'adolescent que j'étais ne s'était nourri que de rutabagas, de lait écrémé, de saccharine, voire même souvent du pain de chien — c'est-à-dire une mie pâteuse fourrée aux morceaux de paille ! » (Lettre de M. Jean Durand, d'Orléans.)

BEAUGENCY DURANT L'ANNÉE 44

« Année terrible s'il en fut.

« Les partis de la collaboration organisent à l'Artistic-Cinéma des réunions avec distribution de cigarettes pour attirer le maximum de gens. En comptant les Allemands en civil ou en uniforme, l'assistance ne dépassera jamais les trente personnes.

« A partir d'avril, les escadres aériennes se multiplient dans le ciel, et cela jusqu'à la Libération. Les hommes d'âges divers doivent monter la garde sur les voies ferrées, sur le viaduc et à la prise d'eau où se ravitaillent les locomotives à vapeur. Bricy est bombardé au début février, Orléans et Mer en mai.

« Les propriétaires de bovins se réunissent dans la salle de justice en vue de nourrir l'occupant et très peu l'habitant. Le football continue malgré tout et l'Entente sportive balgencienne s'adjuge la Coupe du Loiret en battant la Fraternelle de Nogent par 6-1.

« Mai est un mois très dur. Les bombardements s'intensifient sur la région, le nombre des victimes et des sinistrés augmente. Le 14 juin reste pour nous une date inoubliable : vingt-neuf bombardiers B-26 Marauder et cinquante chasseurs bombardiers P-38 détruisent le viaduc et une cinquantaine d'immeubles. Étant sinistrés, nous sommes ravitaillés par le Secours national dans l'ancienne école des filles. Il nous est désormais impossible de préparer nos repas. Nous logeons chez des voisins ; nous récupérons quelques vêtements et des ustensiles ménagers dans les ruines de la maison. Nous partons ensuite à Villeneuve, commune de Baule, où nous restons jusqu'à la rentrée scolaire d'octobre. Nous venons souvent à Beaugency car nous possédons un jardin dans les marais ; nos légumes améliorent la nourriture.

« C'est à la mi-août que nous voyons les avant-gardes de l'armée Patton. Trois half-tracks arrivent de Châteaudun. Nous sommes soulagés de les voir mais la joie n'y est pas. Les troupes allemandes passent la Loire et s'installent dans les îles et en Sologne. Henri Maurice et deux de ses camarades veulent les en déloger ; Henri sera abattu d'une rafale d'arme automatique.

« Quelques F.F.I. font le coup de feu contre les Allemands mais ceux-ci ont installé une mitrailleuse à La Maison-Rouge, dans une ferme située sur la levée en face du Petit-Mail. Ils ont soulevé quelques tuiles et seul le canon de l'arme dépasse. C'est invisible, même avec des jumelles.

« La libération vient le 10 septembre avec la reddition des troupes ennemies. Leurs armes sont entreposées au Pré-d'Allonne. Le camp de prisonniers s'installe entre la Mauve et la Loire. Pendant plusieurs jours, le défilé des vaincus ne ressemble qu'à un troupeau humain. Nous sommes enfin libres. La reconstruction du viaduc et du pont va bon train car le 15 novembre la circulation ferroviaire reprend sur voie unique. Sur le pont passent des camions de 16 tonnes depuis le 15 octobre.

« La rentrée scolaire a lieu le 2 octobre. Une semaine après, les élèves participent à une cérémonie à la mémoire de leurs camarades décédés sous le bombardement. A la fin novembre, plusieurs Balgenciens s'engagent pour combattre en Indochine contre les Japonais. Le plus dur pour nous est de nous procurer des meubles et des vêtements. Tout ceci nous est attribué grâce à notre carte de "sinistré total".

« Noël et le Jour de l'an se déroulent comme les autres jours, c'est-à-dire ni plus gais ni plus tristes.

« P.S. — Des ouvrières furent tondues pour "collaboration horizontale" par des soi-disant F.F.I. Mais d'autres femmes, des commerçantes, ne furent pas inquiétées. Ça faisait mal au cœur de voir ça ! » (Lettre de M. Yves Clairambaud, de Beaugency.)

D'pis qui sont partis... l'on respire !

(Répertoire du comique solognot Maurice Sandré, 1945)

Quanqu' les Boches sont rentrés en France
J'y-eux ons pas fait un boun accueil
Y counnaissaient pas l' paisan d' France
Chacun d' nous a sa p'tite orgueil...
I's nous en ont fait vouér de dures
En commençant par tout rafler
Suc, chocolat et confitures
Nout avoin', nout blé, nout café.
I's v'laient nous am'ner la famine
Pendant c' temps-là, j' mangions pas gras
Après l' passage de c'te varmine
J'étions pus seuches qu'une échalas
Maint'nant l'on r'commence à groussir
D'pis qui sont partis... l'on respire !

Ce monologue composé par le chansonnier patoisant Georges Chevalier et créé par son compère Maurice Sandré au Théâtre de Romorantin, au lendemain de la Libération, traduit le soulagement qui marqua la fin de l'occupation dans notre région. Et pourtant, la vie quotidienne ne s'améliora guère dans les semaines qui suivirent la délivrance. Le rationnement continua comme par le passé et l'on s'aperçut que l'arrivée des Américains ne suffisait pas à régler les difficultés journalières. L'enthousiasme fut de courte durée.

Le marché noir se poursuivit avec la même intensité que pendant l'occupation. Un paquet de cigarettes coûtait cent cinquante francs et le trafic d'essence, qui se faisait hier avec les soldats allemands, se concluait maintenant avec les soldats américains. L'oncle Pierre échangea des casseroles, dans une arrière-boutique de Beaugency, contre six perdrix qu'il avait braconnées avec son filet à alouettes. Rien n'était vraiment modifié : c'était toujours la débrouillardise qui menait la ronde. Chaque personne touchait alors 250 g de pain par jour, 160 g de viande par semaine et 500 g de sucre par mois.

Les réquisitions ordonnées par l'Armée allemande avaient bien sûr cessé mais certains citoyens indélicats recouraient déjà aux mêmes méthodes, sous le prétexte d'entretenir des sections inexistantes de la Résistance. Voici la mise en garde qu'on lisait sur un formulaire signé par le commissaire de la République de la région d'Orléans : *Malgré les prescriptions édictées, divers organismes ou personnes non qualifiés continuent à procéder à des réquisitions injustifiées en fait et en droit, empêchant ainsi d'établir une répartition équitable des approvisionnements et lésant de ce fait la collectivité nationale. Il est formellement rappelé qu'aucun ordre de réquisition ne doit être satisfait s'il n'est revêtu d'une autorisation expresse du commissariat de la République ou du préfet du département, ou, en cas d'urgence, et sous réserve d'en rendre compte aussitôt, d'un service public ou du maire sur le territoire de la commune duquel la réquisition doit être effectuée. L'identité de l'organisme ou de la personne présentant un ordre de réquisition irrégulier devra être immédiatement signalée, en vue de permettre d'exercer à leur égard les sanctions prévues par le Code pénal pour tentative de vol et éventuellement pour usurpation de fonctions.* A en juger la couleur jaunie du papier, ce formulaire resta longtemps punaisé dans la mairie de Beauce où nous l'avons trouvé.

Ce genre d'extorsions fut fréquent dans les campagnes car tout un chacun pouvait se voir reprocher une bricole : une douzaine d'œufs vendus à un Boche, un cochon abattu en cachette, un lapin cédé trop cher à un ravitailleur de la ville, un poulet refusé... Donc beaucoup cédèrent au chantage.

Vinrent ensuite les mesures d'épuration, qui servirent trop souvent à l'assouvissement de vieilles rancunes personnelles doublées de crapulerie. Là encore, comme aux sombres jours de l'occupation allemande, les dénonciations allèrent bon train. L'occasion était idéale pour se venger d'un voisin peu commode ou d'une jeune fille récalcitrante. Les marchandages les plus odieux devinrent monnaie courante. Sous accusation de collaboration, on pouvait damer le pion à n'importe quel rival. On s'empressait parfois de charger quelqu'un pour donner le change sur son propre comportement pendant l'occupation. On tondit de la sorte plusieurs filles qu'on avait bien été content de trouver trois ou quatre mois auparavant, quand elles pouvaient encore intervenir auprès des officiers allemands. Les soi-disant résistants vociféraient le plus fort tandis que les véritables partisans, eux, avaient souvent la décence de se taire, voire de ne point se faire connaître.

Chaque commune voulut son comité de Libération, nous écrit l'abbé Pierre Nollent, d'Artenay. *Belle occasion d'assouvir les haines politiques ou sentimentales. Certains se crurent tout permis, peut-être avec l'espoir de se prémunir, attaquer étant la meilleure défense. Que d'injustices furent commises, qui laissent des plaies toujours béantes ! En beaucoup de lieux heureusement, ce ne fut qu'un feu de paille vite éteint ; mais ailleurs...* Nombreux sont ceux qui n'évoquent cette période qu'avec écœurement.

Notre village resta raisonnable là-dessus. On n'en pensait pas moins sur la conduite de certains individus mais on ne tenait nullement à profiter de la situation. Aucune dégradation nationale ne fut prononcée, aucun nom ne fut rayé des listes électorales. Des godelureaux écervelés, des blancs-becs que nul ne prenait au sérieux vraiment, adressèrent quelques vertes remontrances à deux ou trois filles, parlèrent même de leur couper les tifs pour s'être montrées trop souriantes envers des soldats ennemis ; mais tout se calma rapidement, sans drame ni excès.

Dans les alentours cependant, une jeune mère et son bambin furent lâchement massacrés, un soir, parce qu'un collaborateur notoire venait souvent leur rendre visite. Quelle part de crime pouviez-vous reprocher à un enfant de trois ans, messieurs les justiciers qui disparûtes dans la nuit, votre abominable forfait accompli ? Le sang éclaboussait déjà ce qui aurait dû n'être qu'une victoire sur la barbarie. Au contraire de cela, c'était la barbarie qui reprenait le dessus : elle avait seulement changé de nom et de bord.

Témoignages

SALUT PUBLIC

Lu dans *Le Populaire d'Eure-et-Loir* du 8 septembre 44, sous la plume de son directeur Pierre Joseph :

« Dans la République retrouvée, il va falloir choisir notre route. D'abord, sans tarder, il est indispensable de châtier les traîtres et les collaborateurs de toutes catégories. Il faudra s'occuper des mauvais Français :

« — qui, commerçants, ont vendu de préférence, à gros prix, à l'armée d'occupation et ont réalisé des bénéfices frisant le scandale ;

« — qui, propriétaires, ont majoré les prix de leur loyer sous la sauvegarde du Boche ;

« — qui, logeurs en garni, ont imposé à des réfugiés des prix variant entre 300 et 600 francs pour une misérable chambre et pour un mois ;

« — qui, cultivateurs (certains d'entre eux), ont vendu à prix d'or : lait, œufs, produits de basse-cour, pommes de terre, etc., à leurs compatriotes, quand ils ne les réservaient pas exclusivement aux envahisseurs ;

« — qui, enfin, se sont faits les propagateurs des mots d'ordre du gouverneur de Vichy et de ses satellites.

« Le peuple français s'émeut, pour ne pas dire plus, de la lenteur désespérante des opérations policières. Il voudrait que l'on tienne rigoureusement compte des décrets promulgués par notre gouvernement, alors qu'il siégeait à Alger.

« Allons hardiment vers les comités de salut public, si cela est nécessaire ; en un mot vers les moyens employés par les Jacobins. Là, seulement, est le salut ! »

IMPOSTURE

Dans une grosse localité de Sologne, on peut lire, sur une plaque apposée contre un établissement administratif, que l'agent X est mort pour la Patrie, fusillé par les Allemands. Cette plaque ne manque pas de faire sourire un de mes informateurs qui me confia l'autre jour :

« Tu vois, ce fumier-là, c'est lui qui m'a coffré en 41 pour m'envoyer au S.T.O. On se connaissait depuis toujours. Il aurait pu me souffler, comme ça, en douce : — Dis donc, ce soir, on viendra te chercher ; essaie de te débiner avant.

« Mais il ne m'a rien dit, le salaud. Et je n'ai pas été le seul à être ramassé par lui, crois-moi ! C'est vrai qu'il a été fusillé par les Allemands en 44, mais pas pour faits de résistance. Quand la ville a été libérée par les maquisards, ce type-là s'est aussitôt mis à pomper dans les réserves de carburant laissées par les Boches. Mais lorsque ceux-ci ont repris la ville deux jours plus tard, ils l'ont su et c'est pour ça qu'ils l'ont dégommé. Alors la plaque, entre nous, c'était pas la peine de l'accrocher... »

AU THÉÂTRE CE SOIR

« Voici une histoire authentique qui démontrera la stupidité, je dirais même la méchanceté, qui sévissait à la Libération. Mais pour que vous compreniez mon récit, il faut que je remonte à ses sources.

« Comme de nombreux jeunes gens, j'ai été ratissé par les Allemands le 12 octobre 42 et déporté S.T.O. au titre de la Relève. En août 43, je réussis à m'évader. Mon père me cacha avec de faux papiers chez son patron, qui m'employa clandestinement avec d'autres réfractaires. Je rejoignis ensuite le maquis armé où je ne fis guère d'exploits. Après le départ des derniers "Schleus" nous sommes allés, chefs en tête, conduire les prisonniers civils et militaires à Orléans. Et ce fut la fête, nous nous prenions pour des héros.

« Après un séjour en Allemagne et un an de proscription, nous avions besoin de nous défouler et de demander des comptes à ceux qui avaient été, plus ou moins, complices des Allemands. Tout le monde réclamait l'épuration de ceux qu'on nommait les "collabos".

« Nous prêtions l'oreille à tous les ragots. Les uns avaient connu la faim, le manque de vêtements, tout ce qui était de stricte nécessité, alors que d'autres, avec des moyens pas toujours légaux mais un porte-monnaie bien garni, avaient vécu comme de véritables pachas. Les jaloux n'avaient pas le courage d'afficher au grand jour leurs amertumes et nous, les réfractaires évadés, nous étions vulnérables sous nos airs de matamores.

« Dès que la France fut libérée, chacun se remit au travail en attendant le retour des prisonniers et des déportés. Ce fut un élan de fraternité et de charité. On s'apitoyait sur le sort des absents et l'on créait des sociétés récréatives qui organisaient des fêtes et des spectacles au profit des prisonniers. Les châtelains se mêlaient à nous avec un semblant de bonne foi qui ne dupait personne, dans l'espoir d'en tirer profit aux prochaines élections.

« Dans mon village de Sologne, ces fêtes étaient organisées par l'instituteur, un brave homme honoré de tous. Il était prévu que les jeunes gens donneraient une séance théâtrale vers le 15 février 45. La pièce choisie fut *Le Bossu*, de Paul Féval. A la distribution des rôles, la fille du boucher s'en vit attribuer un qui la mettrait en vedette. Cela n'avait pas plu à certaines personnes bien-pensantes mais parmi les acteurs, personne n'y avait trouvé à redire.

« Un soir, environ quinze jours avant la séance, ma mère me dit que la coquetière et son mari désiraient me parler. Je passai chez eux avant la répétition et je leur demandai ce qu'ils me voulaient :

« — Eh bien, voilà. Nous t'avons fait venir parce que

victime du S.T.O., tu comprendras mieux les choses. Pendant que tu souffrais de la faim, des bombardements et des mauvais traitements, d'aucuns s'en donnaient à cœur joie. C'est à vous de parler maintenant !

« J'écoutais en me demandant où la conversation allait aboutir.

« — Personne parmi vous n'a trouvé étrange que Madeleine, la fille du boucher, participe à la séance pour les prisonniers ?

« — Non, pourquoi ?

« — Alors tu ne sais donc pas que son père s'est enrichi dans le marché noir avec les Boches, que Madeleine a ouvert le bal à Chevaux avec le capitaine de la Kommandantur ? C'est une infamie de garder dans votre troupe une putain pareille ! Si elle joue, il n'y aura pas grand monde à votre spectacle ! A ta place, je refuserais de jouer dans la pièce si elle reste.

« J'hésitais toujours.

« — Mais dans ce cas, pourquoi le maître d'école l'a-t-il acceptée ?

« — Il ne pouvait pas faire autrement : son père lui graissait la patte, tu parles, avec de la viande en veux-tu en voilà, ainsi que le maire et tous ceux qui pouvaient le protéger. Mon petit Edgard, si tu savais !

« A demi ébranlé, je passai chez mon copain, Jean, qui devait jouer le second rôle. Lui aussi avait reçu sa leçon ; il était en ébullition. Il fut convenu que nous parlerions ensemble. Nous étions des hommes après tout, pas des dégonflés, il fallait le montrer. Un quart d'heure plus tard, le scandale éclatait. Je vous ferai grâce de la scène. Je dirai seulement que les trois quarts des acteurs se prononcèrent pour l'exclusion, les autres restant indécis et les organisateurs étant très gênés. Impossible de nous faire entendre raison et d'annuler la séance. La pauvre fille, absente pour maladie, fut exclue sans pitié et, bien sûr, sans pouvoir se justifier. Les héros triomphaient lâchement.

« Quand mon père apprit cela, je reçus un savon mémorable. "Sais-tu, me dit-il, que son père se compromettait pour se procurer de la viande destinée à nourrir les réfractaires ? Tu as été bien content d'en manger après ton évasion alors que je n'avais aucun ticket ! Il était un des rares, avec le facteur, à savoir où tu étais caché. T'a-t-il dénoncé ? J'ai honte pour toi !"

« Et j'appris que ceux qui m'avaient monté la tête, les coquetiers, achetaient pour rien aux braconniers du gibier qu'ils revendaient bien cher au marché noir, sans compter les autres denrées. Entre eux et le boucher, il y avait eu des rivalités avant la guerre.

« Madeleine épousa un de mes camarades un an plus tard. Je le rencontre de temps à autre ; il ne m'a jamais fait voir qu'il me reprochait quelque chose. Mais moi, trente-six ans après, j'ai toujours honte de ma bêtise. » (Lettre de M. Edgard Réthoré, de Pau.)

LES FANTASSINS DE L'AIR

A la mi-septembre 44, le chef militaire des FFI en Loir-et-Cher, le colonel Valin de La Vaissière, constitua deux bataillons organisés avec 1200 jeunes volontaires qui, de la Sologne au Vendômois, avaient combattu sous ses ordres dans la Résistance. Rattachées au 4ème régiment d'Infanterie de l'Air, ces unités furent cantonnées l'une à Blois, caserne Maurice-de-Saxe (commandant Judes), l'autre à Vendôme, quartier Rochambeau (commandant Verrier), où elles suivirent un entraînement intensif.

Ces "fantassins de l'air" furent dirigés sur le front de l'Atlantique dès le 22 novembre. Ils subirent de lourdes pertes dans les poches de Lorient et de Quiberon. Leur régiment ne reçut le nom de "Corps franc Valin de La Vaissière" qu'au début 45, après que leur chef fut tombé au combat.

Dans le chemin du retour

(Répertoire de Raymond Legrand, 1942)

En guettant chaque jour le retour de leur mari ou de leur père prisonnier, les femmes et les filles du village, et tout le voisinage avec elles, se consolaient en regardant passer les prisonniers allemands. Ceux-là, on les considérait comme des pauvres types et personne n'avait la moindre idée de se venger sur eux. Les soldats de la Wehrmacht ne s'étaient pas trop montrés cruels pendant l'occupation, de sorte qu'on n'avait nulle envie de leur chercher querelle. Au début, certains gosses leur tiraient la langue, mais les mères y mirent aussitôt le holà car on ne savait pas comment étaient traités nos prisonniers en Allemagne. Pour sûr qu'ils n'auraient pas apprécié de pareilles grimaces de la part des loupiots de Boches ! « Ne fais pas ce que tu ne veux pas qu'on fasse à ton papa », grondèrent les mamans tout en essayant de distinguer une silhouette connue au loin, sur la route.

Au village, les prisonniers allemands logeaient sous des remises ; ils étaient gardés par d'anciens prisonniers français récemment libérés. Ils se nourrissaient principalement de patates qu'ils faisaient cuire pendant la nuit. En journée, ils empierraient le chemin du moulin de Lorges. On disait qu'à Marchenoir, on les employait à creuser une cave du bourg où, selon une légende, était enfoui un trésor. Mais les prisonniers ne trouvèrent rien, pas même l'évasion au bout de leur tunnel. D'autres furent attelés aux travaux des champs.

C'est le mercredi 27 septembre 1944 que parut le premier numéro de *La République du Centre*, en remplacement du *Républicain orléanais et du Centre* désormais mis sous séquestre pour indignité nationale. Le prix de notre journal (une simple feuille recto verso) était de 1,50 F. L'éditorial de Roger Secrétain s'intitulait « Le prix de la liberté ». En manchette : *Les alliés réalisent des gains de terrain importants à l'est du saillant Eindhoven-Nimègue. Libération d'Épinal. On s'attend à une demande d'armistice de la part de la Hongrie.* Eh oui ! la guerre se poursuivait en Europe alors que notre contrée essayait avec difficulté de reprendre sa vie normale.

Nos prisonniers revenaient petit à petit au gré de l'avance des Alliés. Henri fut libéré par les Russes ; il arrivera chez lui le 25 mars 1945. Le bonheur des siens à le revoir vivant n'est point racontable car plus personne ne recevait de ses nouvelles depuis bien longtemps. Plusieurs de ses camarades mirent près d'une année avant de rejoindre leurs pénates. Ils étaient à moitié fous de joie, ou totalement abrutis par les privations et les épreuves endurées en captivité.

Dans une commune voisine, une femme n'avait pas attendu le retour de son mari pour agrandir le cercle de la famille. C'est bien sûr un drame classique. Il n'était plus question pour le pauvre gars de rester au pays. Il partit donc aussitôt en laissant son épouse dans la plus noire des misères. La guerre lui avait tout gâché : sa jeunesse, sa nichée et ses illusions...

Depuis le passage en trombe des Américains, le village s'efforçait de son mieux à gommer les désagréments qu'il avait supportés durant ses années d'occupation. Il comptait encore de 110 à 120 exploitations agricoles familiales, contre une cinquantaine à peine aujourd'hui. On s'y accommodait tant bien que mal des restrictions d'approvisionnement qui seront maintenues jusqu'en 1949. Et on n'y connaissait maintenant pas plus ardents gaullistes que les pétainistes de la veille. On raconte d'ailleurs une savoureuse histoire à ce sujet :

Aussitôt après la Libération, les gendarmes vinrent dans une mairie pour y vérifier le recensement de la commune. « Il y a ici un millier d'habitants, leur affirma le maire.

— Ça me paraît bizarre, s'étonna le brigadier ; d'après mes fiches, il ne devrait y en avoir que la moitié.

C'est pourtant très simple à vérifier, fit le maire. Quand le maréchal Pétain vint à passer par ici, cinq cents personnes se pressaient sur son parcours pour l'acclamer. Quelques mois plus tard, ce fut le général de Gaulle qui passa ; là encore, cinq cents personnes l'acclamèrent. Faites donc le calcul : cinq cents plus cinq cents égale mille ! »

On continuait cependant, par les journaux, à se tenir au courant de la guerre qui continuait un peu partout dans le monde. Dans son édition du lundi 30 avril 1945, *La Nouvelle République du Centre-Ouest* titrait sur toute la largeur de son unique feuille que *l'offre allemande de capitulation reste une réalité mais le général Eisenhower déclare ignorer tout d'une négociation engagée.*

On lisait que Hitler était mourant par suite d'une hémorragie cérébrale puis que Mussolini et dix-sept chefs fascistes venaient d'être exécutés par les partisans italiens à Milan *.

Le vendredi 4 mai, le même journal étalait sur ses huit colonnes : *Le jour V est proche. Russes et Britanniques font leur jonction sur la côte de la Baltique. Après la chute de Berlin, Hambourg capitule.* On apprenait par ailleurs que Contres, en Sologne blésoise, venait de fêter la veille le retour de son premier déporté politique, le percepteur René Sauzier, interné à Buchenwald. On découvrait l'horreur des camps d'extermination de l'Allemagne nazie, cette abomination qui dépassait tout entendement humain, dans un autre article intitulé « Souvenirs d'un rescapé de Buchenwald ». Dans le même numéro, on apprenait enfin que *Pierre Laval a été interné dans la forteresse de Montjuich avant d'être mis à la disposition des Alliés.*

Dans son numéro 191 du mardi 8 mai 1945, *La République du Centre* barrait sa une d'un gigantesque : *La proclamation de la victoire,* et *La Nouvelle République du Centre-Ouest* affichait dans son édition spéciale : *L'Allemagne a capitulé.* Cette fois-ci, pas d'erreur, le point final était définitivement mis sur trois conflits franco-allemands. Ce qui se déroulait dans les îles du Pacifique ou ailleurs paraissait vraiment trop loin pour intéresser encore le village. Tout juste accordait-on quelque attention aux procès de Pétain, de Weygand et de Laval, ou aux soubresauts politiques qui agitaient déjà le gouvernement de la République retrouvée.

Les bombes du Japon (Hiroshima le 6 août et Nagasaki le 9 août) n'émurent que faiblement les foules qui préféraient fredonner le dernier air à la mode, le fameux *On chante dans mon quartier, ploum, ploum, tralala* de Saint-Granier. Le monde ignorait encore qu'il venait de basculer dans le cauchemar de l'ère atomique.

Au village, une plaque de marbre blanc fut scellée sur le monument aux Morts de 70, entre les deux stèles de 14-18. Six noms y étaient gravés : Allouis Raymond, Chevallier André, Gasnier Pierre, Gentils Abel, Rabier René (fusillé ailleurs par représailles) et Launay Henri.

On se promit de ne pas laisser les ans effacer cette tragédie

* Hitler se suicida dans son bunker le surlendemain, 30 avril.

et l'on fit tout, ou presque, pour l'oublier aussitôt dans le tourbillon de l'après-guerre. Car il restait tant de secrets à ne pas éventer, tant de souvenirs à vanner sur le crible du temps, tant de revanche à prendre sur ces quatre malheureuses années, qu'il valait encore mieux embrumer sa mémoire.

Témoignages

POSTÉRITÉ ET PROSPÉRITÉ

« La femme d'un ami prisonnier était restée seule à la tête d'une ferme importante, avec sa fillette en bas âge. Demeurant sans aide dans des bâtiments isolés en orée de forêt, elle se vit proposer, par des responsables de la Résistance, de prendre avec elle un maquisard clandestin. C'était un homme encore jeune, excellent ouvrier et très bon cultivateur. Il remit bientôt les terres en état et remplaça si bien le fermier qu'un jour, la dame accoucha d'un garçon. Ils continuèrent de vivre ensemble et nous appréhendions le moment où les prisonniers rentreraient.

« Mais le hasard, la fatalité et peut-être la providence font quelquefois changer le cours des choses. Quand la Résistance s'organisa, cet homme en fit partie. C'était lui qui recevait les parachutages sur les terres de la ferme, bien placées pour cela. Il fut tué lors des derniers combats sur la Loire. Puis vinrent la Libération et le retour des prisonniers.

« Nous nous demandions ce qui allait se passer. Nous allâmes attendre notre ami à la gare pour le prévenir avec ménagement de ce qu'il trouverait à la ferme. Quelle ne fut pas sa douleur ! Mais après quatre ans d'absence, il tenait à retrouver sa femme et sa fille. Son chagrin s'apaisa et il se montra magnanime. Il adopta le garçon qui n'avait plus de père et l'éleva comme s'il avait été son propre fils. Sa ferme était très bien entretenue et sa femme s'était même, vu les circonstances, un peu enrichie. » (Lettre de M. Albert Trembleau, de Vienne-en-Val.)

LA FOULE

« Je suis passé devant la préfecture d'Orléans le jour de la visite du Maréchal. Une foule enthousiaste y arborait la francisque.

« Plusieurs mois plus tard, au même endroit, une foule identique se rassemblait sous la croix de Lorraine. Chaque fois je n'ai fait que passer, en curieux, en pensant à la versatilité du peuple. C'est triste. » (Lettre de M. Louis Tranchant, de Fleury-les-Aubrais.)

L'HIVER MEURTRIER

En janvier 1945, au soir du quatorze, les frimas redoublèrent de méchanceté au point de tuer une jeune fille dans la force de l'âge, près du hameau de Messilly, sur la commune de Josnes !

Bien qu'une telle tragédie évoque davantage les histoires que les écoliers d'autrefois lisaient dans leurs morceaux choisis, textes effrayants dans lesquels il était question de loups féroces et d'enfants égarés dans la forêt glacée, nous avons retrouvé et interrogé les témoins du drame ; puis nous avons refait le chemin qui, voici plus de quarante ans, conduisit Simone Hurbault à la mort. Les souvenirs s'embrouillent quelque peu avec le temps, bien sûr, mais en questionnant l'un et l'autre, nous sommes parvenus à reconstituer le malheureux événement qui devait jeter la consternation dans ce coin de Petite Beauce à peine remis des tracas de l'Occupation.

Gisèle Rozet, 75 ans, ancienne cultivatrice à Trugny :

« Jamais on endurera autant de neige par ici. Sitôt le départ des mobilisables, on subit cinq ou six hivers des plus rigoureux, avec de la neige tant et plus. Ce fut néanmoins en janvier 1945 que la situation devint vraiment critique. La neige se mit à voltiger dans la journée du 4. Les nuits suivantes, un sacré vent du Nord fit dégringoler le thermomètre au-dessous de moins seize. On n'aurait pas mis son chien dehors. Le docteur Pacaud, le médecin du bourg, ne visitait ses malades que juché sur la traîne à fumier d'André Brûlet, un fermier de Crémoux, en guise de carriole. Le charretier Daubignard menait le cheval par la bride, tandis que le médecin se tenait frileusement assis sur un ballot de paille, la roupie au nez, sa trousse sur les genoux et le chapeau enfoncé jusqu'aux oreilles ! »

C'est dans ces mêmes jours, nous a-t-on raconté par ailleurs, que le facteur Placide Coudré faillit se perdre dans la tourmente après avoir dépassé les abords du village sans en deviner les maisons d'orée.

Henri Valloton, 63 ans, facteur en retraite à Villemuzard :

« A l'époque, j'étais encore charretier chez Edgard Séjourné, à la métairie de Trugny. Ce dimanche-là (il devait être dans les huit heures du soir, on était déjà avancé dans la nuit), je m'en revenais de Beaugency, où j'avais été embrasser ma bonne amie. J'allais à pied, tant bien que mal en m'enfonçant dans la neige à mi-jambes. Depuis la veille, il tourbillonnait une tempête épouvantable qui vous gelait les os. Les vieux n'avaient jamais vu ça.

« A la hauteur des carrières de Toupenay, je rattrape une jeune fille qui poussait péniblement son vélo dans cette épaisseur glacée. Elle paraissait frigorifiée. J'ai empoigné son vélo pour la soulager. Elle m'a dit qu'elle venait de Lailly-en-Val, qu'elle y avait quitté ses parents en début de tantôt, qu'elle s'était trop longuement attardée auprès d'une tante de la ville, qu'elle était sortie de Beaugency une couple d'heures plus tôt... Elle dit aussi qu'elle se rendait à l'écart des Heaumes, où elle servait de bonne. Une trotte !

« Lorsque nous sommes arrivés près de la métairie, enfin, je lui ai proposé de chercher un abri pour la nuit au lieu de s'entêter à poursuivre son chemin. Je me faisais fort de lui dénicher un coin de lit dans quelque chambre ou, au pire, une botte de litière dans l'écurie. Mais elle n'a rien voulu savoir : elle m'a répondu que sa patronne l'attendait, sans faute. Elle a repris le guidon de son vélo et elle a continué, toute seule. Moi, je suis rentré au chaud. J'aurais dû insister, car la pauvre gamine semblait transie ; mais que voulez-vous, je ne pouvais pas prévoir ce qui la guettait plus loin... »

Hubert Leroux, 64 ans, agriculteur aux Heaumes :

« Simone Hurbault servait comme domestique à la ferme de mon grand-père, Victor Pousset, des Heaumes, où son père avait travaillé jadis. Elle s'apprêtait à fêter la vingtaine. C'était une grande fille solide, mais très timide. On peut penser, du reste, que la tempête ne s'acharnait que sur les alentours de Josnes ; sinon, ni ses parents ni sa tante n'auraient accepté de la laisser partir. »

Ainsi donc, en cette nuit d'un dimanche polaire, une jeune fille de Sologne, esseulée, marche à grand-peine dans la plaine enneigée de Beauce, loin d'un paysage familier, mortifiée par la simple idée de devoir découcher.

Elle s'accroche désespérément à ce vélo qui ne peut que l'entraver davantage, que la retarder. Mais en ces temps de restrictions dus à la guerre, le moindre clou constitue une richesse qu'on n'abandonnerait pour rien au monde. Et puis Simone Hurbault ne connaît personne par ici. Elle est trop timorée pour oser frapper à une porte de hasard, sans compter que les gens n'ouvrent pas facilement leur huis dès que la journée s'assombrit. Le pays est devenu méfiant depuis le passage des traînards allemands, qui étaient capables de tout...

André Brûlet, 76 ans, cultivateur à Crémoux, ancien maire de Lorges :

« Dans la matinée du lundi, entre dix et onze heures peut-être, je conduisais ma traîne à fumier avec René Daubignard : c'était l'unique moyen dont je disposais pour livrer mon lait à Josnes. A mi-parcours du poteau de Villemuzard et du hameau de Messilly, à deux cents mètres environ de ce qu'on supposait être la route sous la neige, j'aperçois comme une forme humaine couchée en plein champ. Ça m'a fait un choc, vous l'imaginez ! Il s'agissait d'une jeune fille morte de froid. J'ai supposé aussitôt qu'après avoir traversé Messilly, se sentant à bout de forces, la malheureuse avait essayé de regagner le hameau à la découpe. Elle était tombée à cent cinquante mètres du hangar d'Yves Gréjon, sous lequel elle espérait probablement se réfugier. »

Blanche Gréjon, 80 ans, ancienne cultivatrice à Messilly :

« C'est André Brûlet qui, le lundi matin, est venu nous apprendre qu'une jeune fille était morte durant la nuit derrière notre hangar. Nous n'avions rien entendu. Mon mari et moi, nous sommes accourus, avec Salomé, notre bonne, sur les talons. Et Salomé s'est écriée : « Je la reconnais, c'est la fille qui est passée hier, à la première heure, alors que nul ne se hasardait sur la route. Je reconnais son manteau grenat et son vélo ! » La bicyclette était là, à quelques pas du cadavre. Yves, mon mari, s'est empressé d'avertir le maire, qui était alors Me Bontemps, le notaire. »

Le corps fut placé sur la traîne d'André Brûlet et déposé à la mairie. Le docteur Pacaud dit que même si la jeune fille était parvenue jusque sous le hangar, elle n'aurait point survécu tant elle s'était épuisée dans la neige. Hubert Leroux, le petit-fils de Victor Pousset, vint l'identifier le lendemain ; il confirma que la victime s'était éloignée de la ferme le dimanche matin pour rejoindre sa famille. Les restes de Simone Hurbault furent ramenés à Lailly en voiture à cheval puisque aucun corbillard n'aurait pu franchir les congères qui obstruaient le trajet en plusieurs endroits.

Ce triste hiver 1945, la neige ne fondit que le 2 février, jour de la Chandeleur.

La guerre occupait encore les esprits et les journaux se réduisaient à peu d'informations, par pénurie de papier. Aussi, ce pitoyable fait divers ne fit-il point les gros titres de la presse locale. Il ne fut qu'un sujet de conversation limité au pays. La mort d'une pauvre fille comptait peu face aux horreurs perpétrées par les Nazis.

Déjà en 1878 !

Pour un peu, pourtant, on serait tenté de croire que les froids meurtriers, quand ils tiennent la région, s'acharnent plus particulièrement sur les parages de Josnes. En effet, Mme Geneviève Meunier, d'Avaray, nous fit part de l'émotion qu'elle ressentit à la lecture de notre récit, émotion d'autant plus vive qu'un membre de sa famille - son grand-oncle Philéas - succomba comme Simone Hurbault, de la même façon et sur la même commune !

Mais c'était en décembre 1878. Philéas Meunier, alors soldat à Valenciennes, avait été blessé durant l'exercice. Bientôt il projeta d'achever sa convalescence auprès des siens, qui habitaient au hameau de Prenay. Et ce fut la funeste imprudence.

La lettre qui suit relate ce drame ; elle a été écrite le 22 décembre par Marie, la sœur du disparu, et envoyée à son frère Jules (le grand-père de notre correspondante) qui effectuait son temps de régiment à Versailles :

« Nous sommes bien dans la peine car tu ne peux te figurer ce qui vient d'arriver : Philéas est mort en venant en permission. Il avait reçu un coup de pied de cheval, il est arrivé jeudi soir à Beaugency en pleine tempête de neige par le train de 5 heures, il y est resté environ

une heure chez Elisée à l'hôtel de la Beauce ; il voulait le faire coucher mais Philéas n'a pas voulu, il pensait avoir la force d'aller jusqu'à Josnes, mais quand il arriva auprès de Futurville, il lui fut impossible d'aller plus loin alors il s'est tellement débattu qu'il a tracé les terres et laissé la marque de ses éperons dans la neige. A force de se débattre, il a fini par ne plus bouger, il était mort. C'est une couturière partant en journée qui l'a trouvé le matin, gelé et presque nu. »

Mme Geneviève Meunier ajoute qu'en 1945, lorsque Simone Hurbault périt dans la neige, certains Josnésiens gardaient encore ce drame en mémoire.

UNE LEÇON A RETENIR

Lorsqu'il revint des camps de l'horreur, le fils des instituteurs faisait peur à voir. Deux infirmières le soutinrent jusque dans le vestibule de l'école. Il portait encore l'habit rayé des détenus et la mort se lisait sur son visage hâve. Le pitoyable état dans lequel il se trouvait ne lui laissait aucune chance de survie.

Son père le fit aussitôt entrer dans la classe et, le présentant aux écoliers debout, dit simplement : « Voici mon fils. N'oubliez jamais ce que des hommes sont capables d'infliger à d'autres hommes. »

Pierre Houdin mourut peu après ; il n'avait que la trentaine.

Chansons roses chansons grises

(Répertoire de Lucienne Dugard, 1945)

Le troisième et dernier volet de notre série *Ils étaient de leur village* tire maintenant à sa fin.

Au moment d'en rédiger l'épilogue, nous tenons à répéter que notre prétention n'était nullement d'énoncer la seule vérité concernant ces années troubles de la Seconde Guerre mondiale. D'ailleurs, qui peut prétendre détenir une telle vérité quand on sait que celle-ci varie sans cesse selon les *a priori*, la sensibilité et le vécu de chacun d'entre nous ? Les témoignages reproduits en ces pages restent également sujets à caution car un même événement suscite parfois plusieurs interprétations différentes. De plus, certains de nos informateurs se sont peut-être donné un rôle qu'ils n'ont jamais tenu ; au contraire d'autres qui se sont tus alors qu'ils étaient les véritables acteurs de l'histoire.

« Il y eut peu de salopards, encore moins de héros, mais seulement des gens désemparés et entraînés d'un bord ou de l'autre. » Voilà ce que me confia un ancien résistant. Qui pourra jamais trier le vrai du faux dans cette période que les ans n'ont pas encore suffisamment décantée et qui, pourtant, paraît déjà bien floue ?

Mais notre évocation ne visait nullement à décerner les mentions de bonne conduite, pas davantage à distribuer le poids des responsabilités. De quel droit aurions-nous pu nous instaurer en juges et quelle attitude aurions-nous adoptée nous-mêmes si nous avions été ballottés dans de pareilles difficultés ? Il est tellement confortable de choisir le bon camp après coup et de hurler avec les loups quand tout danger semble écarté !

Quoi qu'il en soit, on ne parle pas sur le même ton de la guerre 14-18 et de la suivante. Le propos de la première est grave, sans compromission, alors que celui de la seconde prend trop souvent les allures dérisoires d'une grosse farce où l'astuce cocardière tourne en ridicule le gros Boche empêtré de balourdise. Vous ne verrez jamais un film comique sur les tranchées tandis que ceux sur la débâcle et sur l'occupation sont production courante. Ce n'est certainement qu'une manière de masquer le fond dramatique des choses. Passons.

Pour ma part, qui suis né le 15 août 45, je n'ai rien connu de ces tragédies. Et cependant, mes jeunes années se sont imprégnées des séquelles de cette guerre — j'allais écrire affreuse, mais quelle est la guerre qui ne l'est pas ?... Pendant longtemps, matin après matin, sur le chemin de la communale, j'ai vu les grandes inscriptions blanches sur les murs du bourg : « Français, debout, au combat ! » Si la Bible du grand-père Camille fut mon premier cahier d'écriture, ces murs peinturlurés devinrent sans doute mon premier exercice de lecture. A l'époque, petit écolier trottinant dans les sentiers de traverse buissonnière, entre les ornières profondément creusées par les mille et un passages des tombereaux, terribles pièges à roues de bicyclette, je chaussais toujours ces pesantes galoches à semelle de bois, à bout carré, héritées des années de pénurie.

A la maison, on ne parlait plus de la guerre, du moins pas devant les gosses, mais tout y ramenait pourtant. Chez les grands-mères, le chocolat conserva encore longtemps son caractère quasi sacré des friandises de luxe.

Et plus tard, durant mes années du cours complémentaire à Beaugency, l'ombre de la Libération planait toujours sur les jeux. Je me souviens qu'Alain, un de mes copains de classe, nous racontait les exploits de son père, chef des partisans de la région, et que nous l'écoutions avec admiration. Lorsque le cousin Michel me prêtait ses illustrés, le jeudi, c'était immanquablement le fameux *Coq hardi*, un hebdomadaire tout droit sorti de la Résistance, avec les « mousquetaires du Maquis » qui tenaient la belle place du sommaire. D'autres gamins feuilletaient sans doute des exemplaires du *Téméraire*...

Aujourd'hui encore, trente-six ans après la capitulation allemande, la dernière guerre demeure solidement ancrée dans notre quotidien par le truchement de la télévision, du cinéma, du livre, des revues. De par le monde on tente de forlancer les criminels hitlériens. Chaque saison voit refleurir des anecdotes, des révélations, toutes plus invraisemblables les unes que les autres. Là encore, on a parfois du mal à démêler la réalité de la fiction. L'ordre nazi exerce continuellement sa fascination morbide sur le public et l'apparente réprobation se teinte, quelquefois hélas, d'une consternante ambiguïté.

Les faits divers des journaux ne sont pas avares en rappels. Il n'est guère de vacances qu'on ne déplore l'explosion de quelque engin de guerre déterré par des enfants. Dans la vie politique, les allusions au passé équivoque de certains leaders sont fréquentes ; on parle de collaboration, de francisque à la boutonnière, de séjour dans les usines d'armement allemandes. Au village même, des croix gammées sont tracées au goudron, de nos nuits encore, sur certains pignons. Il faut admettre que ces bassesses ne valorisent guère leurs auteurs — anonymes, bien évidemment !

Donc, cet ouvrage s'achève et je confesse humblement qu'il m'en a bougrement coûté de l'écrire. Car ce sont des pages qui n'ont rien de glorieux pour le genre humain. Que les dieux, demain, préservent nos enfants d'écrire d'autres mauvaisetés de ce genre.

C'est là toute la grâce que je souhaite à l'humanité.

Remerciements

Ainsi donc, voici le moment de nous quitter.

Mais auparavant, je désire encore une fois saluer tous nos correspondants qui, au fil des récits de ce troisième volume *Ils étaient de leur village*, ont bien voulu enrichir nos textes par l'apport de leurs témoignages, documents et encouragements. Les photographies qui illustrent ce dernier ouvrage ne sont pas toujours d'une qualité parfaite mais il ne faut pas oublier qu'il s'agit pour la plupart de clichés pris à la sauvette : une ordonnance de la Militaertefehlshaber en France datée du 16 septembre 40 interdisait en effet à quiconque de « photographier en plein air ». Ces vues gagnent donc en valeur ce qu'elles ont pu perdre en netteté.

Parmi tous les amis qui ont accepté de nous accompagner dans cette évocation du temps de l'occupation, il convient de rendre hommage à Mlle Antoinette Arrault, d'Orléans ; Mme et M. Aimée et Albert Asselineau, ancien adjoint au maire de Ligny-le-Ribault ; M. A. Audebert, d'Orléans ; Mme M.R. Auger, de Châtenoy ; Mme Michel Badord-Grenat, d'Orléans ; M. Jacques Barbier-Decrozes, de La Source ; M. André Bazantay, d'Orléans ; M. Georges Berthelin, de Fay-aux-Loges ; M. Roland Berthon, d'Orléans ; M. Luc Boncri, de Châteaudun ; M. André Bouladoux, d'Orléans ; Mme Madeleine Bourdin, d'Orléans ; Mme et M. Simone et Edouard Boutet, de Josnes ; M. Jean-Pierre Bury, de Nanterre ; M. Jean Cartier, de Darvoy ; M. Luc Cerrajero, de Fay-aux-Loges ; M. Marcel Chambolle, de Férolles ; M. L. Chanfrault, de Saint-Jean-de-Braye ; M. Ferdinand Charon, de Meung-sur-Loire ; M. René Chaubert, d'Orléans ; M. René Chauve, d'Orléans ; Mme Pierre Citron, de Blandy ; M. Yves Clairambaud, de Beaugency ; Abbé Jean Contant, ancien curé de Huisseau-sur-Mauves ; M. Georges Couronne, de Chaingy ; M. Gaston Coutant, de Meung-sur-Loire ; M. François Decaris, d'Orléans ; M. P. Deharbe, d'Orléans ; M. Philippe Delaugère, de Saint-Hilaire-Saint-Mesmin ; M. Deságes, d'Autry-le-Châtel ; Mme Camille Desbuards, d'Orléans ; M. Pierre Dezaire, de Saint-Ay ; M. Aristide Dion, de Chanteau ; Mme et M. Maria et Marcel Duclos, de Romorantin-Lanthenay ; M. Jean Durand, d'Orléans ; M. Jean-Claude Durand, de Bailleau-l'Évêque ; M. Hubert Duroulier, de Ousson-sur-Loire ; M. André Farnault, d'Orléans ; Mme Raymonde Fradet, d'Orléans ; M. J.-M. Franchet, de Beaugency ; Mme et M. Simonne et André Frapier, de Romorantin-Lanthenay ; Commandant Maurice Garcia, d'Orléans ; M. René Garreau, de Châteauneuf-sur-Loire ; M. Maurice Garsault, d'Ouzouer-le-Marché ; M. André Gaullier, d'Ingré ; Mme Madeleine Gérôme-Boucher, de Saint-Pryvé-Saint-Mesmin ; Mme Thérèse Gilbert, d'Epieds-en-Beauce ; Mme Raymonde Girard, de Batilly-en-Gâtinais ;

M. Gaston Girard, conseiller général de Saint-Benoît-sur-Loire ; M. André Girault, de Saint-Denis-en-Val ; M. Maurice Graindorge, de Corancez ; M. Pierre Gréjon, de Josnes ; M. Jean-Paul Grossin, d'Autainville ; M. Jean Guégan, de Bonneval ; M. Éric Guiset, d'Epieds-en-Beauce ; M. Hardy, d'Orléans ; M. Martial Hinault, de Patay ; M. Marceau Hume, d'Orléans ; M. François Hurot, d'Orléans ; M. Émile Itasse, d'Herbilly ; M. Roger Jolly, d'Orléans ; M. Daniel Jousse, de Jouy-le-Potier ; M. Pierre Lablée, de Saint-Jean-de-Braye ; Mme Léone Lacour, de Vienne-en-Val ; M. Joseph Languille, de Maisons-Laffitte ; Mme Denise Leboucq, de Ferrières-en-Gâtinais ; M. P. Legrand, d'Orléans ; M. Yves Legrand, de Barjouville ; M. H. Lejeune, d'Orléans ; M. Gérard Lemaître, adjoint au maire de Coulmiers ; M. Raoul Lempereur, d'Amilly ; M. Maurice Lepage, de Cannes ; M. Gérard Lhuisset, de Fleury-les-Aubrais ; M. René Loiseau, de Saint-Georges-sur-Cher ; Lieutenant-colonel Louis de Longueau-Saint-Michel, de Saint-Michel ; M. Adolphe Lorgeou, de Tavers ; M. René Lorgeou, de Férolles ; M. Michel Maffre, de Mer ; M. René Marche, de Valence ; M. Claude Marié, de Champhol ; M. Adolphe Marois, de Neuvy-en-Sullias ; M. G. Mascroisier, de Saint-Jean-de-la-Ruelle ; Mme Masson, de Saint-Jean-de-la-Ruelle ; M. R. Maubert, de Beaugency ; Mme F. Mercier, de Champange-Mouton ; Mme Suzanne Millié, de Beaugency ; M. Jean Monmousseau, de La Roche-Posay ; M. Claude J. Morin, de La Ferté-Bernard ; Mme Mouchet, de Saint-Jean-le-Blanc ; M. G. Negrin, de Cloyes-sur-le-Loir ; Abbé Pierre Nollent, d'Artenay ; M. Marcel Pangaud, d'Orléans ; M. Marcel Parizet, de Sully-sur-Loire ; M. Alain Pellé, ancien maire de Huisseau-sur-Mauves ; Mme Lucette Pellerin, de Mareau-aux-Bois ; Mme Suzanne Pinsard, de Meung-sur-Loire ; Mme Hélène Poissonnier, de Saint-Jean-de-la-Ruelle ; M. Charles Pouppeville, d'Orléans ; M. André Pouron, de Fleury-les-Aubrais ; M. Jean Prousteau, de Vierzon ; M. André Prudhomme, de Mer ; M. Roger Rabier, de Fontaines-en-Sologne ; Mme Ghislaine Ramalli, de Neuilly sur Seine ; M. André Ratié, d'Orléans ; M. Edgard Réthoré, de Ménestreau-en-Villette ; Mme Muguette Rigaud, de Saint-Denis-en-Val ; M. Jean Rivière, de Ladon ; M. Abel Sainsard, de Fleury-les-Aubrais ; M. Georges Siriex, de La Chapelle-Saint-Mesmin ; M. H. Souchet, de La Ferté-Saint-Aubin ; M. André Sureau, de Châteaudun ; M. Maurice Testart, d'Orléans ; Mme Micheline Texier, de Fleury-les-Aubrais ; M. Jean Thomann, de La Source ; Mme Alice Tourne, de Bricy ; M. Louis Tranchant, de Fleury-les-Aubrais ; M. Albert Trembleau, de Vienne-en-Val ; Mme Suzanne Tressout, de Saint-Pryvé-Saint-Mesmin ; M. Daniel Vannier, conservateur du musée Dunois à Beaugency ; la famille de M. Emile Venot, de Herbilly ; M. C. Veron, de La Ferté-Saint-Aubin ; M. Paul Vigueur, d'Oisème-Gasville ; une correspondante signant A.L. ; un « ancien combattant 14-18 » d'Ouzouer-le-Marché et plusieurs informateurs anonymes.

A tous, un grand et sincère merci.

Gérard BOUTET.

Table

CET OUVRAGE
A ÉTÉ REPRODUIT
ET ACHEVÉ D'IMPRIMER
PAR L'IMPRIMERIE FLOCH
À MAYENNE EN FÉVRIER 2001

N° d'éd. 82. N° d'impr. 50487.
D. L. : février 2001.
(Imprimé en France)